海外中国研究丛书

刘东 主编

[加] 朱爱岚 著
胡玉坤 译

中国北方村落的社会性别与权力

GENDER AND POWER IN RURAL NORTH CHINA

江苏人民出版社

图书在版编目(CIP)数据

中国北方村落的社会性别与权力/[加]朱爱岚著;胡玉坤译.
—南京:江苏人民出版社,2004.5(2021.9 重印)
(海外中国研究丛书/刘东主编)
书名原文:Gender and Power in Rural North China
ISBN 978 - 7 - 214 - 03725 - 1

I.①中… Ⅱ.①朱… ②胡… Ⅲ.①乡村-妇女-生活-研究-中国②乡村-妇女-权力-研究-中国 Ⅳ.D442.64

中国版本图书馆 CIP 数据核字(2004)第 020812 号

Gender and Power in Rural North China
Copyright © 1994 by the Board of Trustees of the Leland Stanford Junior University
Simplified Chinese Version Copyright © by Jiangsu People's Publishing House
Translated and published by arrangement with Stanford University Press
All rights reserved
江苏省版权局著作权合同登记:图字 10－2004－064 号

书　　　名	中国北方村落的社会性别与权力
著　　　者	[加]朱爱岚
译　　　者	胡玉坤
责任编辑	曹富林
装帧设计	陈　婕
责任印制	王　娟
出版发行	江苏人民出版社
地　　　址	南京市湖南路 1 号 A 楼,邮编:210009
照　　　排	江苏凤凰制版有限公司
印　　　刷	江苏凤凰通达印刷有限公司
开　　　本	652 毫米×960 毫米　1/16
印　　　张	20　插页 4
字　　　数	230 千字
版　　　次	2004 年 5 月第 1 版
印　　　次	2021 年 9 月第 4 次印刷
标准书号	ISBN 978 - 7 - 214 - 03725 - 1
定　　　价	68.00 元

(江苏人民出版社图书凡印装错误可向承印厂调换)

序"海外中国研究丛书"

中国曾经遗忘过世界,但世界却并未因此而遗忘中国。令人嗟呀的是,20世纪60年代以后,就在中国越来越闭锁的同时,世界各国的中国研究却得到了越来越富于成果的发展。而到了中国门户重开的今天,这种发展就把国内学界逼到了如此的窘境:我们不仅必须放眼海外去认识世界,还必须放眼海外来重新认识中国;不仅必须向国内读者移译海外的西学,还必须向他们系统地介绍海外的中学。

这套书不可避免地会加深我们150年以来一直怀有的危机感和失落感,因为单是它的学术水准也足以提醒我们,中国文明在现时代所面对的决不再是某个粗蛮不文的、很快就将被自己同化的、马背上的战胜者,而是一个高度发展了的、必将对自己的根本价值取向大大触动的文明。可正因为这样,借别人的眼光去获得自知之明,又正是摆在我们面前的紧迫历史使命,因为只要不跳出自家的文化圈子去透过强烈的反差反观自身,中华文明就找不到进入其现代形态的入口。

当然,既是本着这样的目的,我们就不能只从各家学说中筛选那些我们可以或者乐于接受的东西,否则我们的"筛子"本身就可能使读者失去选择、挑剔和批判的广阔天地。我们的译介毕竟还只是初步的尝试,我们所努力去做的,毕竟也只是和读者一起去反复思索这些奉献给大家的东西。

刘 东

谨以此书献给

曾思·贾德　阿伦·贾德　格拉迪斯·埃伦·哈佩尔

目 录

序　言　*1*

第一章　导言：关于德行　*1*

第二章　分地　*23*

第三章　村办企业　*63*

第四章　社会主义商品生产　*113*

第五章　"户"：在国家与家庭之间　*172*

第六章　女性与能动性　*225*

第七章　中国北方村落的社会性别与权力　*255*

表　格　*274*

有关量度与家庭术语的解释　*275*

引用文献　*277*

索　引　*292*

序　言

惟有田野工作者的姓名出现在标题页的惯例,是人类学著述中经久未变、令人困惑的事情之一。就像跨文化理解的任何一项努力一样,造就了本书的这一研究是一项共同的事业。我最深切地感激中国北方三个村落——张家车道、前儒林和槐里的村民们,是他们接纳我走进其社区,并帮助我去理解其生活。他们的慷慨大度兴许是本书任何有价值之处的源泉。我想他们将会发现,我在这里所撰写的只是对他们生活之丰富性和勇气所作的一些平淡的思索。

这项调查的主管机构或者当地政府至少有一名官方代表陪同我前往每个村。他们每个人分别从社会学职业、从妇女工作或者从当地政府的角度提出了不同的见解,每个人在协助此研究上也都做出了宝贵的贡献。此外,每个村的领导代表均不惜花时间为日常的研究进程做了安排,并且常常投身其中。每当遇到麻烦以及因我的在场而引起工作负担倍增时,所有这些官方陪同都很乐于助人。

这项研究的完成得到了加拿大社会科学与人文学科研究委员会的一系列资助:该委员会与中国社会科学院1986年和1987—1988年

的交流资助;该委员会1986年的一般研究资助;给西安大略大学(1987—1989年)和马尼托巴大学(1989—1992年)的加拿大研究奖学金以及该委员会1990—1991年的研究资助。加拿大研究奖学金是由西安大略大学和马尼托巴大学的大学捐赠基金的配套资金和马尼托巴大学的校友基金支持的。在中国境内,中国社会科学院、山东省社会科学院、中国山东国际文化交流中心、山东省妇联及山东省各级政府均提供了帮助。

在加拿大,我于不同阶段分别得到了西安大略大学人类学系、安大略工作研究奖学金项目以及马尼托巴大学人类学系的许多研究助理的协助。上述资助也使他们涉入此项工作有了可能。他们分别是吕秀媛、苏莱恩·塞吉恩、傅小江、利奥·单、傅梦松、刘东扬、布雷特·韦德尔、沙伦·格里奥克斯和佛朗哥司·加布里。

本研究获益于许多同事和朋友们的大量建议和评论。我要特别感谢孔迈隆、伊莎贝尔·克鲁克、诺玛·戴蒙德、格雷厄姆·约翰逊、戴安娜·拉里、桑德拉·萨克斯、卢比·沃森及马丁·金·怀特。

第二章的一部分最初曾以"分地,合地"的标题刊于《中国季刊》1992年第130卷第338—356页。第六章的一部分原载《太平洋事务》1990年第63卷第1期第40—61页,题为"'男人更有本事':中国农村妇女对社会性别与能动性的看法"。我很感谢这些刊物慨允我将这些材料集结在此。

我非常感激我的家人这些年来对我工作给予的支持和表现出的兴趣。我要特别感谢我的父母和婶婶。这本书是献给他们的。1989年6月我妹妹珍妮特·勒萨格帮助我在中国确定研究地并帮我建立起联系,这在当时是没有任何其他人能够这么做的。她对于我撰写这本书稿也做出巨大的贡献。我还要特别感谢克里斯·伊根为加速书稿完成所做的不懈努力。

这一书稿获益于斯坦福大学出版社编辑们的关注。我要特别对穆里尔·贝尔、埃伦·史密斯和维多利亚·斯科特的工作表达我的谢意。该书的索引是由维多利亚·奥尔森完成的。

最后,如果说存在着唯独我的名字出现在标题页的真正缘由的话,那就是我对这里所做出的解释以及该研究中所有的其他缺憾负唯一的责任。

第一章 导言：关于德行

"女子无才便是德"是孔子的理念，但它在当代中国政体中依然有生命力，并发挥功效。女性和男性既广泛认可这一主张，又在日常生活的行为中予以拒斥。这是一个自相矛盾的现象。在本书中，我将探究在20世纪80年代重构了乡土中国的农村改革进程中被重新创造了的这一悖论。

紧随"文革"之后出现的社会转型的分水岭，很快从对"十年动乱"（1966—1976年）的谴责转向了从总体上否定集体化时代（1956—1980年前后）及其所依据的政策与政治哲学架构。20世纪80年代初逐步铺开的农村改革主要包括：（1）确立了把集体资源承包给个人、农户或农户小组的"责任制"，其条件越来越接近于事实上的所有权；（2）公社及前集体制的瓦解，代之以正规的地方政府和混合型的（私有与公有的）经济组织形式；（3）私有买卖和劳动力市场的复活；（4）国家对农产品生产与销售之控制的弱化；（5）国家调整农产品购买价以使之对农村生产者有利；（6）雇佣劳动力的合法化；（7）私有与公有的乡村工业的增长；（8）在商品经济中促进生产和交换。

所有这些政策嬗变在整个乡村社会造成了广泛的后果，没有哪个结果可以被看做是社会性别中立的（gender neutral）。每一政策变化和改革项目总的说来一直被官方表现为政治经济领域的变迁，而没有论及社会性别（gender）或女性的特殊利益。中国境内外随后的多数讨论也只着眼于作为政治经济事实的嬗变。同时,关于中国女性的大量文献通常把其他问题当做其着眼点,而不曾以改革对农村女性生活造成的影响为重心。

官方没有探究这一转变进程中女性在农村社会中的作用,可以归诸各种根源。改革是以提高经济增长率的狭隘经济目标为压倒性取向的,社会政策方面的考虑因而不曾成为决策者的优先关注事项。从集体制转向以户为本的农村经济形式是一个根本性的转变,它将人们的多数注意力吸引到集体-农户的关系上,这有损于人们顾及农户或者集体及其后续机构中固有的社会性别关系。

这一点也融贯于改革项目之中,即改革的进行可以**无需考虑女性的特殊作用**。这是一种文化假设,它遮掩了要不然很明显的悖论。尽管这被视为理所当然的,但人们并未一致地或始终秉持这种假设。特别是,女性在农业、乡村工业、商品生产以及在乡土生活浓密的社会关系网络中所起的日常作用,正不断地对其有效性提出质疑。女性扮演的特定角色对于上述每一领域都是举足轻重的,而且实际上也被确认为不可或缺的,尽管在官方话语中否认或最小化她们的重要性是可能的,也是普遍的。

在随后的几章,我将追溯女性(和男性)在农村生活若干领域的实际作用。在每个方面,我一方面将探究可观察到的和人们叙述的实际活动与各种关系之间的联系,另一方面我又探究官方有关这些领域的话语。在这一探讨中,我正步布迪厄(1977)之后尘,布迪厄就实践理论(practice theory)提出过最敏锐的方法论论点。我也信奉他有关人类学模型可能复制官方模型因而是不适当的而且是误导性的见解。本书的每一实质性章节,都是由我带入田野当中的模型以及它们同我在田野所发现的实践之间的对比隐含构筑的。从这个意义上说,本书是一个田野工作者反思性批评的总结报告。这一批评融贯于以下数页,兹不赘述。

然而,此刻应明确的一个告诫是,这一批评仍在进行之中。我可资利用的人类学模型几乎全都基于对华南特别是对台湾和香港的研究。"中国通"赞同南北方和其他区域性的差异是存在的,但对北方农村的研究相对较少。在现阶段,有关中国农村社会现存模型适当性的许多问题都发端于它们是建立在对中国有限地区的民族志(ethnography)研究之上的。现有人类学模型之问题的症结,只有通过在更广阔的各类地区进一步做民族志研究才能得到解决。某些问题在此项工作完成之前不可能得到圆满的解答。然而,我印象很深的是现有人类学模型同官方模型在某些方面的雷同之处。官方模型一般被认为比地方性实践在全国范围内得到更多的认同。我在这里特指官方模型就亲属关系和社会性别关系描述和规定了权威与关系准则的那些因素。① 特别是,官方模型依然对女性积极扮演的实际策略性的角色保持沉默或实质性地予以否认。通过将注意力放在作为策略性能动者(strategic agents)的一般农妇身上——她们也是其周遭社会世界中举足轻重的能动者——我们才能提出有关女性生活和理解中国农村社会性别与社会关系之结构的修正观点。

我在此处采用的方法利用了实践理论,并尽可能从普通农妇的视角去这么做。我并非自上而下地从政策制定者的角度来审视改革或公开或隐蔽的影响,相反,我从由改革造就的有些改变了的可能性框架内重塑了其生活的那些人的视野来审视。同样,我从身临其境的女性的视野来探究农村社会生活的结构,特别是亲属关系和户关系。她们在这些领域也塑造并重塑了其生活的重要方面。

---

① 我在这里将社会性别与亲属关系放在一起进行分析。这一方法同科利尔和亚纳吉萨科(1987)采用的探讨是一致的。

数十年来,中国迫切寻求解决持久的、常常令人绝望的贫困和政治的问题。在20世纪的很多岁月里,许多人深信一类或另一类根本性的救国良策是切实可行的,20世纪80年代的农村改革便是其中最靠近的一个。我通过自下而上地审视20世纪80年代农村女性的实践与策略及其变化,希望为有关这一改革的讨论添砖加瓦。我将检视女性在经济与社会关系中的某些可能的(包括新近才有可能的)策略,并探究这些策略所处并得以实现的社会领域的结构中发生的变化(参见布迪厄,1988)。

本研究并非透彻无遗。它偏重于有所选择的一组问题,并受到所研究的三个村落的可能性范围的制约。用于选择研究地的标准简单而直截了当,尽管它们有时确实朝始料不及的方向发展。我着眼于在日常生活中具有重要意义、并在农村改革的情形下有了巨变的农村社会与经济生活诸方面。同集体化时代相比,改革使更为多样化的社会经济安排与活动得以实现,然而,在我所能研究的有限场所,并非所有这些多样化的可能性都是能够呈现的。这里所覆盖的问题受制于这些社区所展现的东西。通过比较三个不同的、在地理位置上分离的社区,并通过参阅中英文文献,我力图避免过分渲染有可能是当地异常情况的问题。许多普遍而重要的问题在本研究中未得到彰显也在所难免,这仅仅是因为它们在这三个社区中的任何一个地方都不是很突出的替代性选择。这一研究因此应被解读为有关当代中国的越来越多的民族志文献中的一部分。它始终被定义为规模更大且日益增多的努力的组成部分。

随着这项研究的进行,我也选择侧重于这三个村子中为理解中国农村社会提供了某些新见识或视点的那些生活方面。最后,我选择偏重于这些村子里女性与男子的生活中明显重要的东西,因为后者从他们的叙述中涌现出来,或者说它们引导着我去理解他们的生活。

与此同时,我特别留意构筑针对女性的社会领域并界定了她们目前能够现实而实际地追求的策略的关键性因素。这一立场贯穿于随后的陈述与数据分析,无论涉及社会与经济的组织与实践,对蕴涵于社会生活当中的意义的解释,还是这些同理解中国北方村落社会性别与权力的人类学模型的关系。

改革时代

1978年底,中国决定性地从农村集体所有制与发展的道路上转移了。数十年来,中国境内外的人们把这当做是中国特有的社会主义农村发展模式。这一起步前后的政策在中国继续被说成是"社会主义的",尽管存在着某些真正的连续性,但方向转变上意义深远的性质却得到所有人的公认。

在这一转变之前,中国农村整齐划一地按多重集体制组织而成,即生产队、大队和人民公社。这一结构在1958年的"大跃进"期间初露端倪,并一直处于嬗变之中,但它为60年代初至70年代末中国农村社会提供了一个持续的架构。在这一框架之内,生产队有效地控制了农村经济中的基本生产资源——人口与土地。国家具有最终所有权,生产队的作用被表述为是农村基本的"核算单位"。农业、宅基地及其他当地用地的获取和使用,农业劳动力的管理以及当地福利的提供,均由生产队这一级来统揽。生产队是有地域界限的居住单位,带有建立在婚后从夫居规范之上的清晰的父系继嗣偏见。在中国不同的地方,它们可能与各个自然村或与较大村庄的街坊重合。生产队的成员有效地分享土地和其他一些资源(牲口、农业机械、商店)的所有权。除非是生产队的成员,否则是得不到这些资源中的任何东西的。

若干生产队组成一个大队。在许多情况下,若干队共同构成一个自然村。大队通常是相对空虚的一级。它不能直接获取当地资源,也不能与更高的各级政府进行沟通。然而,在某些情况下,它可能是非常重要的。在中国一些地区,特别是那些人口密度较低的地方,生产队并不存在,大队一级负责资源管理,并承担起生产队的角色。在另一些情况下,大队取代了生产队作为核算单位,这在1975—1976年间曾作为降低毗邻生产队之间经济不公平的一项举措而受到特别的鼓励。实现这一目标的机制是在大队一级推进乡村企业(通常被说成是乡村工业)。这些企业一旦获得了成功,即远比农业要赢利得多。大队在这一领域的壮大,足以让生产队将其资源融入大队而又不至于使任何小队蒙受经济损失。大队一级企业发展的程度迥然不同,但这是当时大队的主要功能之一。

公社一级也经营乡村企业,但公社还具有使之成为一个独特的单位类型的其他性质。公社是集体的生产与成员融入最低一级正规政府的一个切入点。公社承担了某些经济角色,特别是经营其自身的企业,并为它所管辖的大队成员提供了当地的管理和服务。

农村居民的经济福利同他们在这种集体制单位中的成员身份直接挂钩。每个村民作为这一等级制每一级集体中的一员,有获取资源与福利的相应权利以及为集体贡献劳动力的义务。他们的劳动贡献通过复杂的、因地而异的计算,按工分来记录。这些工分同集体生产之价值的关系决定了其成员的酬劳。每个成员的生活水平同她/他所属的集体休戚相关。集体之间乃至邻队之间存在着实质性的差异,因为它们在土地的多寡与质量、人口规模、农业机械与牲口的拥有量以及管理质量上存在着差别。

在生产队内部,农户在其收入水平上也各不相同,这主要是缘于户内劳动者与依附者比率的不同(这些差异将在家庭周期中发生变化)。按年龄与性别决定的工分等级上约定俗成的差异在这里也是个影响因素。个人之间还存在着技能、努力程度及所完成的工作之间的某些差异。但就后面诸项而言,以个体为基础的物质刺激被作为一个大集体的成员而冲淡,但大集体中也存在着平衡机制,而且,分配也将需求考虑了进去。

在公社这级以上,每个集体都被嵌入了一个中央计划的国家经济当中。实际上所有农产品的购销都经由国家来进行。国家控制了必要的农业投入物如化肥和杀虫剂的生产和分配。商业性活动,就如同得到合法就业一样,几乎皆为国家所垄断。个体就业和私人雇佣劳动力是不允许的。人口从农村向城市地区流动,受到严格而有效的控制。

这套政策导致了农村人口被牢牢地拴在当地社区。广大农村集体-国家经济的结构性束缚是全国范围内的普遍现象,但就其影响而言,存在着巨大的区域与地方性差异。在自身条件较好的地方,集体制提供了有保障的资源和最低限度的安全阀。集体化时代展示了真正的经济增长,尽管提高生活水平的潜力几乎完全被较高的人口增长比率所抵消了。农村人的主要物质收益或许是其子女的生存。在条件较差或经济管理不善的地方,人们因同集体绑在一起而深受其害。他们不能通过手艺、小买卖或流动等个体劳动就业来补充其谋生之道。在集体化时代末期及其结束之后,绝对贫困依然是困扰中国农村许多地方的一个棘手问题。

1976年"文化大革命"结束之后,紧接着是政策不稳定的一个短暂空白期。1978年12月召开的中共十一届三中全会标志着改革时代的开始。许多改革政策(在城市或工业领域的)在晚些时候纷纷出台或仍然处于辩论之中(特别是就政治体制而言),但在中国农村,改革政策在70年代末开始实施,并在80年代初期逐步扩展开来。

改革引起最大关注的方面,始于70年代末出现的各种形式的"责任制"。最终在农村中最为盛行的这一形式将土地和其他农业资源转移到户。农户也负起缴纳一定数量农产品和管理资源的责任。超出承包限度的盈余产品或利润,可以由承包的农户保留。包产到户的好处是,直接的物质激励激发了更高的生产率和更有效的资源利用;其不利之处在于户与户之间不公平的加剧以及承包户有可能选择以土地的长期生产力为代价来使其利润最大化。这一政策导致了户与户之间收入差距的拉大,这已成为人们关心的一个主题。其负面影响因农村收入水平总体的上升和正规与非正规的平衡机制的采用而有所缓解。然而,政策的主要推力依然倾向于允许贫富程度的不均衡发展,因为前者深信,最富裕家庭的一些财富将"涓滴流下"("trickle down"),泽惠他人。这一观点是中国当代改革的经济哲学的核心所在。通过延长承包期和官方三令五申保证当前政策的长期性及土地不再重新纳入集体,来确保唤起人们对土地生产力问题的关切。①

包产到户最富有戏剧性的影响在于销蚀了农村集体制的土地基础。从名义上说,土地依然掌握在国家的地方各级之手——一般是行政村——但对农业资源和生严的有效控制,如今却落到农户身上。农业的集体所有制在农村改革实施之初就被有效地废止了。

改革对乡村企业的影响就更不平衡了。在大队和公社经营了行之有效的企业的地方,这些企业似乎仍在继续,并在集体所有制形式有所更改的情形下求生存。80年代初,随着正规集体架构的终结,这些企业现在隶属于各级正规政府——行政村和乡镇——其管理实行了某种形式的管理责任制。在80年代初,农户建立其自身企业和公

---

① 有关农村经济改革最初阶段的详尽研究,参见马克斯韦尔和麦克法兰(1984)和霍华德(1988)。有关这些方面和改革较后阶段的更进一步的详尽情况,见以下各章。

开雇佣劳动力也变得有可能了。中国乡村企业如今可能是准集体的，或是私有的。所有企业都在复活了的农村市场连同国家对经济持续调控的情况下运行。乡村企业从70年代末到80年代末得到了长足发展，成为整个这十年农村日渐繁荣的主要源泉(参见旺格，1988)。

与此同时，农村集体制逐步瓦解，农村销售体制正在复苏。国家保留了对粮食和棉花等必需品生产和销售的某些控制权，但其他农业和非农产品甚至是一些基本物品都可以在自由市场上合法买卖。这就为生产者增加生产提供了诱人的市场，并为数百万人投身于兼职或专职买卖的农村人口提供了个体就业和创收的渠道。市场在中国当前混合经济中发挥作用的范围，引发了有关中国社会主义/后社会主义制度之性质的一些复杂问题。我将在第四章"社会主义商品生产"中对此进行讨论。

农村经济因改革政策提供的机会而激活了，尽管农村生活水平的某些提高直接源于80年代初国家对农产品购买价的大幅度上调。国家尚未从农村经济中撤退，只不过越来越多地采用间接手段和市场力量来实现其政策目标(参见舒，1984，1988)。

农村经济状况的变化伴随着政治结构的转变。诚然，公社制的性质使它不可能改变其一而不触及其他方面。公社连同大队、生产队在80年代初被废除，生产队因包产到户的萌发而被有效地逐出了几乎所有地方。大队和公社仍承担了政府的角色，但它们由被设计成完全行政性的行政村和乡镇所取代，但在这里所研究的各个村落，在正规改制发生之后很久人们依旧称行政村和乡镇为"大队"和"公社"。

在此后几章，我将更详尽地讨论这一过程中更具体的变化。其出发点是国家-集体制转型的根本性质。这概括了中国不久以前转向以市场为导向的改革体制的特征。某些变化比实质性的转变更为明显，这些变化既同过去有明显的连续性，又偏离了过去，但国家权力顶峰的政策转变已改变了中国农村政治经济的根本环境。随后的各章将追寻农村居民发展起来的应对这些变化了的环境并重塑其生活的一些策略。每一章都以较详尽的方式论述特殊的政策变化,但重点放在实际的日常策略上。

改革时代政策的影响因地而异,没有任何一个地区可以代表整个国家。这里所描述的三个村庄都坐落在山东省,代表了该省境内的各种可能性。山东是个北方沿海省份,总的来说享有有利的自然条件,并有多样化而强大的经济基础。[①] 山东商业化程度较高,并且相当富庶,但它最初并不是一个向外商开放的改革时代政策的主要受益者。这里叙述的各村落都位于中等富庶之地,体现了中国改革时代的各种可能性与选择。

三 个 村

这里报告的这项研究始于1986年夏季在张家车道村的调查。张家车道实质上是个有175户的单姓村,位于山东潍坊地区北部的昌邑县。1986年,它的经济主要靠一个生意兴隆的纺织印染厂。这是该地区最早的这类工厂之一,并受益于这一先行之举。在80年代早中期工业起步之前,张家车道一直是个农业村,700多个居民每人拥有不足1.5亩的劣质土地。该村处于沿海盐碱平地的边缘,即使随着该村工业发展使之对农业的额外投资有了可能,但土地依然很贫乏。

就像山东其他贫困村庄一样,张家车道曾有大量外出流动者,特别是前往东北诸省。这一现象一直持续到50年代。假如说该村从

---

① 进一步的信息见《1986 山东经济》(1987)、《1987 山东成就》(1988)、《1988 山东经济》(1989)、《1989 山东经济成就》(1990)。将山东同其他省份作对比的研究,见沃克(1989)。

前有过任何财源的话,那就是它拥有一批受过相对良好教育的男性(和少数妇女)。该村有适度但宝贵的追求教育成功的传统。20世纪40年代,出自这个村的一个学生将地下党的干部培训学校引入村里。当共产党的势力在40年代末南下之后,他们将受过培训的当地男男女女都带走了。在"大跃进"之后的困难岁月或后来退休之后,这些干部和教师中的少数人回到了故乡。由于该村缺乏在农业上取得繁荣的手段,总的趋势仍然是人们流出这个贫困村,并一直受到经济萧条的困扰。

80年代,村级工业的发展扭转了张家车道的经济。到1986年,该村终日为被织布机工作的劈啪声所淹没。张家车道被官方视为农村经济发展道路上"共同富裕"的一个范例。它并没有成为众所周知的典范,但它在这个方面的经历在所研究的三个村里是独一无二的。1986年,该村的一些男性已在附近的镇上或更遥远的城市就业,但男男女女们也能在村纺织印染厂找到好工作。邻村的许多女性也在这个厂打工。该村同其边界之外的世界有相当多的联系,并企盼有一个更扩展且多样化的乡村工业化的未来。传统和正在消失的亲属关系习俗,如童养媳和姑表/姨表兄妹婚①的氛围变松弛了,并不再为人们所接受,但发展趋势和官方旨趣是促进集体婚礼的新制度,并通过鼓励村内通婚及建立村老年人之家来解决照顾老年人的潜在问题。

张家车道并未针对女性提出过什么特别的主张。该村妇代会主任主要关心的事情(她也负有女性保健的责任)是促进独生子女政策。然而,村里有关教育和就业的某些政策显然是对女性有利的。某些同该村繁荣连在一起的间接因素,也使张家车道成为企盼悄悄追求她们

---

① 童养媳是中国非强制性采取的一种婚姻形式。即一个家庭将一个同该家无关的很年幼的女童领到家中同这个家的孩子们一起抚养,目的是等她成年后嫁给这个家庭中的一个儿子(参见沃尔夫,1972)。舅表妹婚是一个男人娶他母亲兄弟之女儿的一种婚姻形式。

自己策略的女性们的一个相对有利的场所。

前儒林在潍坊地区南部的安丘县。同张家车道类似,它实际上是个单姓村,并依赖我1987年田野考察时经营得较红火的若干村办企业。该村土地也很匮乏,并有很多外出流动人口。然而,这些人大部分前往东北诸省或在内蒙古开辟新地。他们既不返回,也不同以前的家乡保持密切的联系。前儒林的一些居民在别处当合同工。周边村的年轻女子也在前儒林的毡席厂打工。位于沈阳的东北工业中心一个家具厂的技术人员曾在该村的连锁厂蹲点。

然而,前儒林缺乏张家车道那种明显面向外部世界的发展取向。它更关心自己的事务和传统。这可能同附近的石家庄模范村的影响有关,同村组织紧密的网络也肯定有关。有三个队约140户的这个小村依然保存了集体制,这在中国相对而言是较罕见的,它也尚无解散集体的任何计划。前儒林是在服饰上仍保留了中山装的一个村庄。除了村里非常高的工业化水平外,它极易令人回想起70年代的乡土中国。

前儒林在集体制时期就领先于张家车道迈向工业化了。在80年代早中期有利的经济环境下,其工业顺利成长,并得以多样化。这个村亲属习俗的氛围比较保守,奉行该社区引以为自豪的风俗,外姓婚被视为不可接受的,人们也不希望举办集体婚礼。①

该村的女性们认为这里的女性工作——官方女性组织的工作——"一般化"。换句话说似乎更准确一些:上面提倡的正规结构是存在的,但几乎没有或根本没有开展任何明显的活动。

槐里位于德州地区的林县,是个大约有230户的大杂姓村。在我

---

① 在从夫居和单姓村外姓婚制相结合的地方,男性成婚后继续住在他们出生的村里,而妇女一旦结婚则前往她丈夫的村庄。婚后居住上的这种社会性别差异是中国的传统习俗,即便在杂姓村,大多数妇女也都是要嫁到外村的。

1988年、1989年和1990年做田野调查时,槐里有多样化的农业经济(谷物和棉花),并有各种小型的家庭生产与商业性副业。该村长期以来一直在农业上非常成功,但它的土地因1986年水控制项目征地而大为缩减。由此引起的土地压力连同改变了的经济环境,导致了槐里经济朝更普遍而直接卷入农村商品经济的方向转变。1988年初,有7户符合国定专业户的资格,到1989年年中为9户。槐里大多数农户都有某种以户为基础的商品生产项目(参见第四章)。

村办企业自1984年集体解体以来有所增长,但在范围上很有限,在80年代末日益恶化的经济环境中没有发展的任何前景。槐里居民很少外出务工,也没有非本村居民在村里就业的。槐里还没有重建张家车道或前儒林那样的排屋式样,而依然保持了狭窄过道交错、围墙之内各家分隔的住房格局。该村保持了传统的婚礼庆典,尽管以改头换面的形式出现。

在三个村中,槐里最能代表当代中国的农村。它最独特的性质可能在于,它的女性组织异常活跃,1987年甚至得到县妇联促进女性参与商品生产的某些扶持。

这些村落没有一个准确地讲是带有普遍性的,尽管它们都真正位于农村,并处于城市的直接辐射或沿海开放地区的直接影响之外。所有三个村都比一般村更富足,因而比其他许多中国村庄较少投入粮食生产。它们共同体现了80年代在中国农村倡导并实施的各个方面——为一个更为开放的市场加大商品生产的力度并增加乡村工业的活动和规模。它们的不同之处也能使我们对各种可能性与社会现实有某些洞察:通过乡村工业或通过以户为基础的生产寻求繁荣;集体所有与管理或解散集体;非常有限地组织女性工作或在80年代改革政策之下进行动员女性参与经济活动的实验,等等。

关于此项研究

这里报告的这项研究是在 1986 年、1987—1988 年、1989 年及 1990 年的一系列田野考察中萌发并成型的。正如最初的设计,这一研究旨在探究农村改革对农户构成与劳动分工的影响,并对农村女性给予特别的关注。1985 年,当我制定这些计划时,我的关注点侧重于集体解体对更为脆弱的农村居民特别是对女性的潜在威胁。所以,我提出研究农户对全国改革在其社区中促发的转变做出的实际反应。当我了解到这三个村改革的日常现实之后,这项研究在许多方面均有所转变。但对这些社区共同体户结构以及农户内部和户与户之间劳动分工的关注,依然是本研究一以贯之的中心内容。

着眼点最重要的变化发生在对 1986 年最初田野考察之发现所作的调整上。在那次田野调查期间,最有趣和出乎意料的发现显然变成了女性的活动与能动性以及它们在改革时代社会结构微观动态中的位置。这一研究的重点于是决定性地转向了社会性别问题。

对农村经济改革的一些研究体现并秉持了中国当局的官方立场。后者把改革项目当做是政治经济的事务,并且假定改革是社会性别中立的。其着眼点同样放置在农户增大了的作用上(因为后者重新获得了对生产资源和生产过程很大程度上的事实控制权),而较少放在取代了集体的当地政府复活了的形式上。本书大体上承袭了这些观点。我着眼于改变了这三个村政治经济的三个关键性领域:农业、村办企业和以户为基础的商品生产。我对农户的政治经济重构给予了密切的关注,其中包括农户的经济策略和户界限的维持。这些方面使农户成为中国农村的经济行动者。我也关注集体结构的(部分)解体以及它们被在原先大队基础上重组的行政村所取代而造成的影响。

这一研究有别于其他研究之处在于，它在政治经济、户结构与关系及户以上的社区关系等变迁的各个方面都引进了社会性别的因素。像往常一样，一旦社会性别被引入分析领域之后，这就不只是添加的事情而是重新思索。在构成本书的每项特定研究中，社会性别的问题都使分析的领域重新暴露出了问题。随后每一章都紧密结合大量材料详尽探讨重新提出的各种问题。

这项研究也立足于有关中国妇女研究的活跃氛围之中。这种研究的很大一部分一直关注20世纪影响中国女性地位的诸种运动。长期以来只允许有限的或根本就不允许田野调查意味着，就中华人民共和国而言(1949年迄今)，这种研究主要是依据历史和档案材料(如安多斯，1983；克罗尔，1978；约翰逊，1983；斯泰西，1983)，而更近期的研究则侧重于城市和知识女性(如霍尼格和贺萧，1988)。除了少数重要的例外，关于中国女性的近期著述几乎都没有触及影响当代农村女性生活的问题。本研究既定位于这整个学术领域，又深刻而广泛地受惠于这个领域。①

本研究获益于为这一领域奠定了基础的同一批学者中某些人所做的少数当代研究。伊丽莎白·克罗尔在中国女性运动史的背景下(克罗尔，1978)和改革政策影响农村社会组织最直接层面的情境下(克罗尔，1981)，全面探讨了包产到户政策的影响(1987b，1988)。迪莉娅·达文也从女性运动史和官方建构"女性工作"(达文，1976)的视角关注农村改革对影响女性的问题所表现出的沉默(达文，1988)。诺玛·戴蒙德曾特别以山东为研究场所，早就确认了当代中国社会性别重构的一些重要线索(戴蒙德，1983a)，尽管这一研究先行于农村改革的全面铺开。这项研究连同她将居住方式确定为中国农村女性生活

---

① 本书的许多章都涉及本研究同该领域文献的学术传承。

与能动性建构的一个最重要的实践因素的论文(戴蒙德,1975),对于理解农村女性日常生活的连续性和变迁做出了重大贡献。玛杰里·沃尔夫颇有影响的关于台湾女性非正规策略(沃尔夫,1968,1972),特别是有关建立"母亲中心家庭"(uterine families)的研究,使中国亲属制研究这一领域转向了理解实践性亲属关系以及女性在未被注意到的和非官方的日常社会关系方面的实际作用。她随后于1980—1981年对中国大陆不同地方(包括山东)女性生活变迁的研究(沃尔夫,1985),有效地利用了这一探讨来分析1949—1981年中国城乡女性的生活。

沃尔夫1985年的著述也是中国允许外国人做田野考察之前数十年揭示了中国社会变迁史的若干大型项目之一。这也是对依然存活于全中国人记忆中的时代所进行的建立在当代访谈和文献研究之上的若干里程碑般的研究之一(参见弗里德曼等,1991;帕里什,1985;波特和波特,1990;萧凤霞,1989)。本研究承继了这项研究,并将重点放在当代农村改革时期社会与文化转型的微观动态上。本书报告的这项研究旨在探究改革的直接后果及被这一转型重新塑造了的农村社会的形态。虽然它涉及从前的环境,主要是集体时代尚未远逝的过去,但仅仅是从关注变迁过程的这个意义上说,它是历史性的。本研究是一项当代研究,它所直接关注的只是在1986—1990年做田野考察期间从这三个村获得的信息。

在当代中国开展这种田野调查的境遇,以前在文献中已有探究(沃尔夫,1985)。沃尔夫在山东的田野调查境况同我本人研究之间的密切联系,使进一步详尽予以描述显得多此一举。然而,我将在此对业已发生了变化或对从事这一研究似乎是较特别的田野调查状况的某些方面作个概述。

这里所报告的所有这些研究都是通过官方渠道开展的,并受到中国方面官方观察的制约。1986年夏和1987—1988年冬进行的最初两次田野考察,是在中国社会科学院和加拿大社会科学与人文学科研究委员会双边交流的架构内进行的。对我个人而言,虽然中国社会科学院、各级外事办、妇联及当地政府都参与其中,但山东省社科院实际上负责了调查工作的当地安排。官方和准官方多层面涉足的这一形式在嗣后的两次田野考察中仍在延续。这两次调查是在中国社会科学院与加拿大社会科学与人文学科委员会交流项目结束之后开展的。官方接待单位当时是中国山东国际文化交流中心。这是个准官方的机构,代表山东省政府的官方利益。

没有任何一个接待机构主动对促进外国人在中国农村做研究有兴趣。中国社会科学院要求我对1986年陪同我的资历较浅的社会学家进行一些田野调查培训,参与安排我研究的许多官方机构都曾要求(并得到过)我提交的书面或口头研究报告。在某些情况下,他们或通过在访谈期间亲自记笔记,或复制户调查数据,也保留有关田野数据的详尽记录。所有这些材料的收集都得到了官方支持和积极参与。在每一研究地工作伊始,每个感兴趣的官方或准官方机构至少有一人陪着,这意味着我得在有官方观察者这样相当令人敬畏的听众在场的情况下做访谈。在每个村,这些代表中的多数人往往在研究过程的相当初始阶段,认为已观察到足够的东西后便离去了。

当时大部分研究都是在由指定陪伴我的一个人在场以及在很大程度上与他们合作的情况下进行的。此人承担起所有有关官方机构的责任,以确保我本人和我的研究有人照料,我对各种安排基本满意,而且身体健康,并没有任何麻烦事发生。村级官员——通常但不只是村妇代会主任——参与了当地的安排,如确定访谈日程等。随着项目的进行,到中国社会科学院和加拿大社会科学与人文学科委员会的交流项目结束之后,国家级的政府层面就不再涉入了,省一级的参与也撤退了一些。我开始越来越多地只同当地官员和在反复交往过程中结识的人们打交道。从这个方面讲,80年代末的研究氛围要比沃尔夫描述的1980—1981年的情况更宽松一些。

然而,不管有多么宽松和地方化,所有研究都是在某种程度官方监视的情况下进行的。这意味着所有访谈皆为公共事件,受访者很明确至少(对他们而言最重要的)是在他们自己的村里为公共记录做陈述。这对于这项研究有若干影响,但没有一个是出乎意料的。该研究从一开始就定下了关注有可能发生的一切事情的基调。"文革"末期(1974—1977年),我在中国留学的岁月使我对这些限制有所准备,这甚至使我感到比我以往受到的限制要少得多。

整个研究过程中官方在场意味着政治上敏感的主题,如国家计划生育政策,不可能成为该研究项目的组成部分。这并不意味着这些主题不可以或从不曾被提及,但这的确意味着以这些主题为重点的研究项目将是不可能的。我不可能——从实际或从伦理上——要求受访者为我提供与现行官方政策明显相悖的信息或观点。这一点作为限制性因素,程度有所不同。这也要求在撰写此项研究时做些处理。此后几章的材料完全是由受访者自由谈论的公共信息构筑的。

同样,这一研究的公共性也从实际和伦理上再一次限制了收集更为个人化的或棘手的资料。我很感激那些真诚帮助我理解当代中国农村个人生活中有欢乐也有痛苦的人。这提高了我对本研究中所讨论的更公共的过程的理解。但我并不强行索取这种信息,即便人们公开提供了这种信息,我也并不认为适宜在这里公之于众。

研究的过程是个不断协商的过程,这主要是就确定适宜的研究地而言的。除了最终为本研究提供了资料的三个村子之外,我还对若干地方进行讨论或作过短暂的访问。对三个研究地每一处的研究都是漫长磋商的结果。归根到底,对第三个研究地的调查提供了关于中国农村集体解体之后发展形态的最有代表性的观点。这是竭尽所能对一个单姓村所能挖掘到的东西。但是,到我开始在槐里做研究时,我明确意识到比较几个研究场所的好处,于是就将该研究定位于是建立在对几个研究地比较之上的一个项目。

我最初打算在所研究村的农户家里寄宿。我曾经于不同场合在所有这三个村都住过。然而,我最终放弃了我先前坚持的这种安排是我研究之必要步骤的主张,因为这显然只在更富庶的村庄才有可能,否则会对我的接待者提出难以接受的过分要求。即便当我住在离村子步行不远的一个镇上,就如我通常在槐里做的那样,我仍有可能同经常帮助我开展工作的村民保持密切的联系,即便在这一研究告终之后,我仍重视每次回访时拜会许多信息提供者。

每次实地考察的时间都很短暂,从未超过 8 周。这是中国社会科学院与加拿大社会科学与人文学科委员会交流项目的局限性最初定下的格局,不过在那个项目结束之后我仍予以采用,因为我发现这很有效率和效益。在每次调查期间安排好一个工作非常繁重且活动紧凑的日程,有赖于高水平的当地合作。我有幸在三个村庄的每一处以及官方派来负责我研究的各种人那里获得这种合作。这一研究是一项由所有有关各方全力以赴的群体努力。这一速度之所以能够维持,是因为每次田野调查的结束都胜利在望。

本研究主要依赖的资料是在对三个社区农户的半结构性访谈过程中收集的。1986 年在张家车道,我首次组织了一次由村里雇来的助手进行的较大规模的调查,继而对在初步调查基础上选出来的农户进行了访谈。这一调查覆盖了该村 84 户,我进行了其中 27 个的入户调查。这一调查提供了很有用的数据库,但我发现我自己做的入户访谈是最有价值的信息来源。所以我后来放弃了任用别人来做调查,并将我的大部分研究时间放在入户访谈上,所有这些都是由我自己亲自做的。在前儒林,我做了 33 个户访。我 1988 年最初在槐里逗留期间进行了 7 户访谈,尽管有关该村的核心材料取自于 1989 年进行的 40 个入户访谈。

相对而言,户访的时间较长,平均为半天。每户提供了有关访谈之时及上一年度户中成员、户内外关系以及家庭经济各个方面综合性经济信息的系统数据。此外还包括每户家庭成员目前工作、每个成员工作史的详尽信息(除了那些在校学生或学龄前儿童)。入户访谈也提供了机会,使访谈朝着成为那户突出问题的主题发展(如分家、同其他户的经济合作,或母方亲属纽带等),或者涉及各户成员特别了解的信息(如当地商业状况、不同种植业或养殖业决策的相对优势或村庄的历史等等)。

农户是通过各种机制来选择的。我可能根据村调查或村户口登记簿上的信息,要求访问特定农户。村领导会或明确或含蓄地提到作为当地成功发迹典范的某农户。由我本人或村领导特别指定的各户都被包含在内。当我仅要求调查某些类型的住户时,往往存在着更宽泛的自由度,为此,我在每个村往往都得到了更丰富多彩的样本。我通过要求将村里从事各种可能经济活动的农户囊括在内,来取得平衡,其中包括那些收益明显不佳的户。每个村的确提供了我所要求的各种类型的农户。

在提出我的访谈要求时,我的目的或是为了覆盖范围——这是经济方面的主要关注事项——抑或为了穷尽无遗。在后一种情况下,我力图在我的样本中包含所有可能存在的非典型户或非典型婚姻形态(如扩大家庭、从妻居婚姻和村内通婚[①])、在妇女组织或社区领导方

---

① 由于一个当地干部提供的信息及有关人士事先明确的许可,在其中一个村里,这一范围被扩展到包含若干离婚与再婚或寡妇再嫁的个案以及有严重家庭破裂与家庭丑闻的少数例子。

面较活跃的所有女性以及所有专业户。将某些非典型户全都涵盖进来,也具有朝其他方向包括在经济上拓宽样本范围的间接影响。

我也围绕若干特别主题进行访谈,有些还花了几天时间,通过一系列访谈才得以完成。在每个村,这些访谈涉及村政治经济的不同方面(访村领导)、村妇女组织(访现任和前任的妇代会主任和某些妇代会成员)以及每个村的各种经济活动(访村会计和企业管理人员)。依具体情形而定,我也就某个村有特别重要意义并可以挖掘的其他主题进行访谈,其中包括当地手工艺专业化与村办企业的历史、合同工、集体解体、税收、家系、宗族事务、教育、建房、做媒、订婚、婚礼、葬礼、调解、人口流动、户籍制以及农业与买卖活动等,不一而足。

我认为,户访提供的资料,除了所报告的收入外,在极大程度上是准确而完整的。尽管我尽了很大努力试图对收入做出相对准确的估算,但我认为这些数字太不可靠,以至于不能被采用。其他一些问题是偶尔的(如户中缺席成员的准确信息),或是没有什么重要意义的(年龄和结婚日期通常只是近似值)。对特定主题的访谈,在其价值上也是各不相同的,但这方面最普遍存在的局限性是信息提供者的知识或者记忆。这些信息提供者的选择,或是根据他们作为社区或企业领导人的正规位置,或是由于他们对特别主题具有可靠的信息并乐于分享知识(这是在户访期间直接获得的或根据推荐间接获得的)。这些访谈的主要局限性取决于信息提供者有效的专门知识的范围。

村一级所提供的信息就更有问题了。每个村最初提供的信息都是不准确、不完整甚至是误导性的。我相信这总体上反映了任何一级提供的正式介绍所反映出来的问题。大多数困难与我自己或任何其他调查无关,它们源自于这种材料正规、公开及高度简化的性质。所报告的数字和类别充其量只是大致近似,有的可能是过期的或简单得到了扭曲的地步。我怀疑这些报告实际上只是旨在字面上让人们接受，它们其实并不是对一个社区的正式介绍。

在每个村，介绍性的报告只能用来作为一个出发点，必须在揭示了问题或复杂性所在的入户访谈以及就特别主题而进行的访谈完成之后再进行改正。在每次实地考察快结束时，我都对各个村领导进行访谈以澄清这些问题，因为到那时我能够准确地就当地相关的问题提问了，并能够结合其他信息核实这些回答。我相信，就我的大部分调查领域而言，我最终得到了可靠的数据。然而，有两个明显的例外。在公开进行田野考察的条件下，某些主题在政治上太敏感了，以至于我无法确信其准确性。经济数字也一直是个困难的主题——不仅仅由于含混或者笼统，而且还常常潜藏着报告经济成功和隐瞒社区资产的不可调和且充满矛盾的压力。

我通过偏重于更易于证实的经济活动之结构的问题，来克服获取可靠的经济事务定量数据的困难。前者可以在入户访谈和对企业、商店和市场的调查中得到证实。除了努力获取可靠的信息外，我选择将我分析的重点放在田野调查资料中那些最经不起政治或经济压力而易于扭曲的因素上。

访谈的正规性，使我的官方陪伴者和带我们去访谈地点的村领导也参与进来了。所有这些人都有可能加入访谈当中，特别是当讨论的主题似乎是他们感兴趣的时候。我们在共餐和晚上在一起时仍在讨论问题。他们涉入田野调查的积极方面在于，我可以发现通过这些谈话引出的官方观点。

在田野考察期间以及嗣后分析和写作的整个研究过程中，我试图密切倾听官方的声音、非官方的声音以及在日常实践的细微之处表述的沉默的声音。我因此而获得的印象是这些共同经历的产物，但必然要以我自己的措辞来陈述。这是一项包容性和开放性事业的一部分，可以由一个成文的未竟之作来开启和开展，但却永远不会因它而终结。

第二章 分 地

"分地"是槐里社区富有经验的时期的一个开端,并塑造了其当地历史的发展轮廓。这个时间同始于1979年的官方现代化进程中的任何历史事件都不曾重合:它落在使之成为可能的一系列政治事件和政策转变之后,但仍处在现在称之为改革第一阶段的时期之内。进一步的剧变随之而来,这对槐里居民而言标志着进入了一个从根本上说业已改变了的世界,这也是他们经常谈到的问题。土地——它的分配、农耕活动与关系以及收成——依然是整个社区生活的中心所在。

尽管曾经是一个成功的农业大队的成员,并且是谷物、棉花和蔬菜的主要生产者,槐村居民如今已被深深裹挟到以户为本的商品生产、各种形式的商业活动以及村内外的劳动就业之中。多数住户至少有一个成员主要致力于非农业经济活动,这对槐里如今即便是一般化的生活水准来说也是必不可少的。然而,绝少有农户走到放弃其在村里分得的土地这一步。惯常的做法是,人们同土地继续保持密切的联系,但这一联系现在是更多样化的以户为基础的经济发展策略的一部分。在这一联系中,获取资源、劳动分工、经济协作、合作与互助方面实质性的和有重要意义的不同模式,正在被创造出来。

槐里的经济相对集中于农业。1988年,该村生产总值的51.6%

可以被宽泛地归入农业,而同一年山东省农村的这一比例为41.3%。① 尽管中国的增长率和乡村的渐趋繁荣极大地有赖于非农经济活动的发展,但槐里的人均收入依然略高于全省平均水平:前者为721元,后者为583.74元(《1988年山东经济》1989:5)。到20世纪80年代末全国农村经济出现滑坡时(见林立,1989),槐里也在所难免。而且,全国人地比率恶化的趋势在这里也出现了(刘书臻,1988)。

槐里的这个个案,对当代中国农村社会性别与权力关系的土地基础提出了问题和分析线索。与集体时代相应关系的任何可比意义而言,所涉及的这些关系在极大程度上都是不彰显、不正规或不正式的。浮出地表的这些关系完全是合法和合理的,同时又是有弹性和有效的。

分配土地

槐里是在1984年春天分地的。这显然比较晚,当地官员最初都不愿意透露这个日期。然而,这并不令人惊愕。1978年12月,里程碑般的中共中央十一届三中全会举行之后,改革宣告启动,大规模分割集体土地的行动随即开始。官方的政策和期望是,解散集体在特别贫穷和以往集体不甚成功的地区最适宜和最受欢迎。随后出

---

① 这里采用的农业数字来源于槐里1988年、1989年和1990年的官方记录。得出这些数字的讨论也延伸到如何得到可靠的农业数字以及现在用于估计农业生产的正式过程的问题。自集体解散以来,采用间接的方法如对村里住户进行结构性样本的调查,并同以经验为基础的对每个土地单位之产量的估计与每个单位作物产值的固定官方数字结合起来是必要的。槐里的数字以及山东总的数字是建立在这类性质的量度之上的。现有的一些手册旨在使对农村生产统计的报告合乎标准。本书中出现的数字应被解读为是基于可靠信息做出的估计以及公开接受的生产数据。这里出现的省级数字源于省里的官方报告(《1988山东经济》1989:2)。关于20世纪80年代初山东农业的有价值的背景材料,参见西丘拉(1986)。

现的农民对解散集体的普遍热情即是佐证。官方开始接受并鼓励农民选择解散集体的激进形式,生产的所有方面事实上都承包给了各户。到1982年初,50%的集体已采用这种形式。到1982年的年中,除了采取解散集体其他形式的那些(沃森,1984),74%的集体业已选择了它。虽然像前儒林这样的少数集体仍在坚持,但到1988年岁末,它们在前集体中所占的比例还不及5%。经过这十年的发展,剩下的集体受到了来自官方以及非官方与非正式的加入解散集体之潮流的压力。

槐里抵制了一些年,到解散集体时,村党支部仍只有一个成员全心全意支持这一变革。槐里曾是个成功的农业集体,它并没有因集体解体而将瓦解或受到负面影响的重要的集体企业。该村从根本上讲是个农业村,1984年人均拥有的土地差不多只有一亩。农业设备和牲口可以卖掉或分掉而不至于损害农业。某些资产如打谷机等事实上仍由取代了集体"生产队"的"农业组"保留,但村经济到1984年初确实已转向了小规模的生产和以户为基础的商业。

这一转变伴随着经济组织的重构,导致了前生产队的削弱和村与户力量的增强。在集体瓦解之前,槐里如今的行政村是个大队。如同本研究探究的其他村,它通常仍被村民称为大队。有效地控制着土地并充任"核算单位"的这一层面,曾由该村5个生产队构成。在解散集体的过程中,生产队被解散了,尽管它们以前的一些残余功能由继它们而起的农业组承袭,这一解散是集体解体过程中更为棘手的问题之一。既然土地被分了,并由户一级来经营,队就失去其最重要的经济角色。队里拥有的土地之外的财产,必须以某种公平的方式予以处置。这些财产中没有任何东西是在户之间分配的,只有三台打谷机被转给了取代这些队的农业组。剩余的资产转给了大队,大队以前在村经济中几乎没有任何资源或角色。这些资产的大部分,包括队里所有的牲口和拖拉机都被卖掉了,资金被用于大队投资,主要用于建造承包给村里住户的商业性建筑物。一个前生产队的领导说,各队对于这种重新分配并不满意,但也无力予以制止。

解散集体的过程提供了一个机制,来调整各队对新的村经济做出的不均衡贡献。该村组建了一个较大的特别机构,来监督和确保分地和重新分配生产队资源的过程中的公平性。它被描述为是"三位一体"的结合,即由所有大队干部(除了唯一的女性即妇代会主任)、所有生产队干部(皆为男性)和每个生产队的五个"群众代表"组成。代表们都是精明强干的成年男性,正如许多干部一样,他们多半受过某些教育。这一机构被分成三组,每个组要给重新分配的所有土地和其他资产作价。每个组有来自所有五个队的成员,三个小组估算的平均值被当做对每个队资产的公平估价。相当于最穷的一个生产队的资产数额乘以 5 被转给了大队。有较多财产的队还享有人均的现金分红。两个前生产队的成员没有得到任何奖金,而另外三个队的成员每人分别得到人民币 15 元、32 元和 36 元。

人力是被重新分配的另一种资源。三个农业组的建立取代了生产队,充当村和户之间的行政渠道。土地是通过这些农业组分配的。它们有大为削弱了的功能,特别是就直接经济意义而言,但确实对村务的管理做出了贡献,特别是通过农业组领导在村政府中发挥的作用。两个最弱的生产队的成员被安插到另外三个队当中,以便新的农业组相互之间在人数上大致相当,并使有亲密父系继嗣关系的人同处一组。正如下文将看到的,这促进了父系继嗣之间的农业合作,只要他们要求,他们可以选择将其土地连在一起。

根据集体解体前的户籍登记记录来判断,从前的生产队显示了至少朝同一姓氏集中的趋势,但是过去队员构成的正式理由是一户居住的位置。该村按东西走向分成五个队。尽管在集体时代曾朝更任意的方向发展过,这其实不完全是任意的,因为它旨在强化自然的街坊邻里社区。假如一户分了家,新住宅可能建造在该村的不同部分,由于土地的匮乏和对宅基地的行政控制,新分开的户可能会加入别的队。隐含在这一机制中的阻遏父系制社团的努力,在伴随集体解体的重组中,被有意识地取消了。使有父系继嗣关系的人处于同一组以促进他们一起经营土地,是给各组分配成员的主要考虑因素之一。然而,组的界限也不完全与姓氏人群重合。这大概是故意这么做的。三个农业组各自都以康姓的占多数:第一组约60%的居民姓康,并含有第二大姓氏——王姓的所有成员,还有姓孟的。第二组90%的人姓康,第三组80%姓康,还包括大部分姓胡的。

这一组织重构导致了村和户这两级的增强,从前至关重要的生产队退出了历史舞台。与此同时,这为建立在父系继嗣基础之上的户际农业资源的入伙模式提供了一个有重大意义的开端。

在集体解体之时,槐里约有1 300亩地,有资格分地的居民为950多人。① 部分时间或始终住在村里但拥有非农户口的人不包括在950人之列,因而被排除在分地之外,但所有其他人都被包含在内,尽管分配是不均衡的。1984年的分地很快就被1986年的重分所取代,后者似乎有可能是长期的。我随后将讨论这个主题。

然而,1984年分地的实质性要点值得关注。分地共有两轮。第一轮按年龄和性别将土地分给被算作"劳动力"的人:每个18—55岁的

---

① 这些数字是建立在1988年、1989年和1990年更准确数据的回溯性计算和推测之上的。这些和所有其他数据,除了注明出版来源的,均来源于我的田野记录。1 300亩的数字仅指用于有计划分配的农业土地,不包括非农土地和依然处于农业组之手、由其领导处置的土地。

男性得到一亩地,每个 18—45 岁的女性得到 0.5 亩地。① 第二轮,剩余的土地在所有符合条件的居民之间平均分配。这样一种做法背后的明显理由是土地分配同在土地上劳作的现存劳动力之间的关系。然而,这一解释在若干借口上都是含糊不清的:(1)土地分配是按同个人的关系来计算的,却分给了户。个人土地分配与他/她农业劳动之间并没有必然的或者甚至是应有的关系;(2)对于仅依靠农业为生的农户和那些农业只是其他经济追求辅助性活动的户,并没有规定不同的分配方式;(3)男女的不同分配方式,不宜于根据像该村所处这样一个地区的现存劳动力来解释。这里习惯性的男女劳动分工是,男性主要负责种植谷物,而妇女主要负责种植棉花,也就是说男女都是农业劳动力的既有组成部分。

1986 年底进行实际上是从 1987 年春天开始生效的重新分地较为复杂。这部分可以被理解为是对以前分配的一种调整,但决定性的因素是外在的——槐里 250 亩土地被流经该村的一条河流的水控制项目征用,再加上维持该项目的持续劳动要求。这一征地使槐里的农地几乎减少了 1/5(但对该村的农业税却没有什么补偿),对当时仍靠农业为生的槐村经济是个沉重的打击。这对于该村随后走上了以户为本的"商品生产"与商业的多元化发展道路至关重要。

1987 年槐里男青年订婚总数的减少,可印证这一经济损害的严重性。周边村的居民不愿意将女儿嫁入一个没有足够土地的村子。翌年,槐里的经济多元化成功地恢复了其经济前途和婚姻前景,就像同样受到河上工程影响但同时也受裨益的其他周边村庄(但不太严重,槐里比任何其他单个村失去了更多土地),该项目已造成了其他持续

---

① 到 1989 年,作为劳动力单位的妇女的年龄上限已提高到 50 岁,但这对分地没有任何影响。分地在当时是根据不同的标准执行的。

性的后果。每年冬季,槐里的每个成年男性必须提供长达一个月的劳动。① 对这一劳动的补偿是重新分地的内容之一。

1986年末,约1 050亩仍属于槐里的土地被分成了好几类。土地的匮乏及其价值导致土地分配被精确界定到小数点之后两位。到重新分地时,村里每个有资格的男性和女性可以得到0.67亩优质地,这是指每个人的"口粮地",尽管它事实上既用于种粮又用于种棉花。这部分土地是要纳税的,村里正式负责征收村里这类土地的总税款。在村里有户口的每个人,也有权另外得到0.1亩"菜地"。这是集体时代"自留地"的延续,并且通常还是同一块地。

这两类土地是村里每个人都可以得到的基本土地资源。乡领导所表达的总的官方要求是,土地占有要趋于集中,从而允许某些村民在农业上实行专业化,进行更多投资,并提高农业生产率。然而,领导

---

① 谁需要提供这种服务和谁能豁免是有特定规定的。每隔5年,对于在槐里有户口的所有18—40岁的男性为此项服务的目的是要登记的,他们应在随后5年提供这种服务。有心理或身体残疾的、国定专业户、在校学生以及从事各种农村公共服务工作的(医护人员、当地民办教师、驾驶员、电工和当地干部)被排除在外。一个或更多的干部领导每个村的工作组,他们从事这项工作每年可得到200元的报酬,但不会因这项服务分到土地。退伍军人被包括在分地之列,但并不要求他们从事该工作。被登记要求去干活的每个男性在槐里得到一份使用年限为5年的土地,尽管未必要求他每年都提供服务。当他们实际干活时,每天可得到0.3元人民币,并由村里出钱供应膳食。

县政府每年决定需要多少劳动力,并将定额通过乡政府下达到各村。定额是根据村里纳税总人口的比例来定的。例如,1989年这个数字定为13%,这意味着要求槐里派出100多名男性参加一个月的劳动。这就要求槐里从事该项工作的男性总人数不低于140人。定额数字像往常一样定得很高,以便卖掉一些豁免名额(1989年为200元的)。根据槐里20世纪80年代末的经济状况,许多男性一个月所挣可能多于200,结果要求豁免的人比实际获准的人还要多。

我从官方渠道得知,由他人顶替,既不是由被豁免的个人,也不是由任何一级政府来雇佣的。尽管我也从非正式的途径得知1989年让人顶替要付出120—130元。这对村里或该地区没有充分就业的男性来说,可能是很有吸引力的。村里的官员说这种工作极不受欢迎,因而很难完成定额。根据1990年我在发洪水期间(在最近一些年相对干旱)听到的一则未经证实但或许是可靠的报告,排水系统的许多维持工作在最近一些年(相对干旱)都已瘫痪,一些排水沟里的土地已被人们用于耕种。

们只能表达希望这种现象应出现的愿望而已,普遍流行的情形是,村民们不愿意冒风险放弃其分得的土地。在像槐里这样一个村里,现有的少量土地只需户中部分劳动力就足以有效地加以耕种,放弃分得土地并没有什么好处。唯一的例外只是那些在农业之外有红火且稳定的谋生手段而又无过多劳力的少数家庭。

1989年整个槐里由235户构成,官方登记的居民为975人,有资格获得土地但几乎没有或根本没有分到土地的只有4户。其中一户(一个核心家庭)只有丈夫在槐里有资格分地,他和妻子完全投入了妻子从其父亲那承袭的行业。另外两家生意兴隆,都雇佣了做买卖的劳动力,因而完全放弃了土地。另一个类似的户放弃了口粮田,但保留了小块菜地。1989年,无地的第五户估计是临时性的,只是在家庭纠纷解决之前得不到所分的土地罢了。

在经商方面兴旺发达的另外三户都朝非农方向发展。他们的大部分或全部土地都被租出去了,另外一户可能也朝同一方向发展。村里也有两户有红火的小生意,但无人有资格在那儿分地。正如下文将揭示的,对无地户的这一概述并不包括村里所有的殷实人家,因为槐里的许多家庭都在非农经营中过上了好日子。相反,这种概述有助于说明人们愿意放弃土地的少数特殊个案以及剩余土地的缺乏。①

除了基本土地的分配而外,每个18—45岁的男性可以分得一亩修河地,以补偿每年冬天可能被要求为维持河上的水控制项目而劳动的那个月。这额外的一亩地有不成比例的价值,因为它免去了所有纳税义务。就像分配的其他土地一样,这一土地的分配是持续性的,尽

---

① 村里也有上了年纪的个人或夫妇的户,从某种意义上讲,他们可以被看做是无地的。尽管主干家庭在槐里比较盛行,但也存在着分家后留下年长的个人或夫妇自己过的许多例子。他们分得的土地由分家出去的儿子们来耕种,并由后者赡养他们。这些仅是无地的明显例子。

管每年所要求的实际劳动人数不同。同村里现有的土地总量相比,这额外的一亩地可以被视为对非经常性劳动的一种很丰厚的补偿。然而,不清楚这种土地分配是被看做是对公益劳动的补偿,还是作为一种强制性机制以确保不受欢迎的公共建设工程有人去干。

最后一类主要的土地——承包地是有选择地分给对此"承担责任"的承包户的,根据土地的质量要付 40 元、60 元或 100 元不等的承包费作为回报。对这种土地的需求量很大。该村存在着实际的和人们强烈意识到的土地匮乏危机,现有的劳动力比农业所能吸纳的要多得多。

许多村民都谈到被迫进入其他工作行列。这样一种转变对于能够找到有吸引力的工作或者能为自己创造个体就业机会的那些人,实际上是个受青睐的行动过程。尽管许多村民选择此道,而且他们的家庭在村里也更富足,但并非所有村民都能够得到向他们敞开的这种机遇。村民们在利用现有有限机会的能力上处于不平等的位置上。许多人包括相当多的年轻人既不识字,也不会计算,有些人既无特别技艺,亦无经商才华,大多数人还缺乏资本。然而,他们都有务农的技能,得到额外的土地因而可以提高生活水平。

村民们谈到,粮食种植对于维持良好的生活水平是不够的。20 世纪 80 年代末的棉花价格并未高得有相对优势。涉入依市场动态来选择庄稼的村民们说,1989 年集中种粮食或种棉花几乎没有什么差别。[31] 选择或许是根据对农作物未来价格的预测来决定的,但土地的适宜性、作物轮作、饲料供应以及前些年的余粮数等方面的考虑因素都影响到庄稼的选择。

能卖到较好价钱的或许是蔬菜生产。槐里有鼓励这个方面专门知识的悠久传统,并位于距诱人的市场不太远的位置上,尽管它不享有靠近大城市的地利。① 蔬菜不仅可以在指定的菜地上种,而且可以同谷物或棉花在庭院或在额外的土地上间种。并非所有的农户都尽其所能利用这一潜力,但一些农户的确利用他们得到的土地每年尽可能多地种植和销售多种蔬菜。因此,额外土地的获取至少是增加收入的一个潜在手段。虽然槐里235户中被认为纯粹从事农业的不超过30—40户。这些农户以及在农业之外只有较少替代性选择或干得非常艰辛(像人力运输或从事苦力劳动)的其他人,的确想得到额外的土地。

槐里三个农业组手中掌握了不予分配的不足100亩地,出租给那些在农业之外几乎没有或根本没有任何选择余地的农户。这些土地先根据人口在三个农业组之间分配,然后通过每个组分配给其成员。这是前生产队控制土地资源的一个残迹。按理想,这种土地储备应面向要求得到土地的任何人,得到土地的不同只与提出要求的人数和一个住户所隶属的农业组有关。

这种土地储备在三个农业组之间分配,据说在1986年每个组每个要求户得到的土地数额从0.5—2.5亩不等,然而,实际得到的数量却有相对高的上限。我在1989年夏天调查的40户的选择性样本中所发现的模式,同允许多达至少5亩的土地被承包给有需求的农户的另一种解释是契合的。而在非农业领域取得成功的住户,在提出土地要求时,可能会遇到潜在的非官方的压力。人们对此表述的观点是,在其他行当中干得不错的那些人不需要额外的土地,也不要求得到土

---

① 1990年夏,一侧靠槐里的公路被封路整修。这大伤了部分依靠公路运输的当地的家庭企业特别是饭店的元气。当这条马路重新开通时,当地人希望更多地利用这种交通。值得注意的是,全国和这个地区的农业经济到1990年都已困难重重。自1985年以降,农村总的经济发展速度放慢了,并因80年代末的经济危机特别是1989年的政治风波和经济危机进一步加剧了。

地。这的确也是这一解释的一部分,因为多数富裕户或者没有剩余劳动力从事农业,他们还有可能为其企业雇佣了额外的劳动力,或者他们或多或少明显允许其家庭中的某些成员享受不寻常的休闲。

不仅村里出租土地,而且村民们将分配给他们的土地租给别人也是合法的,甚至是可以被接受的。有机会这么做的村民们的一般情况是,他们正深深地卷入耗时的非农行业,但并没有或尚未准备放弃其分得的土地。① 这种土地很稀缺,许多人都竞相追逐。它们往往以100元的优质地的标准租金或以更低的价钱承包给自己的亲戚或朋友。有的实行产品分成,或由包地者承担纳税义务。只是在少数情况下不涉及固定的金钱义务。

土地分配上的主导因素,是有关土地的政府政策和涉及土地分配的社区决策等方面的政治—行政因素,但商业性的交易和(通常以亲属为基础)的礼物交换是这些方面的补充。这些被出租或借给其他人的小份额土地几乎总是转给槐里的其他居民的。当然,我尚未发现任何例外,但槐里女性却有在其他村得到土地的特殊例子。这可能包括采取非典型婚后居住形式而在别处可以要求得到土地的女性。

虽然土地名义上为国家所有,但它其实是社区内部拥有的一项社区资源——唯一的渗出是通过婚姻以及女性同其娘家保持的联系发生的。总的来说,这种渗漏采取了劳动和货物的形式,但槐里一个例外女性的个案可能揭示了集体解体之后变得非常错综复杂的正规和非正规关系网络所涉及的因素。这个女性出生在槐里,嫁到了一个距

---

① 农户土地可以在有限的时间内被自由出租或出借,但人们知道,假如这种做法为期过久的话,该户就将在下一轮的土地重调中丧失分地的资格。槐里1989年有两户是无地的,它们1984年曾拥有土地,并租出去了,1986年重分时放弃了土地。土地的长期私人占有或建立在土地资源之上的庇护—被庇护关系(patron-client relations)在这些情况下都是不可能的。

槐里 25 里的村子。她是个训练有素的裁缝,她丈夫属于非农户口,是修自行车和机动车的。他们获准在槐里住下。这里为他们的生意提供了更好的商业场地,但他们仅有的土地是她丈夫出生的村也是她自己户口正式所落之处给他们的 1.5 亩地。这块地由她丈夫的父方亲戚耕种,后者为这对不住村里的夫妇每年提供 300—500 斤小麦。

从某种意义上讲,这个妇女及其丈夫受惠于得到这两个社区的好处,但这种安排并不是一种自由的市场交易。其可行性取决于他们在两个村激活的亲属关系以及这对夫妇对槐里的经济贡献和在槐里维持的良好关系。槐里的另一个已婚女性,以前凭借她的姨是一个土地更充裕、控制得较松的村庄之居民的关系,得以使用另一个村的土地。这种安排是短期的,但槐里的这个土地使用者说,继续较长久地使用下去将不会有任何障碍。

槐里也存在着少量未分之地,比如通往河里的斜坡地,主要是因为人们认为不值得去分。分到最靠近河岸土地的那些人,假如愿意的话,被认为有权使用这种土地。人们可以随意从此处割草料。在这片肥沃的平原地带,几乎没有什么可被开垦的荒地,但的确有一户人家设法开垦了一亩地,并获准在第一年归它使用,以后这块地就归村里所有了。

其他仅有的现成"地"是填塞代价很高的深溪谷。这种地中的一些位于村边靠近公路的地方,这里成为有潜在吸引力的商业化财产。诚然,槐里新近的许多商业增长是通过将以前的溪谷改造成一个商业区来实现的,从而保护了该村有限的耕地。村里拥有的几个商业企业有偿"承包"给了农户,但即便商店完全是私人拥有的,村里的政策是鼓励非农发展,所以,村里将承担 70% 为商业性发展而填溪的费用。这一补贴只适用于槐里的正式居民,那个裁缝及其丈夫并不享有。20世纪 80 年代中期该村的商业机会,连同当地政府的支持,意味着很少有土地,即使是溪谷地,可用于未来的发展。

这个村不再有任何其他的土地储备或创造储备的机制,以便能在短期内对人口变动进行调整。住户在不确定的时期内将保留村里1986年分配的人均土地,并遵守土地出租规定(个人出租或出借可能是短期的)。未来某个日子将会重新做出调整,但村领导拒绝说出一个具体的日期,而一般村民则说他们也不知道这种情况何时将发生。与此同时,住户中若有死亡和嫁出去的人不会因此失去土地,而新出生的人口和嫁进来的人也不会增加土地。

这里的重要问题涉及女性的土地权利。从某种意义上说,这种安排是村里遭到非议的唯一方面。在娶了新媳妇的户中,人们往往谈到家庭新增成员没有分到土地。他们有时自愿提到该地区其他村落确实保留了一些土地及时分给刚婚入的配偶。① 村里对此问题一定程度的关切可以被看做最终调整土地分配方式的一股力量。人们看到的问题是,户内现有正处于或接近于婚龄的这一代的兄弟姐妹之间在家庭土地占有上正在出现不平等。迄今为止,占有的土地事实上是家庭资源,因为它影响到户中所有成员的经济前景,在户构成正在发生急剧变化的情形下,这是一个对人们生计有直接而实际影响的重大问题。

就当代中国农村社会性别与权力的问题而言,这里存在着侵犯女性土地权利的另外一些问题。分给未婚女儿的土地,在她们成婚后仍归其娘家,但这并不能确保这些女性持续的土地权利。② 它最多只是

---

① 槐里流行的婚后居住形式是从夫居。不过也有几宗从妻居婚姻,但自1986年以来一例也没有。"倒插门"婚姻一般涉及有非农户口的男性,他们从任何意义上讲都没有资格分地。就1986年以来在村内结婚的几例而言,结婚女性的土地依旧分给她的娘家。
② 尽管全国性的法律条款规定儿子和女儿皆有继承权,但槐里的女性并不继承财产,人们宣称的理由是她们并未履行照料父母的责任。然而,嫁出去的女儿的确习惯性地为其娘家提供帮助,如今在这方面也有法律义务。槐里人奉行当地习俗优先于国家法律的做法是农村地区普遍的现象,又见帕尔默(1988)。

使她婚后回娘家不至于对于其生养之家造成财政压力,从而能更受欢迎一些。土地本身处于户主的有效控制之下,这个人一般是她的父亲,尽管她母亲有可能管理或共同管理家庭经济。嫁出槐里的女青年有可能嫁入一个很快就把土地分给新媳妇的村里,但槐里的新媳妇却得不到土地。在这一方面,当地的、非正规的习俗凌驾于国家政策之上,国家政策对于获取土地资源上的男女公平待遇已提出了建议,只是未加以执行。

这些安排,连同为水控制工程以修河堤的形式优先分给成年男性的土地,以及地位较高的男性对家庭经济持续的但或许是正在削弱的主宰地位,构成为广大农村一个隐蔽而真实存在的获取基本生产资料上的社会性别不公平待遇。它因占有土地的社会—空间组织及经营土地所牵涉的合作关系而强化了。

农业合作

槐里的土地分配是根据个人资格计算的,但土地却有效地由各户拥有,并按蕴含在1986年分配机制之中的户际合作的计划安排来分配和经营。认识到单家独户并不是经营土地的理想单位,村民们在划分土地之前自己就组成了由多户构成的单位。这样构成的每个单位在分地时可以抽一签,并可要求得到相当于其成员应得的土地总量。每个单位内具体的土地划分属于它自行处理的事情(同波特与波特比较,1990:175,266),但我知道这些单位内的户与户之间在数量上并没有作什么调整。这些组内的各户选择分开或合作的程度是各不相同的。每个人加入与否并没有任何正式的要求,但这一机制确实促进了多户之间的合作(说它使多户合作成为可能也并非强词夺理)。这些小组内最普遍的合作形式,比如为灌溉的目的共用以电或柴油为动力的水泵,要是土地不相邻的话,则很难管理;而像有些住户所选择的将几户的土地合在一起经营则更困难。有一个户主说,他和他的兄弟起初并没有把土地合在一起,但他们后来为了便于合作,就设法把土地调在一起。

有一户的一对夫妇所说的可以被当做是村里土地组织模式的生动写照。他们说仅有一户的土地组是不现实的,那时村里恰好没有任何两户构成的土地组。他们谈到,所有组都有 3—8 户,8 户是最大的,4—5 户的小组最为普遍。这一描述同我 1989 年 31 户样本中发现的土地经营模式大体一致(见表 2.1)。我发现了略微大一点的变异,但这可能也是 1986—1989 年间分家和土地组调整的结果。土地组在合作与构成成员上都是弹性的。下面讨论的共同特征最好被看做对一系列共同限制性因素所做出的类似反应。

表 2.1　1989 年槐里 31 户的样本中每个农业土地组所含的户数

土地组规模	这一规模土地组中成员户的数目(户数＝31)
1 户	1
2 户	1
3 户	4
4 户	10
5 户	3
6 户	4
7 户	5
8 户	0
9 户	1
10 户	2

注解:这个样本由槐里 1989 年 31 个土地拥有户构成。1986 年槐里分地时,土地组通过"抓阄"由一定数目的户构成,从而得到毗邻的土地。土地组通常共用灌溉设施,在其他方面可能也有合作,但在合作和成员构成上是弹性的。

样本中有9户的土地组可能有助于提出一些有关的问题。它由村里一个已故男性的许多男性后裔当户主的所有有地户构成的,换句话说,是由几个年长的兄弟及其儿子构成的一个包容性的小组。这个9户的小组将他们的土地连在一起经营,并共用一个水泵。他们彼此提供一些帮助,但并非均衡地这么做的。在这个小组内部,4户分别由共同经营土地的一位父亲及其三个儿子掌管,户之间的唯一划分是每户从自己分到的土地上得到收成。这位父亲独自拥有两辆手推车,但土地组的所有其他人都可以自由使用。除了一般的邻里关系外,还构成了这个土地组以土地为基础的合作关系,但是,假如这个组远离那条河的话,它最有可能加入另一个更大的共用灌溉设备的合作组。

对2.1表中31户的亲属关系模式进行更详尽的探讨时,几种清晰可辨的模式很快就呈现出来了。它们是那么易于识别,因为村民们不由自主地根据户主之间的亲属关系来描述这种关系——这的确是中国农村一种普遍的参照方式。其中有9个土地组的户构成,其关系完全可以**仅仅**根据父亲、兄弟及儿子之间密切的父系继嗣关系来表述。8个以上土地组包含着同样亲密的关系,但增加了有稍远点的父系继嗣关系的户,如父方侄儿、亲叔伯兄弟及更远点的叔伯兄弟(他们相互之间可能是兄弟)。假如一个小组同最低限度的父系后裔小组没有重合的形式,极为亲密的父系继嗣纽带依然可以将它连接起来。样本中报告说只有更远的父系继嗣关系(像侄儿、远房堂兄弟或仅仅是同一**元**的成员)的两个土地组,就属于户主缺乏亲近的父方继嗣亲属但仍能加入一个相关群体的情形。(元是以宗族为基础的在范围上更有弹性的父系群集,在下文的"父系制"部分将予以讨论。)

土地组结构中第二类清晰可辨的现象是,人们的组合可能是弹性的,而非基于家世规则。父亲与儿子以及兄弟之间通常属于同一个土地组,虽然我至少发现了一例两兄弟选择不在一起的一个例子。放弃了土地的男性实际上也使他们自己脱离以前的土地组。比排除亲密的父系继嗣更为重要的,是选择性地加入了某一土地组。缺乏和几乎没有亲密的父系继嗣亲戚的男性,可能使他们自己附属于另一个亲戚组(在罕见的情况下才选择不加盟)。样本中有 8 例显示了或多或少亲密的父系继嗣核心同邻里或朋友(被说成是无关户)相结合的情况。其中有两例是父系继嗣亲属和村干部结合在一起的情形,这揭示了中国农村男性之间另一条重要的关系线索。

剩余的 4 例每个都反映了偏离上面所描述的现象的特殊情况。一户土地组的单一例子是没有任何亲密父系继嗣亲属的一个男性。很明显,处于这种情形下的男性,有可能使自己附属于一个更大的小组,但这种情况的发生并非不可避免。选择其他方式的一例是一个有标准的从妻居婚姻的家庭,女户主似乎没有任何关系密切的亲戚,因而与一个另有 4 户(它们相互之间关系并不确定,可能是父方继嗣)的小组合作,这 4 户的土地离她家的土地很近。在槐里,"邻里"这个概念现在包括两类——那些住得很近的(邻居)和那些其土地连在一起的(地邻)。这一区分在 20 世纪 80 年代很突出。随着土地分配到户,农村住宅的重建创造了新的邻里关系。尽管人们没有更多地提及,地邻的概念在农村农业合作中亦很重要,这当然是因为槐里的土地配置已将这种关系带入了有所选择的亲属关系之中。

样本中情况很特殊的第三例是一宗非典型的从妻居婚姻的家庭。一个被分到槐里的小学教师通过自由恋爱在该村成了亲。这户加入了包括他妻子两个兄弟的土地组。最后的一例不宜归入现有的分类,但最好被看做是有较远的相关父系继嗣组成的包括三户的土地组。户主作为一个被收养的儿子来到该村,并改从其养父的姓。在很年轻时,他就同他养父的亲生闺女结了婚。这对夫妇认为既然是领养,他们并不算"倒插门"。当地似乎也不存在"小女婿"婚的风俗。他们的婚姻是可以被人接受的,但显然也很特殊。这个户主当然比一般的从妻居丈夫更多地融入了他被收养的/成婚的家庭和社区当中。

村民们并没有用那么固定的术语来指称我这里所说的"土地组"这个组织。相反,他们谈到在1986年分地时"抓一个号"或者同抓到某个数的户将土地合在一起。然而,这一安排在短期内是固定的,因为共用灌溉设备以及某些其他形式的合作调节起来不可能很方便,除非共同耕种的土地是相邻的。以这种方式安排土地,而不是使土地特别分散,使得在短期内难以对户与户之间的人口变动做出调整。这种安排有可能延至下一轮的调节。然而,作某些调整仍是可行的,正如前述例子中谈到的,兄弟之间开始时土地不相邻,但随后能够进行调节使其土地联在一起。

在地理位置上不复杂、但从社会方面看可能更为复杂的一个变化,是将一个组拆开或改变组内共享与合作的程度。亲密的亲属合作的骤然减少不太可能是普遍的,因为这将有可能引起人们非议,但调整的确是有的,比如儿子耕种父母分得的土地,或者一个已经彻底非农转移的农户,其土地可能由土地组中有亲密关系的其他成员全部或部分地予以接管。我发现的最大变化,是父系继嗣大规模合作努力的瓦解,比如,构成一个元的12或13户按照包容性的和正规的宗族关系组成了一个土地组,但发现这么一个大组的合作太麻烦了,于是不久就解散了。结果,一些户最终自己单干,其他的则组成更小的组。

这突出了解散集体之后中国在农业合作上的复杂性和弹性。单位的大小和层次不再是固定或相同的,若干不同的规模可以被用于多层面的合作网络。每个层面上的规模适应不同的需求和偏好。村里的每个人或许都认为土地和灌溉方面的某些合作是值得向往的,虽然他们对理想的安排及其实现能力的见解有所不同。在这里所讨论的31个土地组的个案中,有28个共用一个水泵。降低农业固定投资花销的这种合作形式,一贯是最适合槐里实行的土地组组合的。

然而,把焦点只放在各组的一般共性上则会遗忘这一社会经济安排的许多长处。土地组促进了其成员户之间更受偏爱的而不是强加的合作。许多户并没有特别谈到同其土地组中其他户的密切合作关系。其他人实际上只是耕种他们共有的土地,唯一的区分是收获物的划分。还有一些则在儿子辈的各户之间划分长辈的土地,并为父母提供粮食和其他帮助。① 这种合作是整个土地组或是土地组中的亚群组的特征。

另一个极端,土地组的构成并不妨碍更大规模的合作。许多户谈到同更多住户共用其他设备的情况,或在极少见的情况下,为了某种特别的东西,如毛驴或犁等,同其他一两户开展特别的合作。② 共用某些资源,像毛驴的使用等,在全村是很普遍的。而其他一些资源,如拖拉机等的使用,则是要付费的。每个农业组有一台用电或用柴油的机械打谷机。在收获时节各户通过抽签取得其使用权。

获得农业资源的户际组织是建立土地组之上的,但也不完全由后者界定,这种土地组是由有父系继嗣关系的男性的核心构筑的。在父系继嗣纽带不占上风的地方,就像将土地合在一起的邻居情况,这时的决定性纽带似乎总是男性户主之间的联系。我发现的唯一例外是一宗"倒插门"婚姻中精明强干的女户主。

槐里这些无名的土地组,其非正规合作的特点当然是同当地的特性关联的,其中包括灌溉上的资金需求、村里的杂姓制(同哈勒尔相

---

① 这类"分家分不清"的现象在槐里相当普遍。我敢冒险说这在当今中国农村的其他地方也很普遍。它在较年轻一代偏好组成核心家庭,同较老一代需要得到赡养的机制之间提供了一种行之有效的折衷方案。
② 驴的拥有者一致谈到假如他们自己户中不需要用驴劳动的话,他们的毛驴是免费借给全村人用的。他们在谈到下述情况(我也相信总的来说是真实的)时较不一致,即驴被借用时将得到至少这天工作的饲料作为补偿。这种出借确实很慷慨,并嘉惠于接受者,但为要不然闲着的牲口提供饲料(当时饲料的价钱很高,人们不断提到这点)也使驴的主人受益,并为这种一般化的合作提供了牢固的经济基础。

比,1982)以及解散集体的情况。崭露头角的这种合作模式是一种非正规的、按实际情况构想的结构,不可能在其他农村社区以完全相同的形式被创造出来。当然,最近的研究(参见孔迈隆,1990)揭示,中国北方农村在组织形式和建立网络的模式上有相当大的弹性。我预言进一步关注农村政治经济中的非正规实践,将有助于揭示各种形式中的类似过程。

有理由相信这种形式在解散了集体的中国农村俯拾皆是。它们在中国境内已得到了确认,并具有像槐里一样的一些共同特征。一份重要的政府报告(发展研究所,1987)最近提出,建立在亲属、街坊邻里及关系之上的自发组织在农村"几乎遍地都是",但这从官方角度来看是很成问题的。官方往往更喜欢正规的和获准的组织形式,如槐里正规的农业组而不是它的土地组,并赞成以非正规组织为代价来扩展正规组织的范围。某些非正规的组织结构可能以重新形式化了的和得到批准的形式持续存在下来,但假如它们走官方之途的话,那么其非正规性就将消逝。非正规组织正努力逃避官方的控制。

突出集体解散后农村经济中的正规结构特别是农户复活了的角色,可能会掩盖这些非正规实践结构的重要性。鉴于这些正在崛起的结构对重塑中国农村社会性别与权力关系的影响,这就要求我们更密切地关注社会组织的这个方面。在当前的形势下,这些结构同官方结构竞争在农村政治经济中发挥功效的程度是一个主要的关注点。注意到非正规结构再现和体现同官方政策相左的大众价值观的潜能,不应当被像槐里土地组那样的形式中显示出来的男性中心主义所掩盖。

土地的经营

槐里的官方户籍记录了该村每个居民的职业类别:处于劳动年龄

而没有某种其他特殊身份的那些人,假如是男性就被登记为"粮农",假如是女性则为"棉农"。然而,最后一次户口登记是在20世纪80年代初汇编的,即在槐里分地之前,自那时以来所作的唯一更改是转成了非农户口的人。男性同谷物、女性同棉花之间的联系在槐里是一种传统的劳动分工模式。不清楚这在当地历史上可以追溯到多久远,但从任何意义上讲,女性显然是该地区农业劳动力的重要组成部分。①

男性在谷田、女性在棉田劳动,实际上可能是集体化时代男女劳动分工的最佳折射。当时的农业劳动组是男女分开的,劳动的规模推动了按这种方式来组织。不管当时的情况如何(我并不想重构过去的劳动分工模式),这一差异如今只有部分、残余的迹象尚存。女性被村民们说成更适合于细致地照料棉株和采摘棉花。男性被认为在粮食种植和收割上特别能干。然而,就如同以有限的人手完成多种农事活动的实际要求已创造了新的方法一样,农业劳动的实际模式已变得复杂多了。这些新方法对劳动者而言具有多用途和更弹性化的特点,农业劳动中社会性别差异的模式也更加微妙了。

下面的讨论是建立在槐里 1989 年 40 户样本中所有经济活动人口的详尽数据之上的,总共有 61 名男性和 67 名女性。② 那时,该村宣称有 486 个男性,其中 232 人被界定为劳动力单位(年龄在 18—55 岁之间),489 个女性中 220 人被界定为劳动力单位(年龄介于 18—50 岁之间)。我的样本并不是官方界定的劳动力的一个子集(subset),尽管

---

① 妇女处于中国北方农业劳动力边缘的这一早先看法,可能是部分建立在过于狭窄的有关农业劳动力的定义之上。不幸的是,有关山东省的最详尽的现有报告并不出自于产棉区,但却很值得参考(杨懋春,1945)。
② 我将 1988 年初受访的槐里居民的较小样本排除在这一讨论之外。在这两次实地考察的 18 个月的间隔中,槐里的经济出现了足够大的变化,因此不宜合在一起。就这一特殊主题而言,我使自己局限于更近期的数据上。1990 年,我另外访问了两户,并重访了 1988 年和 1989 年样本中的许多农户,但我也将这些排除在这一讨论之外。

它们之间存在着相当多的交叠之处。我不计年龄,将所有经济活动人口包括家务劳动者都包括在内。所以我的样本中包括几个18岁以下和许多超过50或55岁的人。我详尽地询问了每个人的经济活动,包括每个人承担的农业劳动的特定类型,并估计花在农业劳动上的时间。在某些情况下,获得花在特定农活中的相当准确的时间数是可能的,尽管在另一些情况下只能得到更一般的估算。一些农户能够提供详尽而可靠的关于农业特定方面的信息,如不同庄稼的季节性劳动需求、农作物选择的决定性因素、农业花销与价格以及饲养家畜的经济效益等。这些表明了1989年槐里农业总的机遇与限制性因素。

中国当代农村研究揭示的一个主要问题是"农业的女性化"的问题。这里的关键之处是农村男性转移到人们优先选取的非农行业中,他们通常在离其家乡有一些距离的城镇就业,而将所有工作中最不受欢迎的工作——农活——留给了女性。本章的目的是探讨同槐里的特殊情况相关的这一过程,并就有可能构成"农业女性化"的主题提出有助于拓宽这个概念和讨论范畴的问题。①

值得注意的第一个重要问题是这个样本中或因拥有非农户口(意味着分不到地)或因在村外受雇从事专职劳动,而从农业中游离出去的那一部分劳动力的性别分布。尽管在村外就业和获得非农户口的途径对于女性和男性均存在,但在槐里,同普遍被观察到的现象一样,男性在外面的机会更大一些。槐里在这个方面的情况并不很极端,但促进农业劳动力女性化的这一因素是存在的。在67个女性中,10人通过在别处工作或得到户口而有效地摆脱了农业,在61名男性中,16人以同样的方式非农化了。其结果是,滞留在农业劳动中的那些人的性别分布出现了明显的失衡:57名女性和45名男性。这些女性中的

---

① 对山东省农业女性化及相关问题的更宽泛讨论,见朱爱岚(1990)。

19人,或者说,占该样本28.4%的劳动妇女说她们的主要工作是农业。假如从总数中刨去主要从事家务劳动和照看孩子的14名女性,①然后计算其主要工作是农业的女性户外劳动力的百分比,那么,这个数字就上升到了44.2%。15个男性,或者说样本中全部劳动男性的24.6%报告他们的主要工作是农业。假如从总数中减去一个主要照看小孩的男性,那么,其主要工作是农业的男性户外劳动力的百分比是25%。村外的机会同家庭需求相结合,导致了村妇不成比例地集中在农业之中。

与此同时,值得注意的是,在两次农忙时节,大多数村内工作单位都给员工放假,即春季收割冬小麦和秋季收获玉米(这或许是因为最靠近的大中心只是县城)。15个在村外劳动的村民,除了两人外,都说他们回来干些农活。这两个例外是无地户的两个女青年。就谷物收割而言,外出劳动者的季节性归返缓解了农忙时的劳动压力,尽管这对于照看蔬菜或棉花等更连续性的需求起不了什么作用。不属于农业劳动力固定组成部分的男性和女性在他们尚且能够干农活时,至少也偶尔对农业劳动作些贡献。对于主要工作不是农业、但通常住在村里的那些村民,则更是如此。

在信息提供者描述他们所从事的工作和那种工作所需时间的基础之上,我根据男性和女性的农业劳动量和他们种植的庄稼类型进行分类。我也要求每个信息提供者根据他或她自己的见解确认哪类工作(农业和其他若干类)是他或她的主要工作。在极大程度上,主要工作的自我分类很简单,但就女性的情况而言还是冒出了几个问题。在谈到农业是她们主要工作的19个女性中,9人自发地解释这并**不是她**

---

① 这14人不包括书中其他地方所描述的有双重劳动负担的妇女。这14人(其中6人在50岁以上)谈到她们的主要工作很明确是家务劳动。

们唯一的主要工作。与同样必不可少且耗时的其他一些要求（通常是家务劳动）相比，她们根本无法对农业给予明晰的优先关注。这种观点同她们报告所从事的工作是契合的。说她们的主要工作只是农业的好几个女性显示了类似的"双重负担"，这种女性的总人数达到13个。

虽然男性特别是贫困户的男性，所从事的工作通常很繁重，并且几乎是终年不断的，但男性很少从事家务劳动。许多人谈到，认为他们可能从事家务劳动的这一想法是可笑的。男性对家庭经济的贡献通常非常重要，在缺乏更有吸引力的就业机会的情况下，他们将从事数量不等的农业劳动。土地并非总是足以吸收所有这种现存劳动力的，某些男性于是处于不充分就业状况。但除了缺乏其他人照看小孩而由一个年迈的男性这么做的很罕见一户以外，男性的额外时间是不会为家务所缠绕的。

女性则迥然不同。在这个方面，社会性别差异因代际与财富的差异变得更加复杂化了。这两种差异的构成对女性和对男性是不同的。女性一旦离开了学校就开始劳动，许多人辍学较早以便尽早开始工作。中国农村的女青年，假如不是生活在一般而言高失业率的贫困地区，她们的经历同充分就业非常接近——她们的劳动在农业、乡村工业、以户为基础的企业及城镇合同工中都供不应求。除非在工厂劳动，农村女青年有可能自这时起到体力不支为止一直从事一些家务劳动；（外）祖母是中国农村照看小孩和从事其他许多家务劳动的中坚力量。她们毕生都在从事某种形式的家务劳动，尽管在稍晚一些年岁，活计可能会减少些，或者开始变成主要（或通常）只在白天看护年幼的孙儿女。

女性特别是在婚后参与其他形式的工作就更变换不定了。已婚女性假如有婆婆帮助干家务和看护小孩或有母亲帮忙看孩子（一种普遍的替代性选择),那么,她们的劳动负担就会轻得多。否则,她可能要担当起非常繁重的劳动负担。槐里的农户若没有户中至少两个成员相当可观的创收收入,他们几乎不能够维持充裕的生活水平。其结果是,妻子们往往发现她们自己深深地涉入了农业,而同时又必须确保家务劳动的完成。

从这种双重负担中解脱出来的可能性只有两种。第一,该户可能特别富有,从而能够把妻子的创收劳动分派给别人。不过,有这种机遇的女性极少。第二,当女儿或媳妇变得能取代一个成年妇女时,她有可能从创收劳动中告退(其中的例外是,她们可能还饲养家畜)。她那时可能只有管理家务的较轻的负担了,但这一替代选择也取决于该户是否富裕得足以放弃她要不然尚能对额外收入做出的贡献。一言以蔽之,辈分、家庭生命周期,尤为重要的是财富,都是女性工作与否的主要决定因素。所以,仅根据社会性别差异进行的分析将是一种误导性的简单化分析。

这并不是说社会性别可以从分析中略去。男性的生活也是由辈分、家庭生命周期和财富方面的类似差异决定的,只不过这影响其妻子和姊妹们生活的方式是不一样的。对青年男性的劳动要求通常比对其姊妹的要轻,他们一辈子几乎完全可以免于干家务。男性在家外劳动的强度受到家里其他成员分担那项工作以及他们创收工作的类型等各种因素的影响。尽管创业期的企业家可能会劳作较长时间,但劳动时间最长和最辛苦的工作往往落到处于经济等级末端的最贫困潦倒的那些农村男性身上。只要这些男人的体力尚存,他们就不能指望减轻任何劳动负担。他们也不太可能缓解其妻子在农业和家务劳动中的双重负担。这里谈及的差异是相对少量的金钱上的差异,但有巨大的质的重要性。这些差异可以很容易从中国成年村民的体格上得到破译,即根据他们是焦虑憔悴,还是舒适安逸的。

由女性和男性承担的农业劳动的类型,是由某些习惯性的和恒久不变的实际社会性别差异决定的。女性和男性根据这种差异致力于有相当大弹性的特定农业劳动。在 19 名认为农业是她们主要工作的女性中,9 人说她们种植三类庄稼:谷物、棉花和蔬菜。3 人说只种其中的两种。5 人只种棉花,2 人说只干一定的农活。在报告其主要工作是农业的 15 名男性中,8 人致力于所有主要的三种农作物。6 人说至少种三种中的两种,1 人只说他确实干了大量农活。这证实了小农生产单位中分担农业劳动的总的情况,并揭示了女性偏重于棉花种植的某种趋势。

虽然并非总有可能算出在特定任务中花去的确切时间,但某些信息提供者的确提供了非常详尽的信息。他们的评述使这些宽泛范畴之内的劳动分工清楚地呈现出来了。应当记住的是,农作物种植方面社会性别的部分重叠同庄稼选择和庄稼轮种模式直接相关。少数户几乎完全偏重于种棉花,因为他们的土地比种谷物更适合种这种作物,所以全家的农业劳动都围绕着棉花来进行,其他户则每年变换着选择棉花与谷物,或者在不同年份在这两者之间轮种。所有户每年都种蔬菜,但种植的强度不同,种植面积也有些变化。

成年女性往往谈到她们负责"管理"棉花作物。女性是棉花的主要照料者和采摘者。这一工作在夏季持续数月之久,并且不要求类似于两种谷物收割那样的合作规模(如春季收割冬小麦和秋季收获玉米)。好几个女性认为喷杀虫剂是棉花种植周期中一项令人不悦并且可能是有危害的任务。通常而言,这是她们自己工作的一部分,但实际上则由别人去干。不必承担棉花种植过程任何其他工作的男性也有可能去打农药。棉花生产中涉及的这类合作和任何其他的合作是在户内进行的。

蔬菜的种植是由女性和男性共同负责的,或种在庭院的菜地里,或在户中其他地上同棉花或谷物套种,或就种在这些棉花和谷物地上。在给菜地浇水上存在着共用水泵的情况,这出现在户数较多的小组中(一般多于10户),较之共用灌溉设备以及在分来的基本土地上劳动,这方面的合作并不密切。

在种蔬菜方面极少有任何其他的户际合作。① 户与户之间的合作往往还有,但被认为只有在必要时才进行。蔬菜的选择和种植强度的选择可以将这种合作的必要性排除掉。而且,蔬菜对于每户现金收入的重要性也阻止了其他人的插足。只要蔬菜的买卖是在最靠近的农村集市进行的,而且只牵涉该户自己的产品,户中任何年龄段的男女成年人都可以去卖。年轻的未婚女性时常承担这一卖菜任务。但是,假如蔬菜的数量多得要求投入更多销售时间和去更远的市场,或者假如这涉及到从其他户购买一定数量的蔬菜然后去市场上销售,这种工作则往往由男性去做。人们告诉我,村里很大比例的男性确实至少做一些这类性质的蔬菜买卖,尽管他们自己在叙述其工作时很少予以区分。利润的赢余非常微薄(也就是说各户需要卖掉他们自己所有的蔬菜),但的确可以提供一些额外的收入。

农业中最复杂的合作关系涉及谷物。槐里典型的谷物种植模式是两熟制的:其一是冬小麦,这是用于家庭粮食消费和纳税的。第二类是玉米,这是直接用作饲料或作为饲料出售的。1989年,假如可以得到便宜的饲料,养猪被认为是农户的生财之道之一。饲料的供应和价格当时是人们关心的一个问题,其价格明显是在上升。玉米因而是一种有吸引力的庄稼,其主要替代物是夏棉,假如种棉花的话就要求农户为食用和纳税的目的或去购买谷物或利用上一年积累的剩余谷

---

① 我得知蔬菜方面户际合作的唯一一例是一个青年未婚妇女偶尔帮一个相关户出售其蔬菜。这最好被定义为相关户之间多层面和经常性的经济帮助的一部分,而不是农业合作的一个标志。

物。夏棉在价值上必须比种这两种谷物划算。这方面的经济含义是复杂且不可预测的,不仅涉及对气候与产量而且涉及对政府和私有市场价位的预测,还有政府对于向国家出售特殊作物的现行刺激因素。

村民们认为那时一茬棉花的收入总计约等同于一年中两茬粮食作物。这种口头估算得到村民们报告的经济数字和他们实践活动的证实。他们每一年的农事活动最普遍地涉及所有三类主要庄稼的混种。而且在几乎所有的个案中,这样一种混种都发生在任何两个连续的年份中。① 这里也存在着选择其他作物的孤立例子。例如,一户1989年因纯粹经济的原因以种大麦取代小麦。1989年一些幼棉的棉田遭冰雹袭击之后,许多农户开始种大豆和可以在那个季节晚些时候种植的其他各类庄稼。简言之,村民们奋力确保他们自己的粮食、饲料和蔬菜供应,同时通过其他庄稼维持现金收入,这主要但不只限于棉花和蔬菜。谷物也可以在开放的市场上买卖,但这是确保家庭基本粮食供应的补充。

谷物种植涉及有重大意义的合作关系(以及对那些关系的限制)。这种合作既是实际的,又是象征性的。我已讨论过为分地组建以父系继嗣为基础的土地组的根本大事,这促进了为了灌溉的目的对水泵的共同投资。这一设备当然也可以被用于种在同一块地上的棉花。就合作而言,谷物种植上的其他区分性因素还包括每年两次收获期对劳动力的需求,特别是6月收获期间艰巨而重要的需求。那时家庭中的粮食供应可能因恶劣的气候(就像1989年的年景)而面临风险。小麦的收割必须赶紧完成以便为玉米的种植腾出时间。住在村里并有可能帮助收割的所有成员都将投身其中,而在村外工作的成员则努力在

---

① 其例外是分到很适宜种棉花而不适合种谷物的土地的几户。另一户一直只种棉花,户中唯一的男性已届中年,棉花由家里的女性照看,并靠买粮为生。在这些情况下,不同类型庄稼的相对价格是无关的。

收获时节赶回来。嫁出去的女儿,有些连同其丈夫也有可能来助娘家一臂之力。这种劳动很繁重,通常在炎热的气候中进行,而且必须尽快完成以防下雨造成损失。

然而,槐里少量的土地和劳动力的剩余意味着许多这类帮助其实是不必要的。在收获户就餐的每个人都要对谷物收割做贡献,而帮助收获主要粮食则是一种具有文化意义的社会纽带的表述。人们所提供的往往多于严格而言所必要的帮助,但在缺乏得到认可的缘由(如工厂不准假,或者一个妇女的嫁入之家更需要她的劳动等)的情况下不提供帮助,则是不可以被接受的。

收获也揭示了合作上的问题。终年或只在收获本身的劳动中可能共同经营土地或以多种方式开展合作的各户,将仔细地把每户各自土地上得到的产品分开。每户通过抽签决定它使用农业组打谷机的顺序。每台机器可以连续使用几天,在受到雨水干扰的时候,一户在排序中的位置可能决定了它收割的谷物是否会遭到毁坏。没有什么机制来抹平这样一种不测事件的影响——每户都凭运气并独立处理其后果(现有的替代选择是非机械化打谷或利用附近公路上的来往车辆来脱粒)。

概言之,有些迹象表明槐里同当代中国农村普遍呈现的**农业劳动女性化**的总体趋势是一致的。这一趋势应放在女性和男性特别是男性有替代性创收机会的情境下来考察,这些机遇很少要求长期远距离的缺席。槐里既非中国失业和就业不充分极为严重的最贫困地区,亦非相当一部分劳动力缺席的城郊或流动性很大的地区。尽管男性和女性的户内劳动是弹性和交叉的,但注意到他们各自从事的农业劳动还是必要的。这揭示了超出农业劳动的有社会含义的社会性别差异模式。男人的工作,或者更确切地讲,是被确认为男性之工作的工作,创造了通常围绕有父系继嗣关系的男性核心组成的户际合作关系。

就时间和劳动产品而言,女性在农业中的劳动至少是同等重要的,但它却不构成为户际合作的基础(女性所报告的她们之间的合作并不是农业上的合作)。

如果说农业**劳动**在某种程度上已女性化了,但无论就获取农业资源,还是就户际合作的重要结构而言都丝毫没有女性化。因此,我们有必要对"农业女性化"这个概念提出质疑,并在中国农村更宽泛的社会性别与权力关系领域中重新予以阐述。

农业、社会性别与亲属关系

关于中国社会性别与农业问题的通常陈述,往往将女性当做明显的社会性别,也就是说是必须特别提出问题的社会性别。这就掩盖了男性在中国农业中作为社会性别化(gendered)行动者之作用的诸方面,并强化了中国农业女性化的偏颇之见。关于中国农业的更全面的观点,要求详尽地探讨女性同男性之间的关系。这些关系渗透于中国农业的所有方面。上文已提到其中的一些方面,特别是分地、劳动和农业合作关系中的社会性别差异等。男性分享资源和开展户际合作的模式显示了明显表明父系制的各种因素,甚至是这种父系制以土地为本的社团基础。这些模式在构筑其女儿和妻子们生活和工作的各个方面具有重要的意义(不过间接地通过相关的男性)。

然而,父系制的概念是否为理解在这里识别的关系提供了一个适当的架构,是值得怀疑的。中国的父系制最近已成为新一轮论争的主题(见伊布雷和华生,1986)。下文的讨论尽管主要不以这一讨论为导向,但它汲取了这一论争的知识。现在这个分析的出发点是有关社会性别与权力的一组问题。像父系制等亲属关系不可规避是任何这种分析的组成部分。从经验研究来讲,中国农村的所有社会关系都是通过亲属关系的习语来表述的，不参照亲属关系则难以理解获取国家权力或商业资源等其他影响性因素，甚至会使亲属关系变得更复杂了，尽管这两者只是有时和部分地以亲属为基础的。从理论上讲，将社会性别与亲属关系放在一起研究是最富有成效的（见亚纳吉萨科和科利尔，1987）。

绵延不断的外婚制和从夫居规范有效地塑造了中国的农村社区，并创造了同族男性和通常嫁进或准备嫁出去的妇女构成的地域群集。自20世纪50年代以来，这些地域群集一直受到资源事实上为集体所有和获取更宽泛政治权力的政治行政措施的束缚，自60年代初以来甚至受到了合法居住上的政治—行政措施的制约。正如帕里什及怀特（1978）和克罗尔（1981）对集体制时代的分析所揭示的那样，中国父系制持续存在的部分基础依然有赖于以地域单位为基础的正规政治—行政的权力机构。

这种现象在像前儒林或张家车道这样的社区最为明显。这两个村有村办工业企业的物质基础，而且它们本质上是单姓社区。槐里的情形要更复杂些，该村缺乏相应的大规模物质基础，它还是个杂姓村。槐里的父系制是一定传统（源于前集体和集体时代）同在集体解体期间创造并建立在其物质基础之上的新生关系的一个合成物。

所涉及的关系不是按父系亲属关系的传统宗族术语就能描述的。这是事实，尽管这个村在称呼和指称上仍普遍使用亲属称谓，也尽管村民们不一致但也是明显地根据男人之间的父系继嗣关系、或由男人之间父系继嗣关系（为妇女）促成的关系来描述他们彼此之间的关系。槐里亲属关系的表述不仅再现了亲属关系本身，而且再现了其他各种有影响的社会纽带与藩篱，如获取国家与市场资源的不同机会以及维系户界限的手段等。

指出中国父系制有既保存宗族原则、又逃避这些原则的机制，是老生常谈。这里的问题并不是这两种机制能否被发现,而是它们在现有的条件下如何运作以及如何为这些运作下定义。关键性问题并不是宗族群组的正规结构,而是众多社会过程的非正规运行。

父 系 制

槐里的起源可以追溯到康姓的开基先祖。他在明朝(1368—1644年)从河北省玉田县迁移到这个地区,当时官方正在山东省强制推行重新安居。这是一般的山东历史,前儒林和张家车道这些位于山东中部的社区都有大致一样的经历。这两个村也都可以上溯到明朝来自河北的定居者。同另外两个村不同的是,槐里长久以来一直是杂姓村:康姓依然占多数,但王、胡、孟姓在村里也都有立足之地。在该村户口簿上至少还有其他6个姓氏,尽管其中一些是刚安家落户的,而且它们至多只有几个有密切关系的户。

即便是"单一宗族"的村落,通常也有少数其他姓氏的住户。正因为槐里还有其他已站稳脚跟的住户、并有相对多的姓氏,它才被界定为一个多姓村。在田野考察之时,村领导(除了该村妇代会主任外)和党的领导都是清一色的男性,康姓在其中占绝对优势。这期间有几个职位包括(直到1988年)支部书记的这个主要职位都是由胡姓的人担任的。一个姓孟的最近当上了村长,一个姓马的解放前后担任此职。村里的领导权并没有为任何一个姓氏独家占有。①

槐里每一姓氏的人,连同其妻子,都将他们自己视为有别于其他姓氏的人,但所表述的密切程度则因姓氏群组的大小而不同。较小的

---

① 我避免使用"宗族"一词,因为它比槐里所能证实的具有更多的含意。本书的讨论围绕槐里人使用的术语和表达的观点,并围绕人们遵守或表述的社会关系。我故意避开亲属关系分析的语言,以便不要强行提出或提议有问题的或者不可能得到支持的解释。

姓氏群集认为他们自己是有界限、不相连且包容性的。姓胡的声称在村里有60—70人,并认为他们自己是团结和睦的。然而,姓王和姓康的却存在着明显的内讧。对于当代内部群集(internal groupings),村里一般采用的术语是元。元是以宗族为基础、在范围上有弹性的父系群集。据村里对康氏宗族事务似乎最了解的一个男子说,元的界限不存在任何固定的标准。这些取决于其规模——当它变得太大以致不便于观看新年仪式时,其成员就会同意分成更小的。其他因素包括财富可能也会考虑进去的,但同共有财产这一为人所熟悉的因素并不相干的,同宗族考虑也无关。对大小的强调可能意味着承认这样一种事实,即元的主要源泉是它的人。①

康氏藏有4卷刻在蜡纸上的康氏族谱(1965年)。第一次给我看的是元里一个地位较高的男性。他自20世纪60年代以来就一直负责保存,族谱完好无损,他将它包好藏起来,但允许人们翻阅。他说他不曾看过,因为他读不懂(这个族谱在我和另一个元一个有资历的男性一起翻阅之前可能从来没有人看过。它是这个男性在1964—1965年修的),并认为这个族谱的主要用处是为男性循环取名提供一个文字清单。提供成文的名字排序的必要性被当做修60年代版族谱的原因,然而,这4大厚卷的族谱含有多得多的信息,其中包括宗族祷词、康氏历史及康氏祖先的墓地图。族谱中含有许多不易记得的信息。例如,保管这一族谱的男性只对他自己元中的父系继嗣有确切的了解,但仅此而已。事实上,他以不确定的语调说槐里有"至少4个元"。

根据这一族谱及修谱的这位年长者的解释,康氏在万历年间(1573—1620年)有过一段短暂的兴盛期。据该族谱记载,那时其第7

---

① 当地人并不是没有注意到对元之规模的这种强调对妇女地位和对中国落实计划生育的影响。

代一个成员位居高官(监察御史)。他的子孙后代为了纪念他而委托他人修谱。他的墓穴位于最古老的康氏墓地的最高处(与紧挨着的汉代墓穴相比,依稀可见一个土丘)。这个族谱确认这个男性的先祖可追溯到迁移到山东这个地区的第一代,但它只包括这个男性的后裔。

康氏到第九代时均匀地分开,组成了13支。每个支系都源于这个官员的其中一个孙子。槐里村至少是由第13代(第18到24代尚存)建立的,并包含了其中四个支的后嗣。人们一般不会提到各个支,具有重要意义的区别是如今村里尚存的9个康氏元的每个元之间的区别。相形之下,王姓构成了没有密切关系的两个元,但代表了向该村不寻常的迁徙。村里其他的姓氏并没有分成元。

男性与妇女对他们自己元中的成员都有全面的了解,这种知识是以各种方式来表述和激活的。这些方式中既有仪式的(为了婚礼和葬礼)、又有经济的(作为土地组和其他合作或互助形式的选择基础)。要完全确信这些单位中各种联系的长处很困难——尽管父系联系并不是官方认可的,但它们在村内却是合法并得到遵从的。人们并不特别主张元内的密切关系,在某种情况下,与其说是对一种理想的陈述,还不如说是对实际社会关系的描述。

元内的这种亲密度是由另一种规范来调和的,这种规范极力主张最好同每个人、但不特别同任何人保持特别好的关系。生活在不同户的父母同子女之间或者兄弟之间更亲密的联系是易于被人接受的,但特别亲密的其他迹象则是要避免的,因为这有可能疏离村落这个小社区里的更多人。假如提到元的话,人们会以一致积极的术语谈起它,但重点却会放在维持更宽泛得多的各种邻里乡亲关系上,而不是放在元的特殊性或分离性上。

户以上、村以下这个层面密切经济与社会联系实际模式的种种迹象,揭示了人们对通过有父系继嗣关系的男性所建立的联系给予的积极评价,但人们并没有严格恪守宗族原则。正如业已描述过的,村里有努力在元的宗族基础上建立土地组的个案。我了解到的这些情况,或是分成更小的群组,或是在更大而松散的架构内被整合进更小、更特别的合作群集之中。在槐里,人们一直尝试把元当做以土地为基础的社团性的父系继嗣形式,但它尚未在槐里赢得认可。像土地组那样,在密切的经济联系中存在着父系继嗣纽带的地方,后者往往受到多得多的限制或者在接纳成员上是明显有选择的(依据非宗族关系的标准)。

除了土地组的结构而外,农业中的合作同元或同更大规模的宗族单位并没有任何关系。在其户主之间有密切的父系继嗣纽带,或者在村内有邻里(居住或农地上的)或朋友关系的个人或农户之间,这种合作通常是小规模的,而且往往很有弹性。尽管农业中的合作不及不是以土地为本的企业中普遍,建立在村内外其他联系之上的合作也是可能的,其中包括通过女性或通过男性做当地干部建立的联系。父系继嗣纽带只是个人和农户合作网络中一个潜在的源泉。

村内的大规模合作也是存在的,这在极大程度上涉及使用集体某些残存的资源,如打谷机等,但也包括村里规定的仪式活动。村里的婚丧嫁娶受制于村中普遍盛行的规范,自1987年以来,依照来自上面的官方指示,槐里设立了一个村级机构——红白理事会——来负责婚礼和葬礼的实际安排。1990年这个机构由村支书、村长、会计和三个农业组的组长构成。这一机构指定了一个男性(该机构当前及有案可查的所有成员皆为男性)对诸如交通和音乐等事宜做出实际安排,一个管账,一个在每一桩婚葬仪式中当司仪。

新郎(父亲)元的成员被要求对婚礼提供更大的帮助,但具有重要意义的是,这一安排的一部分实际上是处于同一姓氏人的控制之外的。1988年我参加了胡姓举办的一个隆重婚礼,它是由一个姓康的司仪主持的。目前这个组织有五户姓康的和一户姓胡的。人们之所以接受婚丧嫁娶由以前的元管理转向现在由村政府来管理,其决定性的因素似乎是对资源的控制特别是人们能够使用村里拥有的交通工具。

辈分也是构筑社会关系的一个重要因素。它同父系制有某些联系,因为其标记物和参照都可在每个姓氏的男性姓名中找到。男性和女性都对他们在辈分中的相对资历有很强的意识并很敏感。在人们元的界限之外,这是最突出的标记。

人们可能会赋予女儿同她兄弟们一样的辈分标记,尽管通常不这么做。无论如何,作为成年人,她们将从其丈夫那里获得其辈分身份。在槐里,人们确实仅仅根据其丈夫的姓名来非常一般化地**指称**女性,甚至连意味着"某人之妻"的措词都不用,也就是说,她们的称谓可能被归在其丈夫的称谓之下,当她们不在场时,甚至其他女性也这么做(人们当然是按适当的亲属关系称谓来**称呼**她们的,这种亲属称谓源于男性的父系继嗣关系,但承认女性的角色,如嫂子等)。

按理想说,女性最好与同一辈分的人成亲——该地区不同的姓氏能同超出宗族界限的各代相配。然而,女性也有可能嫁到适宜的辈分之外,尽管这对她很不利。槐里有个女性嫁给了一个比她自己低一辈的男子,她在成婚的村子称呼时被归入她丈夫一辈,但在她娘家村被称呼时仍保留了她婚前的辈分身份。她认为这很复杂而麻烦,她显然对自己在婚姻中丧失的辈分资历感到很敏感。

这样一种现象在村与村、姓氏与姓氏之间是有可能发生的,但在村内和姓氏内部通婚的情况下是不可以被接受的:在那种情形下,只有同辈的结合是获许的,这被认为是通过限制潜在的婚配数量来限制村内通婚的一个因素。在亲属关系的讨论中通常被当做族亲关系一个方面的辈分因素,还超出族亲关系延伸到构筑姻亲关系。辈分的因素也只有在社会性别的语境下来审视,才能得到最充分的理解。

第二章 分 地

社团父系制,还是基于土地之上的男性中心主义?

由上述材料我们可能看到同中国父系制普遍相连的这个复合体中的各种因素。在以土地为重心的关系领域之外,特别是在农村社会生活的政治与仪式方面还可以发现另外的支持因素。然而,突出父系制将是误导性的,并隐含着(布迪厄,1977)所抨击的方法论上的疏漏——本土"官方模型"同"人类学模型"的合流。父系制在中国农村居民和专业人类学家的话语中都很突出,在这两种话语中父系制在有关男性的话语中尤为明显。然而,这一话语通常没有捕捉到微观层面的社会关系动态,这一现象在有关中国的人类学著述的边缘得到了普遍的印证,正如在玛杰里·沃尔夫(1972)的著作中,它有时处于很突出和有影响力的中心位置。孔迈隆(1990:513)简明扼要地表述过父系制在中国农村作用的更恰当的观点:"在每个家庭都被强烈地激发起来通过参与涉及多种社会纽带的关系网络去寻求其福利的情境下,固定的宗族取向……为维护和协调社会关系提供了一套指示物。"

在集体化时代,土地是一项有公社制的政治与经济结构支撑的资源,它为一种翻新的父系制形式提供了社团基础。这类性质的东西可能的确曾在单一宗族的社区中存在过,后者的界限同生产队或大队的界限是重叠的。然而,具有重要意义的是,有关亲属关系同公社结构之关系的最详尽的人类学描述,都强调集体强化了一般性的主要组群,而不是特殊的宗族单位。

集体解体使土地可以被更宽泛的各类社会单位或层面所拥有。户本身并不是当代中国一个完全适宜的农业单位,但原来的生产队或大队已失去了作为农业控制①与生产单位的政治合法性,并且一般被认为规模太大。基于宗族的单位尚未脱颖而出成为户与村之间这个层面社团性的土地占有群组,尽管如前所述,槐里曾尝试过沿着这些思路的某些实验。相反,人们以更有弹性得多的方法利用父系继嗣纽带作为更宽泛的合作机遇的一部分。父系继嗣纽带保留了某些象征性的权力,但这种权力受到了其他形式现存象征性权力的左右,就像建立在社区、政治或母方联系之上的那些。它们还受到如今在政治与实践中可以被接受的商品化替代选择的诱惑。

土地和农业被裹挟到高度商业化的农村与全国经济之中,涉及从土地上谋生的许多社会联系,或是商业交换的事务,或是可以使之成为商业交换的事务。槐里目前呈现了建立在亲属或社区的非商业性联系之上的有效但不稳定的合作形式。它从市场上购买农业所需的货物和服务,并积极涉足商业和面向市场的生产。在一个有相当大经济风险的情境中敏锐地抓住无数机遇的必要性,可能会促成使父系继嗣纽带成为一项资源,但不是唯一可能性的社会经济组织的一种形式。②

但是,用经济的术语对上述关系所做的解释,不管其论点多么有说服力,都不是完全恰当。替代性的经济安排毋庸置疑是有可能的,这在现代中国历史上有充分的体现。父系制大概**可以**以更有意义的方式充当以土地为基础的各种关系的一个构成原则,但没有任何理由

---

① 正如所有农业土地正式属于国家一样,从技术角度来说,所有权过去和现在都不曾引'起过争议。在集体制之下,有效的控制是通过"核算单位"这一术语来表达的,除了国有农场外,这指的是生产队或者大队。当前,所有权仍归国家,但农户或其他单位在某些情况下在所谓的"责任制"之下也具有土地使用的承包权。在核算单位或承包单位之上的行政级别拥有并继续拥有有关土地的某些权利和责任,但控制权和所有权事实上由较低的各级单位所拥有的。
② 同河北农村经济中亲属和商业联系的有趣而详尽的对比,见王思斌(1987)。

认定这应当出现。

假如将宗族的因素移到这一话语的边缘,而且仅仅将它当做村民们可能便于利用的许多象征性资源之一,对农村社会关系的新观察才有可能,而被归在父系制名义下的某些现象才能得以用新眼光加以研究。通过在讨论父系制之前陈述分地、劳动分工和农业合作等具体事项,本章的布局意在促进了这样一个过程。这里所描述的事实同偏离父系制假设的那些陈述并没有任何明显的矛盾,但它们两者都不需要那些假设。

更可取的是将那些假设放在一边并作些归纳。诺玛·戴蒙德(1975)的论文在分析一个密切相关的问题上提供了一个有影响力而且有益的先例。她的文章强调从夫居规范对创造相关男性的地方性共同体的影响,以及前者对于使女性剥离其生养社区和及其通常度过成年生活的社区中同等亲属网络的影响。这里提到的现象恰好取决于中国社会生活的同样特性:有父系继嗣关系的男性在地缘社区取得了在居住上构筑的优势。父系制当然可以缘此而出,也可以出自于其他文化渊源,但正是以**相关男性为中心的居住方式**成为日常乡土生活的社会性别化政治(gendered politics)的决定性因素。

先期存在于这种地域、居住基础之上的社区,自20世纪50年代以降进一步得到了巩固,在集体化时代它们成为基本的政治与经济单位和社会单位。政府对人口流动的限制和官方的户籍制进一步巩固了这些地域单位,并强化了其界限。集体解体及农村改革重新提出了这些社区以土地为基础的问题,也打开了乡村社区的界限。随之而来的社会变迁比在集体化时代更千变万化。农村改革对中国农村社会性别与权力的其他各种影响,将在下面各章参照研究的所有三个社区进行讨论,但槐里本身揭示了一个以土地为取向的社区中某些有趣的可能性。

这里的关键性一步明显得很易于令人迷惑：对作为社会性别化之人的男性与女性的分析。很明显，给男性优先分地的现象被描述为男性中心主义的要比描述为父系制的更为准确。农业中劳动分工和劳动安排上的差异，也最好从社会性别差异而不是宗族的角度来审视。土地组的这一特定组织是可以用符合要求的父系继嗣术语来阐释的，但也可以主要被看做是男性中心主义的，这种男性中心主义通过婚后居住上的社会性别差异得以实现。简言之，男性中心主义、居住上的社会性别差异以及地方化、有界限的社区在农村生活中所占据的中心位置等，都足以恰当地阐释槐里建立在土地之上的社会模式，因而只需较少追溯父系制的文化渊源。

第三章 村办企业

广大农村一般被当做是致力于农业的空间。就使用土地的严格字面意义上讲，这可能是准确的。农业特别是谷物和其他基本必需品的生产，一直是整个中国历史上农村经济政策的基石。然而，不管这一政策在提供生存保障上的价值是什么，农村繁荣长期以来还一直有赖于其他途径：现金作物、手工业、商业和劳动力迁徙。在最近几十年，正如费孝通（1968）早就强调的，手工业的重要性一直得到承认，并因乡村工业的促进而有所转变。这一转型始于早些年，在20世纪70年代有了长足发展，但在80年代以市场为导向的农村经济改革期间有了特别迅猛的增长。

20世纪80年代中国农村繁荣的许多增长，直接同乡村工业息息相关。它的增长提供了就业机会，刺激了工业所必需的农作物的生产，有助于资本的形成，并创造了税收来源。1978—1986年，即经济改革的早期阶段，农业就业的年平均增长率还不及1%，而乡村工业中就业的平均年增长率则几乎达到20%（泰勒，1988：756）。甚至在80年代末出现了经济逆转之后，乡村"企业"依然是农村经济最重要的成分之一。1989年大约有300万乡镇企业倒闭，依然留下了1 870万还在开工。这些企业雇佣了9 400万人，估计占农村剩余劳动力的一半（"季度记事"，1990：768；也见奥伯特，1990；罗晓鹏，1989和沃森，1989）。此外，至少在山东省，45%的企业员工是妇女（杨衍银，1989：8）。

同时,乡村政治经济因农村人民公社的解散或集体制的逐步瓦解而被正式和非正式地重构了。前二十年,农村集体经济组织具有三级结构的特征:"生产队"系管理土地和农业劳动的处所;大队日渐成为农村"副业"包括乡村工业的中心;"人民公社"也组织副业生产,它在将最高层面的农村集体经济同最低层面正规政府与国家服务的结合上是别具一格的。

在本章中,我通过探讨崭露头角的村组织①同村级乡村工业连接处发生的变化,旨在探讨农村政治经济与社会性别关系的重构。在这一过程中,我也将触及如今在农村清晰可辨的有所改变的国家建设方式。

农村改革的某些方面,从表面上看,似乎是国家对乡土社会渗透的减弱。这在国家主要被理解为由政府正规部门构成之处似乎尤其明显。以更传统的行政乡取代公社以及集体解散的总的过程,当然,已驱除或重构了正规国家权力在农村最显而易见的媒介物。正式取代了从前机构的乡、村及其他各级行政机构,其范围和权力更为有限了,至少从正规角度来说是如此。乡村经济向市场力量的开放具有非常重要的意义,而市场目前只受到政府不同层面和机构的部分控制或管制。对人口迁徙的限制松动了,尽管户籍制依旧有效。正如下文将阐述的,这些变化已改变了国家权力的结构与实践,但它是否已降低了国家在广大农村的权力是极其值得怀疑的(舒,1988)。

当代国家建设过程正在重新界定国家的正规结构,而现在对那些结构的依赖要比刚刚过去的那个时代少得多。权力下放的政策使官僚体系较高层面的控制稍稍松弛了,并为国家权力在中国农村的普遍

---

① 我将这类组织描绘成崭露头角的,并不是想说村是正在崛起的组织层面,而是说现在正涌现的村组织的特定类型表明了某种特殊的特性,见杜赞奇(1988)。

重构打开了一扇机会窗口。市场力量之作用的增长增强了权力关系的不断变动。国家与市场之间不存在任何严格的分离。这种关系的重新运行是现今中国国家建设过程中的一个动态方面。

正如这里所下的定义,国家不仅仅指政府。它指的是机构化和等级性的权力关系的整个复合体。后者最明显地体现在政府、政党、军队和"群众团体"互为关联的正规组织当中,但也表现在更弥漫的权力关系与观念之中。这既不是关于中国国家的新观点(见武雅士,1978),亦非中国国家一个根本性的新特征。然而,20世纪末呈现出来的中国国家的具体属性确实表现出了特别的特性。对村级国家活动的微观分析有助于理解这些特性。

我在本书的这一部分选择了村作为重点,因为在三个田野调查社区的每一个都显得那么突出。村并不是我预先决定的研究重点,开始时我侧重于户,村被放到中心是因为它在每个社区显而易见的关键性作用。我们或许应当根据村在中国北方农村可能起到的关键性作用来审视它(见黄宗智,1985;杜赞奇,1988)。① 我们也可以认为,这同尚未远逝的历史有着显而易见的连续性,也就是说,它强化了伴随农村集体制出现的地方界线以及同期实施的严格控制人口流动的机制。集体解体和农村经济改革在地方国家权力的平衡上引发了广泛的转变。这些转变在其方向和特征上各不相同,但生产队一级普遍丧失了权力或许是真实的。至少在三个田野调查村,前大队明显有了增强,它们在每个村都正式转变成了行政村。即便在正式变更发生之后的年月里,这些村的村民们继续管它们叫"大队"。

我选择了村级企业的问题作为本章的重点。许多村办企业可归入乡村工业的范畴之内。这是整个20世纪80年代农村经济中增长

---

① 舒(1988)和萧凤霞(1989)所描述的分裂成小单位的过程在这里也相关。

最快和最充满活力的成分(伯德和林青松,1990;珀金斯和尤舒夫,1984;宋林飞,1984;屠南,1986 及旺格,1988)。甚至是具有不同特性的村办企业,像果园或建筑队等,它们也都对当地经济做出了举足轻重的贡献(泰勒,1988)。所有这些企业取得了各不相同、但总体而言令人刮目的成功。它们为农村居民创造了就业收入,许多企业还是农村资本形成的重要媒介物。

在这里,我特别着眼于村一级经营的企业。这些企业在所研究的其中两个村的经济中都很突出,在另一个村也具有重要的意义。探究在村一级正在崛起的国家形式同面向刚激活的市场的生产之间的关系,为在以市场为导向的情境中研究中国国家重构开辟了一条途径。正如下文中将看到的,这些过程同按社会性别和年龄界线配置企业劳动力是内在并且根本相连的。

集体解体

所研究的村中最令人惊讶的是前儒林。到 1987 年 12 月,它依然没有解散集体,也没有这么做的任何计划。当时有人告诉我,这种情况在以前存在的集体中大约只剩下 5% 了。解散集体的主要推动力出现在早些年,甚至不愿解散的那些集体到 20 世纪 80 年代中叶一般也都这么做了(见黄树民,1989)。说前儒林是集体的这个意思并不是静态的,尽管集体时代的大多数正规特性 1987 年在前儒林仍然依稀可见,但这里也存在着适应周围市场经济的迹象。这个村确实是在这种情境下比它在历史上任何时候取得了更大的繁荣。

前儒林是个土地贫瘠的单一家族村落,它为其宗族的历史和既有习俗而自豪,但并没有自诩历史上的显赫。该村是一个始终由贫穷农民和工匠构成的村落。寻求改变其命运的许多人迁徙到东北(这是山东人的一个普遍选择),而不再返回故里。村里一些较年长的男性有令人刮目的经商经验,其中的一些人被吸纳到村办企业中从事购销工作。就我所知,从前不曾有规模较大的商业活动,该村在乡村工业方面的最近成就可能算得上其经济成功的顶峰。

前儒林的集体化历史并没有什么特别与众不同的,尽管它是中国集体组织不断波动的见证,并突出了我们需要将当前发展看做变动不居的过程。据村里较年长的几个男性讲,20世纪50年代初组建的大部分互助组都存在着正规的宗族基础,是由"五伏"之内的父方继嗣群体构成的。这时该村只有少数村民加入了互助组,尽管到1955年,约有一半村都组织了初级社,剩下的大多数居民加入了互助组。随着全国集体化步伐的加快,1956年,前儒林90%的人加入了高级社,到1958年每个人都跃入了公社。到那时依然游离于集体的政治经济之外已不再有可能了。

前儒林集体时代划分的生产队,是按不断变化的居住格局建立的。起初,整个村在1958年8月组成一个生产队,但内部却分成了两"派"。1960年这个较大的队分裂了,村里的两派组成了南北两个不同的队。这两个队进而又分成东、西、南、北4个小队。到那时全国各地的集体在规模上进一步缩小了。就前儒林这个小村而言,导致了大约每30户构成一个队。这些队同前公社时代的农业生产者合作社没有什么关系。后来的调整又将生产队的数目降为现在的三个,但最重要的组织裂变是"核算单位"在1976年从小队转到了大队一级。

这一转变特别有趣,不仅仅是因为转变的日期。1975年初,在张春桥和姚文元的名义下发起了一场重大的理论运动。这场运动有重大意义的实践因素之一,是倡导制定一项具体计划,通过在大队一级建立乡村工业,来降低农村不公平待遇并利用这一级创造的收入来使核算单位从小队提升到大队。这对于农村居民来说是有巨大直接经济影响的措施。除了受较高层面国家政策的限制或管制之外,核算单位是对当地资源(主要是土地和劳动力)行使直接控制与管理权力的一级。

"大跃进"之后伴随着较大集体的撤消,通常的情形是由小队充当核算单位。这些队在其掌握的资源上差距悬殊,甚至直接毗邻的队之间在其人地比例、土地质量或获取水源上亦有影响重大的差异。管理质量或最初资源占有上的额外差别也都有可能加深小队与小队之间甚至大队内部的鸿沟。农村人工作日的价值同他或她所隶属之队的经济状况休戚相关。其结果是,在不同的即便是相邻的队中从事同样的劳动可能会得到迥然不同的报酬。通过行政措施抹平差异的举措会受到相对富裕的队的抵制。

1975年的政策,主张在大队一级创造充裕的集体收入,以便使核算单位提升到大队一级,与此同时,在援助贫困队的过程中又不给大队中的富裕队强加不可接受的不利条件。继1975年媒体的广泛关注之后,朝此方向出现了一些静悄悄的举动,特别是在1976年。①

这一实验在1976年秋"四人帮"垮台之后被正式废止。自那时起,当偶尔提到该政策时,事实上也认为它是"极左"的而予以否认,只要是同"四人帮"相关的任何政策,在"文革"后的中国必定成为谴责的对象。除了政治上的偶发事件外,对乡村工业的促进始于1975年以前,这对于20世纪80年代的急速经济增长绝对是必要的。正如较早的一些研究者提到的(珀金斯和尤舒夫,1984;宋林飞,1984),20世纪

---

① 这些观察是基于我那时对中国新闻的解读和我1974—1977年在中国留学期间同中国同学的个人交流。1976年夏上海郊区出现了一股朝大队一级特别努力的动向。我并未发现山东省那时也有类似努力的当代证据,但正被讨论的这些政策是全国性的。在前儒林这种地方的发展可能同全国性的政策是吻合的,但同20世纪70年代中叶更成问题的政治问题却没有那么密切的关系。

80年代乡村工业增长的许多基础是在70年代奠定的。80年代的农村经济政策坚持认为它是先前政策的对立面是绝对必要的,但人们却可以发现有持久重要意义的连续性,特别是在乡村工业这个领域。

前儒林自集体化初期就有集体的非农企业。第一家制造毡帽的工厂早在1956年就已存在。在接替它的厂里进行访谈时人们告诉我,那时它就是个大队级的企业,这恐怕是弄错了年代。更准确而详尽的报告证实,这个和另外两个小厂(木工厂和染土布的厂)到1964年才并入大队,并确认前儒林乡村工业的所有实质性发展都出现在大队一级,只有两例涉及村外的联系。

在这里,注意到以下事实可能是有益的,那就是被归入乡村工业范畴的企业可能很不成气候,只不过是由少量劳动力在一个空间里采用劳动密集型方式和非常基本的设备做一些非常简单的加工。即便到1987年,正如前儒林的一些工厂,比如一个再生塑料袋厂,其情况大抵还是如此。有助于前儒林最早多样化的一些工厂多半具有这种性质。前儒林朝较大规模企业迈进的第一步是在1973年建立了一个养鸡厂。这家厂获益于较高一级国家当局在该地区对大规模养鸡业的推动。它在1976年以前是村里取得最佳经济效益的一个企业。由养鸡厂创造的资金为使毡帽厂转变成一个商业化的毡席厂提供了原始资本。

毡席厂扩展很快并成为该村经济的支柱。它有丰厚的利润,并雇佣了前儒林和周边村的大量工人,但加工过程是初步的,其工作也令人不悦。由这个厂创造的资金现在正被用来建立一个技术上更复杂的化学品包装材料厂(始于1984年)和制造面向家庭和商店的铝制家具的一家城区厂的地方分厂(始于1986年)。比起先前诸厂,这两个厂提供了更多有吸引力的就业机会,并使该村经济更多元化和更巩固了。到1987年,尽管该村继续依赖其贫瘠的550亩耕地保障它自己的基本粮食供应,整个村的收入实际上都来源于非农企业(见表3.1)。

表3.1 1978—1987年前儒林的集体收入

年份	非农总收入(占总数的百分比)	非农净收入(占总数的百分比)	净收入(人均人民币)	分给村民们的(人均人民币)
1978	74.5	73	289	230
1982	86	75	670	560
1983	87	76	616	605
1984	88	83	700	729
1985	88	82	1 006	784
1986	89	84	1 230	1 004
1987	96	90	2 030	1 200

来源:1987年前儒林的官方记录。

前儒林的经济组织从本质和正规意义上讲,依旧是集体的,但这个集体对农村经济改革已做出了具有重大意义的调节。前儒林说自己实行了"集体承包"制。该村被划分成3个"农业承包队"和7个企业,共计10个承包单位。其核算制是前集体与更新的以市场为导向的制度的一个混合物。工分依然存在,并为该村经济及其酬劳制度提供了统一的框架。每个单位的工作人员都得到按以前的工分标准(是时间、技能、计件工作以及按年龄与性别做出的习惯性区分相结合的产物)计算的劳动日。十个单位的产值也迥然相异。农业队成员被计算为每天创造6.5元的价值,每个企业实际上分别创造了更高的数值,每天从8—15元不等。

给工作人员计工分而不是在以市场为导向的基础上支付工资,有助于降低由不同的工作安排导致的收入差距。这是用来自乡村工业的收入补贴农业劳动的一种方法,系集体时代政策的一个特征。然而,就20世纪80年代末的前儒林来说,同以前集体实践的某些偏离以及对市场环境的适应都很明显。直接影响到最大多数居民的规定是,一个人每创造 10 元人民币的额外价值,按村里 6.5 元人民币的标准,他/她就可得到另外一个工作日的劳动量。

干部(管理人员)的酬报制度也含有明确但有限的激励机制。例如,先计算每个农业队普通农业劳动者中 5 个最高收入的平均值。每个干部可得到那个平均数外加一定额外的百分比:队长为 20%,副队长 14%,会计为 18%,店员是 16%。每个企业对其管理人员都有类似的规定。

就经济活动而言,10 个承包单位是位于村本身这一级下面的平行单位。在其他方面,三个农业队同其余的 7 个承包单位之间存在着根本性的差别,因为农业队保留了前生产队的许多非农业功能。村里的每个人都是正式出生或嫁入某个队的,队掌管着那个人的正式户口。这一区分可以由下面这一点被观察到,那就是不同队的成员之间的村内婚是需要更改户籍的。

队一级户口登记的实际实践意义是,谷物和现金收入的分配是通过队来进行的。劳动力的配置也多半经由队来完成,尽管村(大队)予以监督。当年轻人完成了其正规教育或者当他们通过婚姻将其户口迁入一个队时,队长有责任给他们安排工作。这种工作可能是队里的农业劳动,尽管该村 326 个劳动力单位中只有 58 个涉足农业,或者也有可能在村办企业中工作。企业通过向农业队提出要求或通过雇佣外面的工人来获得其劳动力。

前儒林并不缺乏就业机会,尽管工作岗位有更理想和更不理想的区别。队分配其劳动力(在前儒林内部,人们没有或至少没有公开寻找工作的),但也受到某些限制。一些限制性因素源于大队对村里劳动力的总体管理和不同企业的特定要求。其他的因素还涉及当地政策或习俗,比如每户通常最多只有一人被安排去干农活和通常将一户所有非农工作人员分配在同一企业当中。

一言以蔽之,尽管前儒林在20世纪80年代更广泛地以市场为导向的情境中作了灵活的调节,并取得了繁荣,但从正规角度来看,它依然处于集体制之中,并确实保存了那个制度的重要因素。前儒林的村领导并没有批评解散集体;相反,他们指出了村里严重的土地匮乏及其靠乡村工业取得繁荣的事实。土地的短缺(每人不到一亩)确实成了人们谴责在住户之间分地和仅依赖农业造成村里贫困的一项策略,尤其是鉴于它缺乏靠近大的城市市场的地利。然而,正如前儒林的情况揭示的,土地的匮乏并没有导致只朝一个方向发展。

立足于乡村工业的论点具有某种令人信服的价值,特别是因为自1973年以来前儒林在该领域驾驭持久而多样化的增长上表现出了高超的能力。但就张家车道而言,村办企业没有集体制的正规羁绊照样能够成功地运行起来。① 前儒林领导们也指出了它是个单一家族的村落的事实,并宣称假如该村是个多家族村的话,将是不可能维持集体的。这种估计也是个相关的因素,尽管无数单一家族的村落已解散了集体。② 对集体解体时代这些村各种差异的决定性原因的寻求将是扑朔迷离的。相反,正是变异和选择的范围是有潜在说服力的。

张家车道是本研究中深深卷入乡村工业的另一个村。同前儒林不同的是,它正式解散了集体。到我1986年做研究时,该村以前的三个队已消失得无影无踪了。我对张家车道解散集体的确切日期并不知晓,但它是这三个村中最早开始实行农村改革的。该村自己对其近期历史的叙述强调1978年是个转折点。这大体上说来仅仅是从意识形态上参照了中共中央十一届三中全会,此会在那一年年底举行并批

---

① 我在这里指的是从集体起步并同当地国家机关仍紧密相连的当代村办企业。这也包括着20世纪80年代由私人创办的乡村企业,它们更独立于国家的控制。
② 黄树民(1989)关于地方干部抵制解散集体的观察,可能同前儒林的情形是相关的。

准了农村改革。但参照这个日期也有某种程度的实质意义,因为它看来确实标志着转变了张家车道政治经济的首创活动的开始。在这个方面,张家车道既说明了农村行政管理之经久不衰的特性,又提供了农村改革特有特色的一个例子。

1978年,张家车道大队是其公社70个大队中倒数第三个穷队。特别穷的单位会被高于它们各级例行公事地确认为援助的对象,尽管这未必真的就有直接的救济。领导人的更换常常成为解决问题的良方,有时或许还包括官方提供的某些经济机会。这同张家车道的历史十分吻合。值得注意的是,经济改革最初正是针对最穷困的集体,即为持续贫困所缠绕的在集体时代最不成功的那些集体。

1986年张家车道的党支部书记(自1979年起就是支书,也是村里主要工厂的厂长)是本村土生土长的。他在从戎生涯中获得了某些领导经验。参军入伍通常是农村男青年未来有前途的一个预兆,特别是像这个男子一样,假如他们在部队得到了晋升。退伍之后,这个支书成为其家乡县的一个官员,直到1974年他才回到了张家车道领导经济转型。同他本人和其他人讨论他的作用时,总离不开以他个人或村里的发展计划为中心,然而,显而易见的是他能够获得村外的资源(获得了机器,早于该地区其他村率先开办一家纺织印染厂,并得到发展该厂的贷款)。这些外在资源为张家车道随后在经济上的时来运转创造了有利的条件。

像本研究中的所有村一样,张家车道也遭受了土地匮乏的困扰(每人约1.4亩地),还因土质的贫瘠而雪上加霜。该村乡村工业从前只有微不足道的发展。在试图追溯纺织印染厂成功的潜在根源时,我探究了该村在这个领域的发展史,结果发现在20世纪初这里就已建立了基于在家做工制(putting-out system)之上的使用手摇纺织机的纺织,1956年之前在个体所有的基础上继续存在。60年代和70年代初,有个较小的大队工厂为附近的一个大厂从事一些丝绸加工的工作。这个大队厂雇佣的人还不到 20 名。当那个大厂停止丝绸生产时,它也于 1976 年被关闭了。除了接管 4 台旧的纺织机外,这个较早的企业同后来的企业之间似乎没有任何直接的关系,而后者则是张家车道经济成功的关键所在。没有任何迹象表明,该村致力于有任何大队级企业基础的经济项目。所有当前的村办企业都是 20 世纪 80 年代在经济改革的背景下创办的。

张家车道经济发展迈出的第一步是在它 1 000 亩的土地中拨出 300 亩建立了一个果园。这或许是个敏锐的经济决策。该果园为村里成功地提供了资金,它在 1980 年时仍在发展壮大。该村迈出的决定性一步是在 1979 年开办了一个纺织印染厂。甚至从一开始,它就比该村以前的纺织厂要大得多,共有 20 台织布机和大约 50 个员工。这家厂在设备、就业和创收方面发展很快。当最初的贷款偿还之后,还用来自该厂的资金创建了其他一些小型企业,并为全村所有居民提供了不同寻常的一揽子福利。最为重要的是,该厂继续进行投资并有所发展,到 1986 年仍是这个村经济的支柱。自 1983 年起,这个村取得了明显的经济成功,但大规模的多样化被看做是必要的:1986 年该村正在建造一个商店和旅馆大楼,并且有开办一个水果罐头厂的计划。

张家车道对农业的管理和农业在该村政治经济中的位置,一直与前儒林截然不同。张家车道不曾努力保存以农业为方向的队,也不存在任何其他意义上的包括行政方面的队。紧随短暂的"联产承包制"之后,面对农业的利润比乡村工业低得多的形势,并为解决履行官方农业义务的问题,张家车道进行过两项其他实验。

第一个实验是在 1983—1984 年,即张家车道在纺织印染厂吸纳本村大量劳动力伊始进行的。在那两年,它在农业中实施了一项专业户计划,12 个农户各自承包了 50 亩土地,而村里其余人则脱离了农业。这一实验因若干原因被放弃了(见《潍坊日报》,1986年5月17日)。其中最重要的一些原因包括：在农业上实行专业化面临的经济上的劣势,农户积极性不高以至于产量低下以及不愿看到村内因工农业分割造成的经济差距。

自1985年起,张家车道朝着让每户将农业同工业结合起来的方向发展。纺织厂的上班时间从每天12小时的两班变成了8小时的三班制。每个村民都得到同等的土地份额。一个农业机械组也建立起来了,包括17位男性和用来自村工业的资金购买的机器,以满足农业上更繁重的需求,如耕地等。农忙时节工厂作息时间的调整得到了重申。张家车道领导班子的目标,是使村里每个劳动人口既是工人又是农民。在1986年,村领导继续肯定地谈到了这一目标,并宣称该目标业已实现。

我对张家车道170个农户中84户的调查显示,村政策已非常有效地将住户的工农业结合起来。然而,户成员之间的劳动分配则是户内决策的结果,未必同村里的政策一致。某些个人确实主要致力于农活,这些人更有可能是成年女性。①

除了这一非计划的社会性别失衡外(某些女性对此有议论,但未得到官方承认),张家车道到1986年已取得了融入公平待遇的显著经济增长,并正成为"共同富裕"的一个典范(见戴蒙德,1983b)。这是那时国家更高层面决定大力倡导的,以取代早些时候强调的让"一些人先富起来"的政策。

这就将讨论带回到人们熟悉的一点,即通过由乡村工业创造的财富来发展经济上强大的大队。张家车道声称,除了为村福利和投资投入的大量资金外,1985年的人均收入为1 000元人民币。它显著的繁

---

① 关于"农业劳动女性化"以及同前儒林对比的更详尽的讨论,见朱爱岚(1990)。

荣绝非最贫穷潦倒的村庄在短期内所能取得。而且,当张家车道被提议作为一个样板时,20世纪80年代初农村经济机会异常迸发的势头业已过去。张家车道的成功是与时机的选择紧密相关的——同一乡里几乎所有其他村庄都在80年代初建立了纺织厂(继张家车道之后),但在占领市场上并不成功,那时,市场里充斥着类似的乡镇企业的产品。然而,这些偶发事件不应掩盖实质性方面:乡村工业对于张家车道的经济转型是极为关键的,而这一转型是通过村一级的国家组织来实现的。

张家车道及其领导班子对于使该村极大受益的改革表现出了明显的热情。改革的若干方面是很明显的:面向市场的强烈导向和甚至在像1986年那样复杂而难以管理的市场中取得繁荣的能力;所有村办企业均实行承包制;向选择当企业家的村民开放,尽管这只是少数人的选择;不带有以前工分任何痕迹的、由工资和奖金构成的报酬制度。

与此同时,特别有趣的一点是,张家车道实现了面向市场这一转向,而又继续保留了集体制的许多理想。它事实上在从前不可能做到的更高层次上实现了其中的一些,比如像村里的福利等。这只是在由乡村工业带来的日渐繁荣的基础上才得以实现的,但财富可以不必用于这个方面。

张家车道在改革时代发展的政治经济导致了对农户和村的双重强调。农户较之村在政策、言论和研究上得到了多得多的关注,而村是本章的关注点。张家车道的政治领导人也是其经济领导者,他们投身于经济改革并有强烈的经济动机。使这个村集体变得强大的这同一批领导者尖锐地批评同集体时代相联的一般被描述为是"吃大锅饭"的早先平等政策。张家车道的村级经济增长,为村民带来的坚实的一揽子福利再加上事实上由村在农户之间分配劳动力等,都代表了对集体化时代的村的承诺,但主要建立在记件工作之上的工资制度则克服了动机不强烈和有依赖性的问题,后者在张家车道新领导班子眼里是集体制的主要弊端所在。

同依旧保留了集体的前儒林相比,张家车道乍一看似乎处于改革时代经济组织的对立面。这一表面现象是具有蒙骗性的。张家车道显然是个比前儒林更开放的社区,但两者都表现出了以村为中心的强烈取向——这一定位已开始植根于村一级的乡村工业化当中。村一级成功组织乡村工业的能力同大队的前体制有关。具有讽刺意味的是,尽管大队在正规意义上消失了,但通过设立村级行政结构并通过村办企业一经创建就确立起来的直接经济权力,它已变得比从前更有影响。

拿这点同槐里村相比(这里已出现了乡村工业但不曾得到强调),则有可能为这一论点增添更清晰的轮廓。槐里解散集体的许多过程在第二章中已做过论述,在此我只加上对槐里村级企业的讨论。

槐里以前并不是一个以手工业或乡村工业为重点的村。在它最近的经济发展中也不侧重于这些领域。槐里始终是个成功的农业村,至少就山东较不富裕的一个地区相对而言是如此。从1967年起一直到集体时代末期,槐里被官方归入"先进"村之列。它在那些年的相对富裕,部分归功于强调种蔬菜。槐里虽然并不是一个郊区村,也没有离任何人口中心近得足以成为一个主要的蔬菜生产基地,然而,它在集体时代确实找到了这一途径提高其当地收入。

槐里或许比种植业不甚成功的村子更无动机转向非农企业。无论如何,1984年当槐里最终解散集体时,它没有任何大队级的乡村工业需要解散或改造。由于农村经济改革已开辟了远比农业有利得多的许多机会,也因为1986年水控制项目丧失了250亩土地对该村人地比例造成的严重负面影响,从1984年起,村领导和居民确实在探寻非农发展道路。主要是村内选择的并得到村政策鼓励的方法是以户为基础的小型商业和商品生产。这些活动大部分是在个体的基础上开展的,因此,为有技能或有企业管理才能的村民们提供了(不均衡的)机会,而剩余的人则只有少数就业机会。

不像前儒林或张家车道(这两个村为其居民提供了充分就业,并雇佣了周边村的许多工人),槐里很清楚地表明了农村存在大量剩余劳动力及其难以富有成效而有益地予以吸收的更普遍得多的现象。槐里的大多数村级企业旨在直接为村里人解决创收的问题,否则会处于失业或不充分就业的风险之中。一个例外是在改革之初建立的一个小型谷物碾磨厂。这家厂办得颇为成功,为槐里和周边村的居民提供了服务,但却没有创造很多工作岗位。

槐里在村内组织了两个主要的就业途径:一个主要是针对年轻男女的;①另一个是面向各个年龄段男性的。前者是1988年初开工的有20台织布机的小纺织厂。这是同乡里的供销社联合办的一个企业。该村提供厂房和工人,而乡里供应机器和流动资本。起初,该村负责管理这个厂,并得到20%的利润。然而,这家厂创办于80年代末经济衰退之时,远远落后于在农村的许多同类工厂。该厂在获得原材料上遇到了麻烦,在管理上也有困难。它创办数月之后即告关闭,后来又以改变了的条件重新开工。

为说服乡里保持这个厂的运行(1990年是亏本的),该村放弃了它在管理中的角色和对(不存在的)利润的任何要求。该厂的规模也有所缩减。到1990年夏季,其员工从34人减为14人:4个来自乡里的男性管理人员与技术员和10个本村的未婚青年女工。几乎可以肯定

---

① 中国纺织厂的通常模式是,妇女照看织布机,而男性则从事技术、财政及管理上的工作。最初的期望因此包括为村里男性设立某些工种。人员的精简,连同乡里增强了的控制,致使1990年削减了村里男性的工作,并减少了针对妇女的工作。

的是,这是一种不稳定的安排,但的确说明了该村愿意诉诸乡村工业的发展来创造就业机会,尽管所有人都赞同,这些工作同别处农村厂的工作一样并不算理想。然而,失业是该地区青年人面临的一个严峻问题。该厂对解决此问题至少做出了微小的贡献。在这一个案中,这个村本身并没有资源靠自己建立这样一个企业,但能够利用其有限的资源和官方关系引进一个小型的乡级工厂。

第二个村级就业项目是个清一色的男子运输队。尽管当有充足的工作时也增添其他一些人,这个队的核心由10个成员组成。大多数或所有固定的成员皆为成年男性,其唯一另外的收入来源是在他们户分得的土地上劳作,而这些土地不足以占用他们全年时间或者不足以提供足够的收入。该村自1981年就组建了这个队来提供就业机会。村里并不为这个队发放薪水,但帮助它在村内外找工作。

这一靠卡车和拖拉机运输的工作,并不是为人所青睐的技术性和报酬优厚的活计,而是非技术性的体力活。有技能和有资本搞运输的人,像集体中的前拖拉机手,如今在村里则以独立企业家的身份揽活(尽管前儒林和张家车道的村办企业一级也从事类似的工作)。就像对待纺织厂一样,槐里并没有为之提供资源,亦未直接受益于组织此项努力,但村里的确使之有了存在的可能。所创造的就业机会也帮助了村里最需要就业帮助的一部分人。在20世纪80年代末和90年代初越来越困难的经济气候之下,这还不足以在村里创造充分就业,但它的确是有影响的。

不像前儒林,槐里开始解散集体时并没有任何有影响的村级工业的重要基础,或者说村一级并没有重要的资源。在解散集体之前,槐里的大队是当地集体制中在经济上空设的一级。解散集体的过程涉及资源从以前的小队到大队的某种转移,但这些并不是实质性的东西:一幢两层的楼房建立起来了,其中一部分包给了村里住户作为商店和旅馆,另外还购置了三辆车供村里使用。

所以,槐里没有足够的资金用于大规模的发展,而大队支书说他不愿意让村里负债。相反,该村追求一种间接的经济政策:(1)通过一些补贴和不收取村级商业税来促进许多小规模的家庭企业。这是可能的,因为这个村没有欠任何债务,也没有重大的投资计划;(2)寻求日常开支较低的创造就业机会的渠道。同另外两个村特别是前儒林相比,槐里采取了一条大为不同的村级经济增长道路,但即便在槐里,村还是起了关键性的作用。

村

村从所有三个个案中浮现出来了,成为国家在中国农村政治动态微观层面运作的中心。农村改革对国家权力的非正规机制的依赖要比对正规的依赖多得多。然而,改革是致力于现代国家建设过程的一个项目。同集体时代相对整齐划一地促进正规结构相比,转向更多地利用非正规与市场的机制可能标志着对农村文化更深层的渗透。国家权力的正规与非正规机制的结合是中国政治制度与文化中的一个熟悉的因素,后者可能进一步促进这种渗透。变化过程的流动性及其固有的冲突并不妨碍它们发挥功效。弹性地适应正在变化的历史与地区环境以及包容多重冲突的能力,提高了当代国家建设过程的功效。

国家权力从农村的正式撤退,从某种特定的意义上讲,是同村的重要性增长相关联的。从前在中国农村人生活中具有关键性经济意义的生产队的废除,连同对于像公社(被改成了乡,其正式功能已明显削弱)这样的其他正规国家结构之角色的某些限制,使大队(改成了村)成为广大农村国家活动的主要正规手段。

像这三个个案中的行政村,通常承袭了源于先前大队的基础。在许多情况下,行政村在居住方面也同以前的自然村重合。即便在不重叠的地方,或在居住地紧紧相邻以至于人们不可能直观辨别村庄界线的地方,大队之间以前清楚界定的界线已逐渐创造了同现在的村单位重合的利益与组织共同体。所以,它们是真正的社会单位和行政单位,这意味着它们处于国家与社会交叉处,村落(社区)生活的日常世界同样是村(国家)事务的日常世界。

村与村之间的界线,就多重意义而言,从历史上和当前来看都是真实存在的。这里的根本性因素是更高层国家组织的活动与全国性的政策,后两者出于行政的目的将整个农村划分成离散的单位。这一行政界限标志的最低一级现在是村。作为政府的一级,村当下具有正规的行政地位。它按要求建立了像众所周知的"村民委员会"这样的村级机构。同它搭档的有并行的"党支部",①后者同村委会实质上或整个是重合的。我发现20世纪80年代初中国倡导的党政分离,在这些村都没有出现富有成效的任何迹象。

最直白的情形是在张家车道发现的,这里有5人组成的村委会和5人构成的党支部,这些人正是同一群男性。通常的安排是,党支书对所有事务负有总的责任,而领导中的其他每个人都负有特定领域的责任。除了党支书还担任该村纺织印染厂厂长一职,张家车道总的来说大抵如此。或许由于这种双重的角色,5位领导人一般被说成是这样进行劳动分工的:两位男性负责工业(包括这个支书),一个负责农业,一人负责果园,一人负责行政与领导。这只是个大略的劳动分工,

---

① 党支部比党委低一级。中文的习惯性用语有时确实谈到了村一级有"两个委员会",但重复这种用法是会制造混乱的,因为确切地讲,村一级并没有党委。

某些人还承担了另外的职责,而有些责任则由这 5 人组之外的人担任。例如,负责果园的那个男性也是副村长和村里"调解员";而该村负责妇女工作的女性既不是这两个机构的成员,也不是(或者说还不是)党员。

成为这些领导机构的成员,或者走上某种其他的领导岗位,如担任企业的领导等,标志着一个人在村里扮演了领导的角色。一般党员并不担任领导角色,尽管入党可能是领导潜能的一个标志。有的党员可能实际上不很活跃,但也没有退党。这在张家车道或许比在其他村更为普遍。张家车道是 20 世纪 40 年代一个小型地下党学校的旧址。它曾在该地区招生。1986 年,张家车道 44 个党员中,约 60% 是在 1940—1947 年间入党的。这些人中的许多人现在已从公共生活中隐退。当中有几个是女性,其中还包括 40 年代末短期担任过村长的一位女性,但没有人目前在张家车道的公共生活中发挥作用。有少数女性的确在张家车道担任了次要的职位。该村相对而言是支持女性利益的,这具体表现在就业和教育活动中,但公共领导权依然执掌在男性手中。

前儒林有更错综复杂的正规领导结构,或许因为它是个抵制解散集体的村,因而希望表现出对其他重构政策的奉行。前儒林是我田野考察之时三个村中唯一将妇代会主任吸收到村委会中去的一个村。这一措施是较高层面的国家所倡导的,其中包括妇联。前儒林的党支部由 5 名男性构成:党支书负责村中所有事务;一个副支书分管工业;一个副支书负责政治学习;一个组织委员负责党的生活;一个成员负责共青团、文化、教育及健康事宜。村委会由 6 个男性和 1 个女性组成:村长正式负责村里所有事务(他也是负责政治学习的副支书);副村长负责农业;另一个副村长负责工业(他是党支部的第 5 位成员);第三位村长负责财政事务(他也是负责组织工作的支部成员);一个较年轻的成员负责公共安全;另一个男性负责建筑;一个女性负责妇女工作与教育。村委会的所有成员都是党员。全村党员共计 33 人,其中 3 人是女性。

这一正规结构在领导角色上显示出了相当多的重叠和集中,但这依然只是该社区领导成员中更深厚的非正规联系模式的一部分。前儒林的领导人也是通过父系继嗣纽带紧密结合在一起的。村领导不仅有共同的姓氏(其中的一个例外,其母亲还是同一姓氏的),而且几乎完全集中在同一家族的有限范围之内。前儒林有这种姓的人分成三部分,这是在第 12 代时分开的(仍健在的年长男性是第 20 代的成员)。第一部分只有两个党员:一个通过教育和当会计提升到领导岗位;另一人是拥有城市户口的退休干部。第二部分没有党员,也无人担任领导职务。村领导职务主要落在大得多的第三部分人之手。其祖先可追溯到第 15 代的特定家族,并可更精确地界定为第 16 代的家族。村里的三个女党员全都嫁入这一群人。

当我在槐里做田野考察时,这个社区正处于更换领导的过渡期。长期担任支部书记的那个男性在他打算告退之前不久,因病辞去了他的职务。副支书也处于同样的情形。有一阵,这两人继续正式担任其职务,但已做出了由较年轻的健康男子接替他们的临时与长期安排。到 1990 年,除了所有岗位都由实际对每个岗位负责的男性填补外,这一安排在结构上同前一些年的领导班子是一样的。党支部由 5 个男性组成:支书负责所有工作;副支书兼任调解员;一个组织委员;一个宣传委员和一个负责教育的成员(作为未来书记候选人的一个较年轻的男子)。

村委会被明确说成是在党支部的领导下开展工作的,或许由于这个缘故,它在结构上是相当小的——也许因为生产队依旧存在,而槐里又没有大量村办企业。村委会由 5 位男性组成:村长(他也是副支书,现任支书是前村长)、村会计(他不是党员,但担任会计已逾15年)和村里三个农业队每个队的队长。

每个队现在有一个队长和一个会计。村里也有一个"保管员"和一个既非村委会也非党支部成员的妇代会主任。该村唯一的女党员(全村总共34人)相对比较年轻,但身体不佳。她在村务中没有起到突出的作用,也从未担任过妇代会主任。在1990年夏天,妇代会主任的职务暂告空缺,因为前任最近离开了这个村。这里不存在她的继任者将成为村委会成员的任何迹象,除非这成为农村一项正式和强制性的要求。

村委会和党支部成员有所不同之处在于,每个村的党支书明显位居任何村级官员之上。党支书和党支部既通过支部本身、又通过村委会来运行,只是偶尔增加一些在村委会而不在党支部任职的个人。当地政府与党的结构之间不存在什么划分——它们在同一层面上密切合作(冲突确实是存在的,不管存在什么样的冲突,它们是担任这些职位的个人之间、而不是这个层面的政府与党之间的冲突)。国家权力的主要兴趣范围在村一级恰好紧密重合:地域界线相同,受影响的人群也相同(非党员比党员受到党的影响少一些,但并没有处于其权威范围之外),领导人员实质上也相同。

随着生产队及其对土地资源的控制的终结,国家移交给当地社区的资源控制权现在落到了村一级。为建房、耕种或任何其他目的(如开一个店铺)获取土地,都有赖于得到村里控制的土地资源。在村里有额外经济资源特别是有村办厂的那种情况下,它对农村经济行使的控制权就更大了。

人口也由村一级来控制。从正规意义上说是这样的,因为村是每个农村居民正式户口的掌管者。户口赋予他们在村里居住、获得其资源及分享其利益的权利。① 正式居住处的规定也使村成为批准和推动每个人重大生活变迁的机构,其中包括结婚、分家和更改居住地等。

从非政府的意义上讲,村可能也控制了每个人的工作状况。在仍然维系集体(像前儒林)或者几乎是集体(像张家车道)的情况下,村民们或多或少直接被分配去从事涉及使用村资源的任何工作。在张家车道而不是在前儒林,个人办企业的机会也是存在的,但即便这点也取决于村里的意愿,比如,是否允许村民充当村办厂产品的个体推销员或制止开办一个同现有的独立商店构成竞争的村营商店。在槐里,居民们可以更自由地独立寻求就业或从事个体劳动,但获得商业性场所、村里对经商的补贴以及通过村里促进的村内外就业等都是经济上有影响的因素,即便是对这个以市场为导向的村子而言。

村经济控制的范围是变化不定的。村毋庸置疑对土地和人口拥有正式合法的控制权。它不再受下面各队提出的竞争性诉求的限制,20世纪80年代官方政策在绝大多数情况下也阻止村以上各级直接挪用村里的资源。村能否作为极富生机与功效的国家之一臂来运作,有赖于它的资源基础、其居民得到村控制之外的经济资源及参与活动的机会(特别是商业和劳动力迁徙)以及村领导班子的素质等因素。变异的范围可能很宽泛,但有利于这一级权威的结构性因素也很重要。

这里所探究的诸村,就其有时与国家结构重叠,或浓缩了国家结构的重要方面来说,是至关重要的社区,但它们也有至少部分处于国

---

① 这些利益既包括一般性的社区服务,又包括满足特殊需求的个别福利。社区服务包括教育(农村地区教育的许多开支是由农村社区直接承担的)、保健(在集体解散之后它在一定程度上依旧存在)及任何公立的儿童照料设施。村里为没有子女赡养的老年人和不能自立的其他人提供帮助,就个别福利而言也是存在的(王斯福,1987)。额外的益处可能由任何村自行决定提供与否,比如为所有住户订阅杂志(张家车道)或组织公交车到泰山旅游(槐里)。福利的质量和范围是生活水平和生命质量的重要决定因素,并且在村与村之间大为不同。这种变异既同各村提供服务的经济承受力有关,也同当地政治一级做出的不同决策有关。

家之外的权威基础。家族的作用也许是其中最明显的。三个村中的两个是单一家族的社区,另一个是有一个主导宗族的多世系社区。这在中国农村并非不寻常,即便从非正规、弹性及质疑的角度来审视社会关系的这个方面,一个有长期合法聚居关系并有相关资源权利的相关男性之核心的存在,在为社区提供国家机制所不能创造的社会潜力上是很有影响的。

在三个村中的每一个村,正规村领导都担任了从前至少按理想是由非正规的社区权威或村落长者承担的某些社区领导角色。每个村委会都指定了一个资格较老的成员负责调解工作,即主持分家和调停争端。这是正规村结构的一部分。在较不正规但显然是共同被期待的基础之上,村领导人(一般是但不只是党支书),在促成不易达成的婚配上也起了突出的作用。这可能涉及为一个在婚姻市场上处于不利地位的人寻觅配偶,或为选择非典型配偶的人找对象(如从妻居婚姻或村内通婚);这可能也涉及使一桩否则可能得不到认可的婚姻(诸如妇女再婚)合法化。村领导也帮助处理家庭纠纷,比如为因严重的家庭冲突而被驱逐出家门的一方提供村里拥有的房屋作为临时住处。

涉足家庭事务,至少从官方角度,被看做是地方国家部门的正当关注事项。在这有助于为人们解决问题之处,比如做媒等,它可能有助于促进社区的团结和睦意识和社区与国家的关系。但是,国家当然也准备利用它的村级结构以超出农村居民愉快接受的程度来对社区和家庭事务进行干预。就整个20世纪80年代官方实施的严厉程度不等的计划生育来说,这是最为明显的。几乎可以肯定的是,这些政策对村组织施加了最大的压力,以考验它把对国家等级结构的服务同对社区(它自己作为其中一分子)的服务结合起来的能力。

当前村是重构农村社会组织的国家建设努力的结构性中心。农村社会在相当大的程度上并没有听凭市场力量和社会组织自发形式的摆布。村是国家对农村生活进行渗透并试图塑造农村生活的媒介。这方面远远超出了控制资源与人口的机制。这在有关婚丧嫁娶重要庆典的政策中特别明显。在集体时代,国家政策界定了婚姻规范,这既包括在1950年和1981年婚姻法中规定的正规与合法的,也包括较少强制性的晚婚和"文革"期间倡导的从妻居婚姻。至于丧葬及有关安排,国家政策包括从简、节约等要求(就像对婚礼的要求一样)。它也制止用耕地当墓地。集体结构的三个层面,既作为贯彻这些政策的一个通道,又作为保护希望维持得不到国家认可的传统习俗的社区的一个缓冲器。这一综合力量的平衡是变动不居的。

政策上的变化及其调整仍在继续。这里值得注意的是,集体制的瓦解并未丧失国家更高层试图控制农村社会生活的手段。例如,1986年张家车道已执行国家非强制性倡导的集体婚礼政策。这一政策旨在降低农村铺张性的婚礼花销。80年代初是各种限制变少了的时期,婚礼的花费在全国范围内扶摇直上。集体婚礼安排在春节前的结婚高峰时节。这一制度旨在使人们接受一种适度的消费标准,以便使婚礼开支不因户际攀比而哄抬起来。张家车道通过为每对夫妇提供一些资源和有纪念意义的结婚礼物,增强了这种激励机制,从而进一步降低了婚礼的开销。在1986年,村里有两个固定的结婚日期,一是临近春节之际(这是实际被采用的日期),另一个是5月1日(这个日子也可以)。

我认为,大多数其他村没有这样做而张家车道执行这一政策的原因是,该村是个人们乐意将女儿嫁进来的富裕村。嫁入之后在张家车道的纺织印染厂会有诱人的未来就业前景。张家车道比周边的村显然更富有,因此它的农户无需担心因不能举办煞费苦心的婚礼而丢面子。它甚至可以赢得在该地区率先实行新式婚礼庆典的象征性资本。这些因素使张家车道没有强制性地执行这一政策;而农户依然可以增加一些私人婚宴,或他们自己选择的其他额外花销,但他们也可以选择不这样做。

在槐里,现在村一级的"红白理事会"负责整个村的婚丧嫁娶事宜,不管其世系是什么。这个委员会由4位男性组成:村支书当司仪,副支书兼村长负责仪式事件的安排,村会计管账,一个合适的农业队的队长会使该委员会变得更齐全。负责仪式事件的这个村组织,就像集体婚礼一样,降低了花销,并缓和了村民彼此之间的攀比之风。

村以其代表社区与国家的双重身份承担起这些职责,构成了较大的国家等级结构对农村社区的进一步渗透。赋予婚丧嫁娶仪式的重要性也有深厚的民众根基,农村对这些仪式的备加关注是20世纪80年代国家控制松弛之后更为明显的自发变化之一。农户对这些仪式的责任以及通过它们创造和再创造的户际联系,是农村居民最严肃关注的生活事宜。引入像集体婚礼和村红白理事会这样的实践是较高层面的政策决定,后者将重构了的国家组织的基础层面插入了农村社会生活中心。

村级工业

本研究涉及的时期之初,山东省乡村工业的官方统计数字显示,乡村工业在农村经济发展中具有决定性的重要作用。1986年,山东总的农产品估计比上一年增长了18.2%,但乡村工业、建筑业、交通和商业的产值增长了34.8%。这些部门的增长占农村经济的47.7%,而仅在一年之前只有41.8%。

假如将乡村工业的增长同该省其他工业的增长作个对比的话,其结果也很显著。1986年,山东工业生产总值比上一年度增长了16.4%,但村一级或低于村一级的工业单位的同一数字是63.8%,国有企业为 7.6%,乡镇管理的工业企业为 37%(《1986 年山东经济》,1987;也见《1987 年山东成就》,1988;《1988 年山东经济》,1989 和《1989 年山东经济成就》,1990)。可见,80 年代中叶乡村工业的发展是山东农村经济繁荣的一个主要因素;它也是该省工业增长的一个重要因素。在这个方面,山东同中国总的趋势是一致的,尽管每个省有它自己的特殊性。山东既不处于当代中国经济发展的前沿,也没有落在后面(见沃克,1989)。

乡村工业对于经济增长的重要性是无可争辩的。在这里,通过探讨乡村工业增长与重构同农村社会性别劳动分工之同期重构的交叉互动,我试图对定位于经济的现存大量材料做些补充。

其中很重要的一个方面是,继续几乎完全将女性排除在领导角色之外。对于中国农村,这并非一个新的发现。前儒林、张家车道及槐里村级领导班子中的社会性别构成,从任何方面来说,都不是例外。然而,这的确要求我们提一下,因为它对"事实上存在的社会主义"社会获取政治与领导角色的社会分层具有结构性的重要意义。"事实上存在的社会主义"在降低其他社会方面的分层上已取得了一些进步(见巴尔罗,1987)。这是做农村妇女工作的中国女性和妇联中的其他女性所表述的主要关切事项之一,从这个角度说它也很重要。

在改革时代,跻身于最高领导岗位的女性人数已变得很少。这一极为明显的变化在中国国内被解释为是国家权力等级最高层设定的一个模式,而这对所有较低各级都产生了具有影响力的反应。村级的一个补偿措施——将妇代会主任吸收到村委会当中——现在得到了提倡,但并没有被要求。这当然是个有限的举措。它也不是妇联的优先关注事项,无论如何,妇联也没有直接通达村这一级,因此对它几乎没有产生什么影响。相反,妇联的重点是想出办法使女性进入更高的各级政治等级之中。①

这一较宽泛的政治情境已造成了地方影响,但是农村社会性别与政治的日常世界是由周遭环境中社会构造的过程更直接地决定的。这一级的社会性别与权力问题也比取得正规公共领导权的问题要复杂。

村工业的增长代表了农村政治经济中一个日益壮大且至关重要的部门。这些企业实行的社会性别劳动分工,对大量女性和男性的直接日常生活有很大的影响,从而对农村社会的转型也有深远的意义。

前儒林提供了一个合适的出发点。表 3.1 和 3.2 展示了从前儒林官方经济数字中得来的几个关键性指标。对于前儒林来说,非农工作与收入几乎完全源于村级工业。在审视劳动力数字时,也应注意到表 3.2 的数字中显示不出来的相当一部分,即由来自村外工人组成的前儒林工业劳动力。表 3.3 对前儒林 1987 年的就业状况做了一个总结,其中包括从村外雇来的职员。值得注意的是,前儒林自己的劳动力依然受正规劳动分配的束缚,这一点再加上村领导对村外雇来的工人就业的控制,使前儒林领导从经济上全面控制了其劳动力。

表 3.2　1978—1987 年前儒林在册居民中的劳动力

年份	人口	在册的农业劳动力	在册的非农业劳动力	在册非农劳动力(占全部劳动力百分比)
1978	639	115	103	47
1982	665	75	149	67
1983	673	75	188	71

---

① 有关女性政治参与和妇联在这个问题上政策与行动的这些观察,部分源于作为这里报告的田野考察一部分的讨论。它们也反映了 1990 年对山东妇联进行更深入研究的一个总结。

续表

年份	人口	在册的农业劳动力	在册的非农业劳动力	在册非农劳动力(占全部劳动力百分比)
1984	675	76	232	75
1985	680	56	262	82
1986	686	58	268	82
1987	690	58	268	82

来源:前儒林 1987 年的官方记录。

注释:"在册居民"仅指其户口落在前儒林的那些人。

表 3.3 1987 年前儒林的就业与社会性别

企业	管理人员 女	管理人员 男	职工 女	职工 男	合计 女	合计 男	流动者[a](合计) 女	流动者[a](合计) 男
毡席厂	0	18[b]	99	83	99	101	60	19
家具厂	0	3	5	38	5	41	0	16
化学品包装材料厂	0	3	5	28	5	31	0	2
塑料回收厂	0	3	6	7	6	10	0	0
服装厂	1	1	6	1	7	2	0	0
农业机械厂	0	3	0	9	0	12	0	0
养鸡[c]	0	3	22	4	22	7	22	4
农业[d]	0	12	26	20	26	32	0	0

来源:前儒林村会计提供的官方数字,并得到一些企业提供的精确到 1987 年底的一些数字的补充。

 a. "流动者"指户籍不在前儒林,但在前儒林企业中就业的那些人。

 b. 包括一直到车间一级的管理人员,这一级相当于村里较小的企业。较低一级指定的责任也是存在的,但不完全是管理性的。

 c. 这个企业是季节性的,只在一年中较暖和的月份才经营。

 d. 包括所有三个农业队。

从表 3.3 中一看就明白的是,乡村企业的建立为进入管理层开辟了无数机会,而这些机会只是向村里的男性敞开的。尽管有一个流动者——化学品包装材料厂的一位男工程师——因其专业特长担任了副厂长一职。来到前儒林的流动者或是非熟练的工人,或是有相当高技能和优厚报酬的人,但他们却没有进入村办企业的直接管理层。

村里的女性在极大程度上也被排除在管理层之外。一个女性只是在女性的缝纫劳动是主要活计的一个非常小的企业中正式担任副厂长一职(见表3.3)。这个企业中的两名男性分别占据了厂长(村支书的小儿子)和销售代理的职务。村里另外两个特别能干、也很有关系的女性担任了在经济责任上较次要的职务。一个年轻的已婚女性(村支书的儿媳,她自己的父亲在她娘家村也长期做支书,她本人还是个党员),在毡席厂领导另外三个做缝纫活的女性和利用这个厂废料制作沙发的一个男木工。另一个青年已婚女性(厂长的妻子),管理着化学品包装材料厂中的一个车间。这些是我所调查到的在任何村办企业中走上了有经济责任岗位的仅有的几个女性,但这三个人中有两人没有得到正式确认。或者说没有负起足够责任以至于可以被视为管理人员。

女性仍然更彻底地被排除在销售和采购等关键性的经济活动之外。这并不是村里有任何有效控制权的一个模式——这项工作需要出差,并需要同其他地方的购买者和供应者有联系。这种出差和工作只能由男性去做,这在中国是强大的行为准则(独自长途旅行,同无关男人的个人社会接触以及在生意场上吃吃喝喝,都使女性置身其外。女性更有可能被发现负责企业内部的生产管理)。原材料的采购可能很困难,而要推销像雨后春笋般冒出的乡镇企业的产品,竞争也很激烈,而这对于企业的成败绝对是必要的。

所以,推销是启用了村里相当多男性的一项重要而要求较高的经济活动。一些企业不存在销售问题,或者相对而言销售对它们只是一桩小事。这些企业包括农业队、农业机械队、养鸡厂(同较高的国家各级有联系）和塑料回收厂。另一些厂里有得到授权的专职供销人员。每个厂除了一些高层管理人员涉足销售外，毡席厂有 8 个推销人员，化学品包装材料厂有 5 个，服装厂有 1 人，家具厂人数不定。所有这些人都是精明强干的成年男性。他们是脱产的，并拥有一定程度的独立性。在审视表 3.3 中管理与其他工作人员之间社会性别的失衡时，这些数字是应该被考虑进去的。

可能被考虑的另一个因素是技术和非技术性劳动中的社会性别失衡，①尽管它以出乎意料的方式显示其重要性。有关这些分类中女性和男性的数据是村领导向我提供的，但我发现它们是不可能被采用的，因为区别各个类别的标准很成问题。例如，涉足农业生产的人没有一个被定为是有技术的，不管是致力于耕作还是在家畜饲养上有专门任务的那些人都是如此。在服装厂的非管理人员中，只有销售人员被定为是有技能的。农业机械队的所有成员除了会计之外都被定为是有技术的。这些分类可能揭示了当地给予某些工作类别或特定工人的评价，或者说它们可能是相当武断的。在本章的后头，我将在与就业相关的更明确的基础上探讨技能级别差异的问题。

在就业中造成这种社会性别差异的另外因素，涉及前儒林女性和男性不同的工作生涯模式。前儒林企业中有各个年龄段的男性：较年轻的男子处于较没有技术的岗位上，或者处于将来有希望担任领导的岗位上；中年男性通常担任了负有更多责任的职务；而年长男性则处于体力要求不高但依然有报酬的岗位上，如门卫等。

女性则面临相当不同的就业模式。年轻未婚女性一般在其中一家村办企业中当非技术工人，尽管少数人可能从事农业劳动。青年已婚女性一般被安排去干农活。其理由是，这项劳动给予人们弹性的时

---

① 在槐里，"技术员"这一术语是指训练有素的工人。

间安排,从而利于有小孩的女性。从该村 140 户得到的 33 户的样本中,我发现 10 个女性从事农业,其中 5 人是已婚的,5 人是未婚青年女性。① 这一现象似乎是女性在非管理性的农业劳动中略微集中的结果,也源于村里每户(一些而非所有住户)有一人从事农业劳动的定额。倘若户中有更年轻的女性取代她们,在农业中已度过了其劳动生涯的一些稍稍年长的已婚女性,到这时或在刚过 40 岁不久就从劳动中告退。

一般而言,年轻未婚女性构成村办企业中女性劳动力队伍的核心。40 岁以下的已婚女性,或从事农业,或比更年轻的未婚女性得到更好的工厂工作。只有少数 40 岁以上的女性还在工作。这些人全都在毡席厂她们自己的工作组中干活。她们似乎是村里有最大经济需要的女性,这群人中还包括一位 70 多岁的女性。

对前儒林工作分配中社会性别与年龄分布的这一描述,并不是对劳动力自由市场中就业格局之分析的结果。对就业中社会性别与年龄格局的描述可能是准确的,因为每项工作事实上都被界定为适合某种社会性别与年龄的人的工作。② 劳动分配依然是由村里领导班子操纵的一个中心事务。固定的社会性别与年龄分类同社会性别劳动分工的普遍文化模式(男人应干"重"活,女性应做"细"活)是一致的,这里还遵循偏向处于权威位置的年长男性的规范。这个方面唯一(部分)的偏离是,担任管理角色的男性的年龄跨度可能相对较宽一些——较年轻的男性通常有实质性的权威,尽管需要避免将他们直接

---

① 婚姻在这里应被解释为一个年龄标记。1987 年,在前儒林,这一标记将大约 20 岁和年纪更大的妇女同那些更年轻的妇女区分开来。这个村只有很少村内通婚,所以,这也将出生在本村的和那些嫁入村里的妇女区分开来了。

② 就妇女而言,工作也是根据它们是针对已婚还是未婚妇女来界定的。这是区分尚未嫁出该村的妇女们的工作(即便她们嫁到附近,她们一经结婚就会失去在前儒林的工作)同在其成年期作为该村居民的妻子们的工作的事情。

置于同样担任某些权威职位的较年长的男性之上。① 对前儒林按社会性别与年龄划分的准确劳动分工的这一描述,源于对前儒林一些企业的详尽调查(毡席厂、化学品包装材料厂、其中一个农业队)以及村里的官方数据。这一描述得到了我对 33 户样本就业数据的证实。

在前儒林最大的企业(毡席厂)中,除了表 3.3 中所揭示的,下面的现象是很明显的。准备原材料的车间被分成了两个组:40 岁以上的女性手工切割大块材料;20 岁出头的小伙子用机器将较小的材料切碎。它们的产品接着转到下一个车间,在这里,18—35 岁之间的男性将材料放进机器,并负责照看机器,而厂里最年轻的女性(都在 20 岁以下,除了一人正好 20 岁)从机器上取出压好的材料,并传递给下一个车间。该厂的主要车间共有 12 个组,每个组由 3 个女性和一位男性组成,他们的主要任务是浸泡毡席。每组中三个未婚女青年一起进行浸泡,并将毡席卷起来,而一个青年男子则将做好的毡席拿到外面并挂起来。在包装车间,两个男性将毡席搬进来,其他 8 个人则将它们切成一定形状。所有青年男性都在 18—25 岁之间,8 个女性多半介于 30—35 岁之间。她们将切好的毡子缝合后扎成捆。一个 25 岁的未婚女性负责将一捆捆毡席过磅。

来自村外的工人在前儒林的劳动力中也有明确界定的位置。不属于前儒林的所有妇女都是来自于邻村的未婚女青年。对这些女性并没有技能或教育上的任何要求,而她们的岗位也没有为她们提供任何就业前途或可带走的技能。村领导提到的雇佣标准是:身体好、努力工作、

---

① 村里也有将永远不会担任领导职务的男性,他们可能会在更年轻的男性领导下的一般工作岗位上度过其成年期许多岁月。前儒林的经济增长为男性开辟了大量管理性的职位,但尚未确保每个成年男性都能得到这样的岗位。前儒林是个等级制较明显的集体,其主要表现之一是男人工作之间的差异。女性之间在这个领域的分化较少(但仍有一些),她们更整齐划一地处于在较不受欢迎的且大略相同的岗位上。

听话。许多男性也属于同一范畴,唯一的区分在于没有要求他们是未婚的。然而,这些无技能的男性可能是年轻而且相对短期的工人,因为他们在前儒林也没有前途,只要存在可能性,前儒林偏向于提升他们自己村的男性。毡席厂和养鸡厂所有来自村外的工人都可以归入这一类。从养鸡厂的情况来看,前儒林提供场地并进行管理,而不甚理想的、季节性(正好同农忙季节重合)的工作则由外面的工人去做。

前儒林村外非熟练工人挣得的工资大大低于干同一工作的前儒林居民。毡席厂主要依靠雇佣外面的工人。在这里,前儒林居民每个基本工作日可挣 6.5 元人民币,而外面的工人只挣 4 元。该厂领导解释说这是合情合理的差异,因为是前儒林对该厂进行了投资,但厂领导并没有注意到,由外面工人在厂里创造并累积起来的资金,为前儒林居民提供了外面的工人享受不到的投资和福利。

我们也应该在农村广泛存在失业和不充分就业以及市场在劳动力运行中起作用的情境下来审视。这些因素促进了劳动力从较穷的社区,流向那些能够为自己居民之外的其他人提供就业机会的社区。最有可能得到这种机会的是刚迈进劳动力市场的青年人,特别是青年女性。当男性寻找工作时,他们更喜欢能带来更好前途的工作,从工资来说,他们在劳动力市场上也处于更有利的位置。年轻未婚女性组成了一支健康、勤劳的劳动者大军。她们正在寻求(或者说她们的家人正在寻求)的只是婚前数年她们所能创造的最佳收入。她们婚后的前途将同她们嫁入之家和成婚的社区联在一起。从雇主的观点来看,这些女性将接受比男性更低的工资,不会对就业社区的居民构成竞争,是灵活机动的,相对而言没有家庭的拖累,而且对其雇主也不会提出任何长期的要求。这一类充裕劳动力的存在,是劳动密集型乡村工业迅速增长的条件之一。

这同来自村外的其余几个雇员形成了鲜明的反差。他们是为更新、更为复杂的村办企业提供必要专门知识的 3 个退休工程师和 15 个训练有素的工人,①后者对于同一些企业同样是必不可少的。技术员全部是成年男性;工程师都是从城里岗位上退下来的年长男性。②

化学品包装材料厂的工程师是来自沈阳的一个 64 岁的退休工程师。他仍有城市户口,并可随时离开。当他在前儒林时,他当这个厂的副厂长。这个厂是 1984 年创办的,1987 年依然处于发展的初期阶段。他每月可得 300 元人民币的高工资,外加许多额外的收入,包括他自己及其妻子的免费住房、基本的食物供应以及每年回两趟沈阳。家具厂的两个工程师也是来自沈阳的退休人员。但他们已举家搬到前儒林来定居。他们已放弃了城里的户口,尽管他们的孩子并没有这样做。③ 这两个工程师每人每月可得 500 元。

化学品包装材料厂只有一个技术员,他是从距离前儒林只有 6 公里的一个村庄雇来的。他保留了在他本村的户口。除了那个工程师以外,他是这个厂最有技能的人,一直是前儒林居民的技术老师,他现在领导着该厂的三个车间。他生活在自己的村里,每周只来前儒林两次,因为受过他训练的人在他没有连续在场的情况下照样可以工作。自从为该厂工作以来,他每月可得到 200 元人民币,而且他事实上仍为他业已传授的专门知识得到报酬。

根据家具厂的这个分厂同其在沈阳的母厂定下的协议,14 个被定为技术员的极其熟练的工人在此地工作。尽管实际来此工作的人不断变换,但人数稳定在 14 个。每人每月得到 250 元人民币的基本工资和

---

① 就像一些略有技能的当地人,这些来自前儒林外面的极有技能的工人被称为"技术员"。然而,这两者之间是有明显不同的,到村外雇这些人并给予他们较高报酬的必要性即是佐证。
② 受过教育并有技能的退休人员来到农村,同早先知识青年上山下乡是一个有趣的对照。
③ 为其子女保留城市户口是必要的。父母不愿剥夺其子女居住在城里的机会。即便他们自己拥有农业户口,假如他们将来选择同城里的孩子们住在一起,他们也能如愿以偿。

75元的补贴,每年有500元的奖金,并可每月在沈阳家中呆一周。这些人员以及同那个母厂的联系,对于这个厂的生产是必不可少的。派来技术员应是临时性的,因为这个厂是在1986年刚创建的,到1987年末部分仍处于建设之中,但没有任何迹象表明这种安排将是很短暂的。

　　进入前儒林的流动劳动力,强化和加剧了劳动力队伍中的分层,包括社会性别分层。来自村外的非熟练女青年是手工劳动力大军的实质性组成部分。她们得到的工资较低,没有任何工作保障,也无提升的任何前景。从外面招来的男性中包括一些同这些女性有类似处境的青年男工,但也包括为前儒林提供其企业发展所必需但它自己又缺乏的专门知识的年长男性。后者报酬优厚,受人尊重,并在村办企业中占据了重要的位置。然而,他们游离在该村政治经济的运作之外:工程师们是退休的外来者,可能享受了较高的报酬,但他们根本没有进入该村的政治事务;技术员不完全是本地居民,大多数也不是这个村的长期雇员。

　　进入前儒林劳动大军行列的不同年龄段的女性和男性,其所处的位置同村里社会性别与年龄的政治是一致的,但有别于只增加前儒林劳动大军内部分层程度的那些政治。所有这些类别的工作人员的进入都对村里已确立的等级制无任何瓦解性影响。① 外面工人的存在本身有赖于村内男性领导的雇佣和协调。

　　张家车道村办工业欣欣向荣的发展代表了略微不同的道路。它在乡村工业的发展上是晚于前儒林的一个后来者。某些差异,特别是其多

---

① 外面的工人也处于在村内有影响力的亲属纽带的网络之外。某些工人最多是利用了这种联系作为在这个村谋求工作的敲门砖。男性迁徙者中更有特权的那些人是从远处招来的,他们业已成婚,所以在村内没有可资利用的宗亲或姻亲联系。值得注意的是,一户所有成员皆集中于同一企业非农劳动大军行列中的做法,是确保户内权威同工作场所权威一致的一项措施。

元化的程度同张家车道的较晚起步有关系。这两个村在初始阶段(前儒林的养鸡企业和张家车道的纺织厂)都得到了较高层国家的极大援助。前儒林利用了该村早先迁徙者的知识和联系来多样化并扩展其企业。一家工业化的毡席厂取代了遥遥欲坠的毡帽厂,应归功于解放前曾在潍坊这家厂里当过学徒的一个工人提供的信息和联系。他从曾与他一起当学徒的伙计们那里得知他们城里的毡帽厂要关闭的消息,他们促成了将这家关闭厂的设备转移到前儒林,①一些新厂主要依靠村里移民到东北的那些人的联系,特别是曾在东北工作过的一个村干部的联络,他是20世纪60年代初经济出现逆转后回到前儒林的。②

相比之下,张家车道以从一个当地纺织厂得到援助的形式更多地依赖当地的资源。它自己的移民史则不那么集中于东北,尽管这是山东省移民一个共同的目的地,一些张家车道人也迁移到那里。在人们的记忆中,张家车道最集中的大批离去发生在20世纪40年代末,这个共产党政治活动很活跃的地区的许多村民跟随人民解放军南下。许多这时离开的男性都留在了中国南方当干部,他们没有再回来。尽管他们村里的贫困是他们离开的一个经济原因,但他们本质上都是政治迁移者,并没有成为该社区直接的经济资源。③

---

① 男性老农戴的这些帽子已经过时。对这种产品的需求已下跌了,1976年这个工厂正濒临倒闭。
② 这在1960—1962年是司空见惯的。前儒林和张家车道在20世纪50年代都有许多在城市工作的居民,他们在1959—1961年经济危机中失去了工作,并返回了故里。
③ 当这些男性中的一些人走上了地位较高的岗位后,这个村受益于这种政治联系是有可能的。当地人自豪地谈到如今在福建省占据了较高职位的一些村民。但他们不曾提到这些官员对张村的援助,很难确定这可曾发生过或在何种程度上存在过。村里较成功的外出移民中没有人在山东境内担任高官。这个村作为一个贫困村的历史(是解放前共产党组织的一个小基地,这里是指创办了一个干部培训学校)以及依旧贫困的现实并不是异乎寻常的。共产党的根据地一般都位于贫困地区,并因同样的原因,解放后一如从前,照旧贫困。就张家车道而言,这意味着数量有限的贫瘠的土地和远离任何城市中心的地理位置。

张家车道的发展计划依然偏重于其纺织印染厂的扩展。该厂于1979年启动,最初举债10万元人民币。当时共有20台机器和50名工人,只有30万元的产值。到1983年,该厂偿还了债务,并开始创造高额利润。到1984年,它约有350万元的产值,创造了100万元的利润。这一高额利润率部分源于较高层国家减免税收的结果。到1985年,当这一减税政策终止之后,尽管它的产值上升到450万元,但利润却下降到98万元。减税对该厂的最初发展可能是一种有一定价值的援助,①一个成功的乡村企业可以创造对其长远发展未必必需的如此之高的利润率。当时的乡村工业成为当地资本积累的一个主要机制。前儒林和张家车道都是将普通的企业转成极其成功的村经济发展原动力的例子。

　　对张家车道来说,这一发展依然侧重于主宰该村经济的单一工厂的发展。1985年这个企业就创造了该村所有收入的70%。它也是村里主要的劳动力雇佣单位和周边地区有影响力的雇主。在1986年,张家车道的纺织印染厂在一个只有280个劳动者的村里拥有244名职工。这之所以可行是因为职工中的99人是从村外招来的。然而,这个厂在人员方面的主导地位同它在经济上占优势几乎一样明显。

　　除了这个纺织印染厂,还有其他几个村办企业或就业渠道,但没有一个是正在不断扩展的或旨在为村经济进一步发展奠定基础的。在纺织印染厂之前建立的果园,依然是行之有效的经济努力,但在规模上受制于张家车道有限的土地数量。它共有40名员工,其中一个男性技术工人(技术员)是来自村外的。果园的管理完全由男性把持,但有14名女性在那劳动,其中既包括一般的工人,也有被定为技术员

---

① 20世纪80年代初国家对乡村工业的援助采取了各种广泛的形式,但仅几年之后就变得很难获得了。到80年代末,国家政策旨在限制小型乡村企业的发展。国家直接援助的缺乏,连同货币紧缩政策,使像槐里这样的后来者,在乡村工业中举步维艰。

的更有技能的工人。若干其他的村办企业全部或几乎全部是清一色的男性：建筑队（20个本村男性，10个来自村外的有技术的人员，女性只是临时工）、水泥厂（8个本村的男性和1个外村的技术人员）、木制工具厂（10个本村男性）、一个农业机械与运输队（10—20个本村男性）。

这些企业提供了就业机会，并为该村创造了一些资金，但它们都不是增长的领域。张家车道并没有将其建筑队或其他工作队派往全国其他地方。它在建筑和其他相关领域的工作如水泥的生产是面向当地市场的。大部分涉及为整个村建造新家，这是一个社区开始发迹时标准的一个早期步骤。到1986年，张家车道多数居民已乔迁新排房，后者是按照村里有关份地大小的指导建造的，但也有某些个别的变异。房屋的式样使人回想起杨懋春（1945）几十年前描述的富裕农民的住宅。改善住房的需求（到1986年，村里扩展到建造了最初一批两层楼的房子），连同建造工厂、办公室、商店等使这些小企业不胜其忙。农业机械与运输队支持村里以户为本的农业，而在另一些时候则用机器来搞运输，整个20世纪80年代在农村这是一项可挣钱的职业。

同村里的扩展有些关联的一家企业，是建立起来充分利用纺织印染厂零头碎料的一家小型服装厂。除了一个男厂长（副厂长也是一个女性）和一个从青岛来的退休男裁缝外（他只签了一年在该村培训职工的合同），所有13个员工皆为女性。村里也有少数独立就业的女性和男性——男的是小商人（出售村里的一些布）或手艺人，女性在家里干一些活，如制作绳或线，或者编织网袋。

纺织印染厂主宰了村里的就业模式，并使张家车道同就业相关的社会性别关系发生了某些转变。表3.4对该厂各类工作中的社会性别劳动分工做了一个总结。表3.4中显示的劳动分工类似于上述前儒林的情况。除了一个即将嫁到村外的女性外(她是其中一个会计),男性填满了厂里所有的管理职位。另一个可能的例外是负责厂里餐厅的女性。她是厂长的妻子,从某种意义上说,这是她家庭职责的延伸。她在社区里也扮演了一个非正规的领导角色,尽管这源于并因她丈夫当支书而使之成为可能的。我观察到,她比处于类似位置上的其他女性干得更多。男性也集中在涉及使用机器而非织布机的岗位上,而这同样是一个普遍的现象。

表 3.4 1986 年张家车道村纺织印染厂的社会性别劳动分工

工作类别	女性	男性	总和
纺织车间	95	18	113
管理人员	0	4	4
机器维修	0	14	14
学徒	13	0	13
织布厂操作工	82	0	82
准备车间	76	17	93
管理人员	0	4	4
传输人员	2	3	5
机器维修人员	0	9	9
外面来的技术员	0	1	1
其他工人	74	0	74
印染	6	9	15
管理人员	3	6	9
工人	3	3	6
财政(包括厂管理人员)	1	10	11
其他(修理、电工、木工、司机、锅炉工、餐厅、保安及接待人员)	4	13	17

从管理和使用机器的社会性别劳动分工来看,何种工作适合女性和男性,总的文化模式是显而易见的。前儒林和张家车道都不曾有过让女性担任管理角色的任何有重大意义的举动,后者同当地的文化期待是背道而驰的。然而,张家车道着实为女工提供了明显更好的就业机会。这再一次部分算是文化期待的产物,因为照看织布机是一种只有女性被期望去做的相对有技能的劳动形式。

张家车道的一些政策既有助于维持训练有素的女性劳动力,又有利于提高女性在该社区中的地位。同前儒林相比(这里的年轻女性在毡席厂干的活都是非技术性的,许多工人似乎中断了学校教育,在婚前若干年加入了劳动大军行列①),张家车道要求在纺织印染厂工作的所有人至少有初中文化程度,这比当前许多农村女青年所得到的文化程度要高。张家车道对这点有很清楚的认识——它已发现本村村民在达到最低文化程度的要求上几乎不会有任何麻烦,因为张家车道相比而言比较重视教育,健康女青年得到这个受欢迎的工厂里的工作实际上是有保障的,但周边村落的女性通常达不到这一最低文化程度的规定。张家车道对厂里工作的文化程度要求,确保了一支训练有素的劳动者大军,消除了否则可能会存在的使女童早辍学的经济刺激,并为女性继续求学提供了积极的激励机制。

同前儒林相比,张家车道有利于女性的另一项政策是已婚女性在纺织印染厂的就业。这里的年轻的儿媳并没有被派去干农活,而是同纺织车间的村里姑娘们一起劳动。当然,这些女性中的一些人是来自村外的前工人,她们嫁入了张家车道,并继续她们从前的工作。即便

---

① 在前儒林的许多户访期间,我对妇女文化程度的调查明显受阻。许多户访中陪同我的一个村官员在访谈期间谈到这一点时始终在插话。他总是声称参加工作的女青年都已完成了初中教育。我结果没有得到有关妇女受教育受到她们较早开始工作之负面影响的可靠数据。但毫无疑问这种情况是存在的,村民们知道并认可这一事实。

她们婚前没有在那个厂工作过,在她们嫁入这个村之后,仍有可能在那里劳动。假如能够做出适当的儿童养育安排(这在多数情况下要求有婆婆帮忙),较年轻的已婚女性几乎毫无例外在这个厂里工作。这个村的确有一个利用得不够的幼儿园,但它只在白天开,而厂里的活却是连续性的,实行三班倒(每周轮换),没有任何休假。少数稍年长的女性负责质量检查,或从事其他白天干的活,或在服装厂工作。

在张家车道84户的样本中,我发现58个女性在村办企业中工作:1人生于20世纪20年代,3人生于30年代,11人生于40年代,12人生于50年代,26人生于60年代,4人生于70年代,1人年龄不确定。一些已婚女性特别是那些没有婆婆帮忙、因而不能够做出适当安排的女性,她们可能做一些可以在家里完成的手艺活,或侧重于农业和家务劳动。本身已经是婆婆的女性倾向于把照看小孩、家务劳动和农业生产结合起来,而户中较年轻的女性则从厂里将工资带回来。女性因年龄而工作不同的这一现象,并不是由厂里的雇佣政策或村里的劳动分配机制规定或实施的,而是工作场所的时间管理同女性养育孩子之要求相结合的产物。倘若没有另外一个女性的帮助,一个年轻的母亲是不可能在照看孩子上应对自如的。① 除了偶尔由爷爷帮忙外,男人并没有充分分担照看小孩的劳动——鉴于他们自己的工作要求——人们也不可能通过夫妇两人就解决这个问题。除了成年男性更有可能处于管理职位上,张家车道男性的工作状况并不受年龄或婚姻状况的影响。

在张家车道,女性不仅婚前短暂地而且在婚后仍可得到报酬较好的技术性工作,这有助于那里女性地位的提高。尽管很难揭示直接的关系,官方的计划生育项目在这个村比在其他许多村获得了更大的成

---

① 更详尽地讨论这一段提出的一些问题,见朱爱岚(1990)。

功。村妇代会主任(她也负责女性的健康,原先是个"赤脚医生")说,她发现在张家车道比在附近的她的娘家村更容易推动这一政策,她曾在那里承担过同样的责任。

在张家车道,这也可能同官方赞同和积极鼓励村内通婚有关,后者旨在为有女无儿的老年人提供照料。村领导特别是支书一直积极寻求通过促成村内通婚来照顾年长者,而村内通婚不管怎样已在张家车道自发地出现了。村里好几个年轻女性都表示希望在本村内部成婚,以便在婚后保留其在厂里的工作。① 她们也注意到村里的男青年缺乏在村内找对象的动机,所以找起来不那么容易。虽然这里村内通婚的发生率可能不会发生迅速的变化,但这个厂好像确实创造了一种女性是宝贵的工资收入来源的认识(不只是在婚前暂时地),这使女儿也成为其父母未来经济保障的源泉。这既是纺织厂提供的经济基础的结果,又是适度照顾女性利益的政策追求的产物。②

在张家车道,劳动并不是正式分配的,也不像前儒林那样受到严格的控制,但村级政策决定了该村就业的轮廓。这些方面易于受到村党政领导班子同企业领导班子是同一套人马的影响。人们很强烈地意识到,村已正式解散了集体但事实上仍是一个有凝聚力的政治与经济单位,这很易于使人想起集体社会组织的许多特征。村领导班子1985年做出的政策决定,结束了某些住户在农业上朝专业化发展的趋势,代之以在所有农户之间划分农业责任的方式,并伴随着对企业工作时间做出的相应调整。该村执行的政策,力争为社区中所有可就业的成员提供有较佳报酬的工作,并公平地分配较不受欢迎的农业劳

---

① 人们告诉我,嫁到村外的妇女不会自动失去她们在工厂的工作,但我了解到只有一个妇女在出嫁之后继续在厂里工作。当她丈夫在部队当兵时,她长期住在娘家。这个问题与其说是政策上的事情,还不如说是由奔波往返而加剧的倒班和照看孩子的实际问题。
② 同台湾作比较,见戴蒙德(1979)、加林(1984)和尼霍夫(1987)。

动,以保护其年轻人得到受教育的机会。当某些村民不适宜在其中一个村办企业工作时,不管是由于家庭要求或身体欠佳,还是村民更喜欢从事个体劳动,村里允许人们从事独立的工作(不像前儒林),尽管它没有将这作为一项优先选择予以推动(因而也不同于槐里)。所有这些都是村级政策实质上决定了村民收入与工作以及微妙地影响社会性别模式的各个方面。

正如前儒林,张家车道在不能够仅靠它自己人来满足其劳动力需求的努力方面十分成功。纺织印染厂从村外雇了75个未婚女性和24名男性。就像多数男性一样,这些妇女是厂里的一般工人。纺织印染厂原先的确正式拥有更多外面来的技术工人,但现在它已能够满足自己的技术需求,只留下一个外来的技术员。前儒林流动劳动力中的社会性别失衡的现象,在张家车道也存在,尽管以较不夸大的形式出现。外来的女工被期望同本村工人一样满足同样的教育和技能要求,她们也的确在工作中获得了某些技能。外面来的男性在某些情况下同女性处于同一级别,但也有少数人——1人在工厂,1人在果园,1人在木工厂,1人在服装厂,约10人在建筑队——极大地增加了该村技术工人的人数。他们中除了那个裁缝之外,没有任何人现在对于村里的任何企业是至关重要的,尽管一种综合性的历史观揭示,这种工人在纺织印染厂发展之初是关键性的。假如要创办业已有计划的罐头厂,这就再次需要雇佣村里本身提供不了的有专长的技术劳动力。

张家车道整个社区都受益于主要由女性在纺织印染厂从事的劳动。1986年,在该厂工作的172名女性中,75人是来自外村的。① 她们同本村工人一样按相同的计件制得到报酬,所不同的只是享受不到

---

① 这是这个厂历史上相对稳定的时刻。它在发展规模上的迅速增长期到1984年已终止,村里的未来发展旨在采取多样化的形式。这个厂正为之全力以赴。

面向本村居民的福利。部分基于公平原则,部分基于工人的劳动动机,村决策者认为任何其他差异都是不受欢迎的。到 1986 年时,市场已充斥着农村纺织厂的产品,优质材料的高水平生产对于这个厂的取胜极为重要。在张家车道,人们仍提到"三八红旗手",这是早些年采用的对于通过劳动做出了重大经济贡献的女性特别是青年女性的一种嘉奖。赢得这一荣誉的条件包括:有正确的政治方向、和谐的家庭关系、为公共经济利益(而不只是个人利益)做出奉献。像这样的一些价值观,当中国在它自己的社会主义道路上稳步前进的那些年是得到广泛提倡的,尽管它们在改革年代已变得不明显得多了。在市场经济的条件下,在劳动力队伍中也促进这些价值观,显然是有益的。

将外来女工自动排除在直接面向本村女工的福利之外的情况,应放置在一定的情境下来考察。这是因为这个厂的许多福利在性质上都是长期的,并为张村提供了未来投资。村内的许多女性婚后也将失去分享这些福利的机会。尽管张家车道存在着有利的政策,农村社会的现存结构却造成了女工同她们劳动的许多产品的分离。**女性不仅在乡村工业中创造了高额价值,她们也同有利于村资本积累的那个价值分离了,因为村落是按有父系继嗣关系的男性聚居共同体构筑的。**

槐里既代表了农村经济发展的另一条道路。它表明了将劳动力输送到别处乡村工业中去的村子对乡村工业工作的认识。槐里是在没有以前任何乡村工业基础的情况下着手解散集体的,结果没有任何储备可用于投资。那时的村领导班子,主要是村支书,反对靠贷款来进行工业投资。尽管前儒林和张家车道获得了成功,应牢记的是,并非所有乡村工业都是那么成功的,迟起步者会陷入一个在信贷、原材料和销售上都有可能面对困难问题的业已拥挤不堪的领域。槐里原先在农业上也很成功,所以它并不能指望国家的特别支持。相反,槐里偏重于小型商品生产与商业的决策,为改革时代的村经济发展确定了路线。这是根据槐里的经济条件做出的一个决定——它是村领导在村一级做出的一个决定。

这种情况的一个后果是,较之其他两个村,槐里在经济上相对处于劣势。村一级通过其政治-行政角色,并通过对它自己掌握的有限资源的自由支配权,保留了相当重大的权力。然而,槐里的权力明显不如另外两个村集中,这可能部分归因于这种经济上的差异。这也是村领导做出的不侧重于村一级发展而尽可能广泛地促进家庭企业发展的政策决定的结果。因此,该村并没有做出对家庭企业征税的任何尝试,而通过出租村里拥有的少量商业性房屋来满足它不太高的花销。至少就它自己的财政而言,这也有使村里摆脱了征税和逃税问题的好处。①

对槐里两个主要村办企业(纺织厂和运输队)的劳动力与投身到以户为基础的企业中去的村民进行比较是有启发性的。槐里的村办企业并没有为村里创造任何利润,但确实为那些最不能独立发家致富的村民(进入劳动力市场的无一技之长的青年人和无技能的男子)提供了就业机会。可以依靠户内某些有技能、进取精神或资本建立他们自己小企业的那些村民,往往喜欢建立自己的企业。在20世纪80年代中国农村相对开放的经济世界里,这被证明是有利可图的。以户为本的企业在80年代末随着经济气候的恶化遇到了一些挫折,但乡村工业同样也难以幸免。在第四章,我将讨论槐里在商品生产上的努力。在这里只需提一下槐里人为什么更喜欢以户为本的企业而非乡村企业的一些缘由。

在槐里居民的眼里,乡村工业的一个主要劣势在于它报酬不丰厚。槐里的年轻人确实有在乡村工业中寻求就业以便得到一些现金

---

① 村必须依旧充当负责收集由更高各级国家征收的农业与其他税收的通道。

收入的,但这并不是一项优先选择。成功的乡村企业的经济价值只是部分体现在创造工作机会和工资上。这一价值的很大一部分是这些企业创造的利润。在自己社区建立一个工厂有相当多的优势,因为这将为这个社区带来益处,而在利润流向别处的一个企业中当一个工人,得到的好处就会少得多。

此外,并非所有乡村工业都有牢固的财政基础,由此引起的问题可能波及工人。这最明显的是采取了工人的工作得不到保障的形式,但至少到20世纪80年代末当经济出现滑坡之时,工人们也不指望能得到工资,有的可能甚至不得不通过最初一段时间的义务劳动,或通过向厂里交一笔可观的现金来"购买"他们的工作。后面的这些做法是工厂在紧缩的信贷市场和总的来说经济困难的形势下采取的解决资金问题的一个手段。农村年轻人缺乏就业机会意味着这样是可行的。即便在相当走运的槐里,在80年代也有许多失业青年。到1989年,该县公开承认有3 000—4 000"待业青年"。

厂里的工作在一定程度上对农村青年可能是有吸引力的,这是出于非经济的原因。在城镇企业中的临时就业可能会打开转成城市户口的大门,尽管这一转变的几率被公认是微乎其微的。乡村工业不可能提供这种非金钱的补偿。

以户为本的企业对于能够加以利用的那些人来说可能是一项极富吸引力的替代性选择。个体劳动者的所有产品都归他们自己所有,这是个具有重大意义的财政优势。家庭成员也可以自主地劳动,而这方面的工作条件是被人看重的。户中的青年人可能在其父母的监督之下劳动,女儿个人可能享受不到其劳动的成果——这可能注定了要花在其兄弟的婚礼和新家上——但就这个方面而言,她们在户中不比她们在乡村工业中的待遇更差。正如在台湾已观察到的,这里也存在着自我剥削的某些结构性力量。我在槐里看到的企业在这个方面似乎没有那么极端。我在村里碰到的最过度操劳的人,是那些没有家庭企业而在经济上苦苦挣扎以求收支平衡的人,他们往往需要在农业和人力运输中劳作更长的时间。家庭企业可能非常费力劳神,但当它们兴旺发达时,也为人们提供了从艰苦劳动中缓解出来的某种休息。①

以户为本的企业似乎对成年女性特别有利。其中的一些原因将在第四章中阐述得更为明确。这里呈现的材料强有力地表明,大多数成年女性在乡村工业中几乎没有什么诱人的替代性选择。成年女性在较小的户单位中控制自己劳动条件并享受其自身劳动成果的机会,比在农村工厂的较大单位中更多。以前认为中国农村女性在父权制家庭中处于特别不利地位的见解,并没有充分注意到她们在家外遭遇的集中化的父权制。我未发现任何迹象表明,在集体化期间或之后,中国农村女性参加家外劳动是解放性的(也见沃尔夫,1985)。在针对女性的经济发展项目中做农村工作的妇女们认为,主要雇佣女性的户以上的乡村企业当然是由男性管理的,而这并不符合女性的最佳利益。为她们自己工作的女性,其处境更佳,当她们在自己的家庭企业中劳动时可以最接近这一目标。

社会性别与积累

总而言之,乡村工业是农村经济增长与资本积累的主要手段之

---

① 当然,我在这里指的是家庭企业中的个体就业。槐里极少有雇佣劳动力的这种企业。在他们确实雇佣了劳动力的地方,被雇佣的那些人的境遇同在乡村工业中的一样不能令人满意,尽管就业的条件稍有不同,比如,这可能包括在雇主家里吃住。在某些情况下,家庭企业扩展到类似于本章讨论的任何村办工厂的规模,但槐里没有任何企业有此等规模的。我的简短地调查过山东另一个村这样的一个工厂。它极像上文讨论的前儒林和张家车道的较大工厂,包括它对年轻、无技能的女性劳动力的依赖。其主要差异在于工厂的缘起、户主的专门技能与企业进取性以及利润的私人占有,等等。

一。这一积累应被看做实质上是由占用女性特别是青年女性的劳动成果构成的。对青年女性劳动的类似占用,在附近的台湾(戴蒙德,1979)和香港(塞拉夫,1981)也有报道。

假如在时间和空间上移得稍远点,这也类似于在欧洲观察到的过程,即资本主义现代化过程中的社会经济变迁是通过依赖青年女性的劳动来推动的。她们的相对无权状况使她们的劳动得以刺激资本主义的经济增长,并使之同家庭经济调和起来,家庭经济至少从表面上看是同资本主义经济的原则不一致的(福克斯-吉诺维斯和吉诺维斯,1983)。家庭经济被纳入资本主义经济之中起了稳定后者的作用,并使家庭经济开始了转型的过程,后者由于被再现为同市场分离和对立的而被掩盖了。在欧洲,这涉及女性气质和家庭经济的意识形态。在中国,一些类似的机制,就像槐里的男性领导(但不是女性自己)将劳动女性称为"家庭妇女",同时也否认她们在家外经济中的作用,从而继续使当地工业从中受益。

更为明显的是,年轻未婚女性的工作可能被界定为是临时的,而且对占用其劳动成果的户或户以上的社会组织形式不构成任何挑战。这一过程的一个极端形式是米斯(1986)从跨文化的角度进行的分析,她的许多论点适用于这里所分析的材料。

占用女性劳动,连同神秘化这一占用的文化再现,不应该是个令人惊愕的发现。特别是在像槐里这样的社区中(它只是边缘性地受益于乡村工业),特别是(但不是自主地)在女性组织中发现解秘(demystification)的过程在运作,也不应是有任何惊愕的。

中国乡村工业占用女性劳动的主体各不相同,但多数都同国家有直接的联系。所有的都是在国家的管制下运作的,有促进乡村工业的国家政策赋予的合法性。这里的确切关系,既取决于国家涉入的层面(在极大程度上是村或乡镇这一级),又有赖于这些联系的直接与正式的程度。本书的特殊重点放在村级企业上,所涉及的某些关系可能是那一级特有的。然而,乡村工业同国家地方层面的交叉互动以及父权制机制对这两者的渗透,都不限于村一级。乡村工业几乎全是男性掌管的,涉及经商或技术知识的角色也都几乎完全是为男性保留的,积累起来的资本也处于由男性控制的公共机构的管理之下。

乡村工业得以运行的直接劳动分工只是其政治经济的一部分。另一个极为重要的部分是父权制国家在渗透这一日益壮大的农村经济领域中的作用。男性在国家结构中的主宰地位阻碍了女性在结构方面的进步,这甚至在以市场为导向的农村经济中也是如此。从这个意义上说,国家是具有能力,它赋予这一结构一定程度的合法性与影响力。20世纪80年代,就正规方面来看,国家的威信已经很低,而在这个方面村一级是特别重要的。

在村一级,国家的结构与机制同活生生的人类共同体实质上是重合的。村落的确是千变万化的,它们本身被无数分界线和冲突所分割。其中包括正在涌现的阶级差异上的冲突,这在男性中特别明显(只有少数男性控制了资本的积累或当地国家的运行),在女性中也在增加(就极少数人得到职位、但剩余的人得不到而言)。然而,村本身是个必须予以特别关注的社会实体。一些村落有建立在宗族和聚居之上的前社区意识;实际上所有村落在集体时代都有曾作为独特的、界限离散的单位的历史。在那个时代铸就的当地村史也已创造了基于村落在正规与非正规国家权力结构的双重位置之上的共同体。

由像村和乡镇这样的行政单位取代集体的结构,已部分转变了所牵涉的关系,但又宽泛地确认了其界限。这使当代国家建设过程得以利用乡村社区生活的非正规方面。其中的一个交叉领域是基于有父系继嗣关系的男性的地方聚居群集之上的父权制关系同父权制的国家结构与机制的连锁关系。

第四章　社会主义商品生产

中国近期商品生产的发展并不说明这是个全新的出发点。人们普遍认为,商品生产在中国乡土生活中有极其深厚的根基。与此同时,政治经济的形式及其官方话语表明,20世纪80年代是个转型期。假如这一转型被理解为"再生产的削弱和生产中的某些旧因素被重新纳入新的关系当中"(弗里德曼,1980:162),那么,我们就必须关注农村商品生产中先前存在的因素如何重新融入崭露头角的"社会主义商品生产"的当代形式之中。

背　景

以往半个世纪,中国政治经济的非线性发展史,使中国朝着商品经济新形式的转型变得复杂化了。对当代中国的分析,必须考虑到商业关系在整个农村社会深刻、但不均匀的渗透以及其他的和对立的思想与实践。其中的一套植根于将农户成员连接起来的个人的、通常以亲属为基础的纽带之中。另一套扎根于国家及与国家相关的文化权威特别是帝国的学者—绅士们提出的超公共的要求之中。中国的某些传统将亲属般的团结同超公共的要求结合在一起,这在悠长而强大的农民起义的传统中非常显著。在20世纪,这些传统被共产党领导的一系列革命运动及后来它所倡导的政府政策所沿袭和取代。

这些政策已有所变化,但总的来说,承袭了帝国时代对商业的不信任感以及刻意对商业进行的限制和控制,而且在某些关键性领域还垄断了生产的某些要素或经济活动的某些部门。中华人民共和国较之以往的中国政府在限制独立的商业发展方面有更为成功的记录。它是通过真正的经济增长来实现这一点的,尽管前30年间人口翻了一番并有国家强加的高积累率,人均收入还是略有提高。然而,生活水平的提高并没有同大众的期待或官方的计划同步。商业发展道路上的绊脚石,到20世纪70年代末被官方确认为是经济增长不甚理想的主要原因之一。80年代逐步实行的经济改革,部分旨在通过一个复活了的以市场为导向的体制来刺激经济增长。

从最直接而具体的意义上讲,这意味着在城乡地区解除对自由市场的禁锢,尽管对复活了的自由市场的管制和课税仍照常进行。农产品价格的上调和对农村剩余提取率的降低,使更多收入落入了村民之手。这是通过市场体制来运行的,村民们因此提高了其生活水平,并进行了生产性的投资。农村市场的活力为许多村民在商业领域开辟了创收机会,其中包括农产品的独立购买和倒卖、耐用消费品的小规模贩卖、当地零售与批发商店以及稀有货物的长途交易,等等。

除商业活动的水平受地区贫困直接限制之外,伴随市场活动水平的提高以及可接受且合法的商品范围的拓宽,市场的日益壮大已成为中国20世纪80年代乡村景观的特色。这包括出租从集体承包来的土地、在自由市场上买卖谷物和其他基本粮食(以前只能通过国家机构销售)以及劳动力市场的崛起。

土地、基本粮食和劳动力的重新商品化,是整个20世纪80年代农村政治经济发生深刻转型的关键性标志。在社会主义集体制存在的几十年中,将这些方面的任何一个当做商品都受到严厉的禁止。偶尔销售粮食估计确实存在,人们可能也会对社会主义经济中工资劳动的性质提出质疑,但生产资料和维系生活的根本手段是不可以在市场上公开买卖的。这些禁令在 80 年代逐渐被摒弃。

关于如何最好地概括当前中国经济的特色存在着大量而且具有重大意义的辩论,80 年代末官方采用的术语——"社会主义商品经济"或"社会主义商品生产"——确实表述了现状的关键性要素。其标志是普遍转向了以市场为导向;官方愿意利用市场机制来促进和组织经济活动;对于国家在经济中持久且强大的作用的官方承诺,尽管对那一角色的确切特性仍存在争议并出现过政策转向;继续将现今政策确认为是"社会主义的",不管该术语的内容发生了什么变化。1989 年的政策转变标志着国家在经济与政治事务上的作用比 80 年代初变得更加强大了,这还伴随着增强"社会主义"的呼声,但它并不意味着放弃市场。

1990 年,当人们书写这些词语时,社会主义商品生产明显处于危机之中。80 年代初异乎寻常的经济增长率到 80 年代中叶迟缓下来。到了 1988 年,严重的经济问题总的来说颇为明显。地区和城乡差异一如既往,但总的经济态势仍清晰可辨。除了最贫困地区以外,农村居民几乎全部被大规模的商业网络紧紧缠住了,以至于全国性的经济衰退很难幸免。

当前,国家比刚刚过去的几十年承担了更大的经济角色,但它扮演这样一种角色的能力已大为削减。它的财政资源受到了严重局限,它在大众心目中的合法性比自中华人民共和国建立以来任何时候都要低。中国政治经济不久的将来是在国家指导下以市场为导向,这期间将伴随着市场的不稳定与政治不确定以及对社会主义商品经济之性质的公开与隐蔽的质疑。

111

变动中的概念

在日常会话和对经济与公共事务的一般正式讨论中，中国人常常谈到"商品生产"，假如其语境是公开政治化的场合，并且假如说话者注意到政治政策的微妙之处时，人们只是再加上"社会主义的"这一限定词。下文的讨论一般采用同样的缩略惯用语，尽管中国正在浮现的商品生产体系与社会主义，或者更确切地讲，是与各种社会主义（经典的、理想的、历史的及口头的）关系的问题总是一个隐含的要素。

中国政治经济转变的方向同下述根本问题是连在一起的。这些问题涉及可以被理解为20世纪末许多社会中存在的社会主义的东西的性质。每一种特殊而实际存在的社会主义同"社会主义"概念之间的分歧，已创造了无数新的术语，对实际与理想之间关系的相关但不同的分析也随之而来。本书的讨论受到对"实际存在的社会主义"（巴罗尔，1978）、"社会资本主义"（怀特，1987）和"后社会主义"（德里克，1989）之分析的启迪，并获益于中国官方和非官方材料（如陈儿金，1984）中有关同一主题的辩论，然而，我的重点始终放在如今山东村民们正在经历的社会主义与商品生产的日常世界上。

在广大农村，被脱颖而出的商品生产体系最直接重构的社会主义的因素，是集体控制物质资源、集体分配劳动力资源以及集体与国家共同控制分配的前制度中的因素。社会主义生产资料所有制的因素，以正规合法与明确意识形态的形式，并以更有限得多的实践活动在农村持续存在着。国家最终拥有所有土地的所有权。像在槐里那样，它可以挪用相当多的集体土地用于更大的公益事业而无需给予补偿或通过协商。两级（国家与集体）社会主义所有制的集体一级继续保留了某些所有权，比如，它有权分配土地和管理或出租当地的生产与商业性企业,如村办工厂或商店等。

这些集体所有权现在被正式授予地方政府(政府的最低层面,即村或乡政府),但同前制度的差异可以很容易被过高估计。在张家车道、前儒林和槐里,村(取代了大队)具体体现了社会主义集体的复杂连续性和转变。"包产到户"、"承包"及"商品生产"等术语本身都揭示了其暧昧性的语意。市场在中国经济中的范围已大为拓宽了,但它们同社会主义制度至少某些方面是共存的,后者是自1956年以来被构筑起来的。就所有制而言,如今这意味着所有权的多重层面与多重含意。这使国家的全国性与地方性各级以及私有部门同时对同一资源享有不同性质的"所有权"。类似的但从意识形态上讲并不复杂的连锁诉求也适用于分配制度。多重的分配与管制趋于共存,并在市场上相互竞争。

集体对劳动分配的控制在农村改革进程中已大为削弱。在少数村子,如集体的前儒林,确实依然在其自身界限范围内对劳动分配几乎完全实行控制。而不那么直接的控制,比如像张家车道所反映的情形,则可能更为普遍。在这里,主要村办企业中土地与就业机会的分配近似于前集体对劳动分配的控制。有强大领导班子并对村级经济资源享有某些控制权的村,可以对劳动力进行间接的控制,尽管它较少采取"劳动分配"这一术语所隐含的行政形式。

在劳动力市场最开放和最具竞争性的地方,最有可能失去这一控制。私人雇佣工资劳动力,在20世纪80年代逐渐变得为人们所接受并合法化,到80年代末实际上已不存在什么有效的限制。农村大量剩余劳动力的存在当然使雇主处于优势地位。一个主要的替代性选择是,利用户内分配的或另外承包的土地或其他资源,在以户为基础的经济中从事个体劳动。户是农村基本的社会经济单位,对劳动力的考虑因而以户为中心,就如同生产与分配的许多考虑围绕着户一样。

家庭经济的地位在有关中国农村商品经济形态的讨论中至关重要。各不相同但具有重大意义的自主程度转向了户。这一点连带复活了的市场与国家计划范围的缩小,导致农村经济中活动的增多和生产与商业的日益多元化。户及更大的经济单位扩展了从前的家庭副业、中小型的乡村工业及商业。

康罗伊(1984)将国家政策所驱动的所有这些增长(连同20世纪80年代末的随后衰退)描绘为"自由放任的社会主义"。同以前的政策相比,这些政策鼓励经济增长而没有特别强调机会或分配的公平性。这些政策因其倡导"涓滴效应"而变得众所周知,即相信较之更平等的政策让某些人"先富起来",将能更有效地有助于改善整个社会甚至是其较贫困成员的社会经济状况。经济上"两极分化"的趋势被公开确认为是隐含于甚至是适度推动的改革当中的,从而应当被视为既是官方政策的结果,又由于市场力量的运作。

经济分化有可能在社区内部导致差异,这有可能造就有对立利益的初始的社会经济阶级,在那种或其他基础之上还有可能引起爆炸性的社会紧张关系。这也是区域发展方面严肃关切的一个问题,正如沿海和更加工业化的省份一派繁荣,而其他省份则在严重的贫困之中处于停滞状态。社会性别不平等的可能性也引起了评论,尽管这主要来自海外。

男女平等问题,如同其他社会公正问题一样,在以经济增长为压倒性导向的农村改革架构内一直未得到优先关注。改革政策的制定并未考虑到它对农村社会性别关系任何方面的影响,尽管官方的妇联网络在这十年中确实越来越多地(或者说也是不均衡地)关注这些问题。中国境外相当多的女权主义评论强调,农户的主导地位及其内在的父权制深刻地威胁到了女性的特殊利益(特别参见达文,1988)。尽管注意到中国有组织的妇女运动的弱点,其他一些人也观察到女性在集体之外的领域如副业生产中发挥的重大作用,这给她们提供了在市场经济中施展才干的舞台。

关于改革和商品生产体系对中国农村社会性别差异与社会性别关系的影响,存在着许多不确定性。有关社会性别劳动分工和男女特定角色的持久现象与价值观,连同由社会性别从根本上构筑的先前存在的社会经济结构,这一切都表明,社会性别关系在转向有所改变的商品经济的进程中,不可避免会受到影响,并被重构。①

在概述有关商品生产的某些相关的理论著述之后,我在本章分析了当代中国农村向社会主义商品生产转型的某些方面。我将从村民们实践与策略的视野入手,因为正是他们直面改革政策和新的市场环境变迁的洗礼,并奋力在他们自己日常生活的世界里创造可行的政治经济。我的注意力既放在山东(一个相对商业化省份)农村处境最佳的村民们涉入商品生产的方式上,又关注更分散获得商品生产机会的那些人。我将特别关注社会性别及其同其他社会分化的交叉互动以及它对初始阶级重组的影响。

小商品生产

当代中国农村的商品生产植根于以户为本的农村经济,但同时又陷入了更宽泛的关系网络当中。这些更广泛的网络包括剩余提留与政治经济管理的国家机制以及越来越重要的大规模的地区市场、全国市场及国际市场。假如人们将中国的社会主义当做一种独特的既来源于中国本土的政治制度,又归功于马列主义输入的社会主义国家版本,那么,社会主义商品经济这个概念正好简明地再现了更大的国家

---

① 有关农村改革之初中国农村妇女状况的概述,见克罗尔(1987b)。

同中国农村小规模的经济活动在其中找到一席之地的市场环境之间的联系。

中国政治经济的历史可以用来作为本研究的背景,尽管对小规模农村家庭企业的分析,要求将那些企业看做同那些较大过程内在关联并由那些较大过程所决定的。小商品生产的概念是这个分析的一个适宜的出发点。

小商品生产,是给在一个包容性的商品体系内运作的从属性生产形式所下的一个定义。马克思最初发明这个概念时,是用来探讨资本主义处于早期、转型状况下的经济关系的问题,自那时起主要用于指依赖性的资本主义经济。小商品生产是一种部分的商品生产体制,在其生产过程中,劳动者同生产资料并不分离,但商品关系必然侵入再生产的周期当中。这一状况的典型例子是拥有或控制了他或她的生产资料、没有雇工而直接使用这些生产资料的手艺人或农民,但是他们必须购买生产性的投入,如木材或化肥和一些消费必需品,必须在市场上出售他/她的部分产品以便使生产得以周而复始。这一方面有别于自给自足的生产(在这种生产中,市场关系对于再生产就像对生产本身一样是不必要的),另一方面又同小资本主义生产形成反差。在小资本主义生产中,生产过程本身因使用雇佣劳动力也被商品化了(巴比,1984;库克和宾福德,1986 和弗里德曼,1978,1980)。

假如当今中国商品生产的社会主义因素问题被暂时搁在一边的话,小商品生产这个概念的用途就立即变得明显。纯粹自给自足的生产在中国几乎是找不到的。最接近的情形恐怕出现在最边远、极度贫困的地区。在山东内陆山区可以发现一些这样的地区,但它们并不是本研究的组成部分。我的研究侧重于在一个日益商品化的农村经济中昭示着各种可能性的社区。在这些社区内部,以小商品生产和小资本主义生产形式表现出来的日益商品化正在脱颖而出。

第四章　社会主义商品生产

商品化在整个中国经济中是很普遍的,尽管它有时以混合的形式出现,并带有亲属制或行政—政治的关系模式。① 上述混合模式在所研究的村落都很明显,但研究的特定重点是以户为基础的经济的商品化。

户是农村经济生产与再生产的基本单位。在整个20世纪80年代,它是旨在振兴民众经济方面进取精神的政策指令的焦点,这些政策指令意在将那种进取精神引向在本质上处于国家控制之下的机构与意识形态的结构当中。中国的户特别适宜于履行刺激与控制的双重动员角色,以便为了国家政策的利益将民众首创精神转到转变政治经济上来。在中国,官方将商品生产倡导为社会主义,这受益于这些术语的表述回避了(资产阶级)个人主义或(私有)买卖等更危险性的语言。相反,这些术语将户这一超个人的语境同家庭的公民性质糅和到一起。以户为本的企业**实际上**解决了同严格的理论术语明显相悖的社会主义商品生产的矛盾。

在其对法国、英国和美国资本主义增长期间"家庭经济"同商人资本关系的研究中,福克斯-吉诺维斯和吉诺维斯(1983)令人信服地提出了利用家庭的社会组织形式促进商品生产体系的论点。他们发现,家庭经济的思想以牢固植根于资产阶级个人主义的方式强有力地(尽管是间接地)将金钱与商业关系融入了家庭关系之中,而同时又否认任何这种渗透。家庭经济是在一种更商业化的氛围中从家庭单位之外挣得收入的一个领域。这种收入是为了家庭的利益而在一种假定分离的基础之上被管理的,这种分离也假定并巩固了女性与男性活动领域的分割。本书研究的家庭经济并不那么严格地将商品化的关系包括商品化的生产关系归入家庭之外的世界中,**但这些西方"家庭经**

---

① 关于商品化的全球视野,见沃尔夫(1983)。

济"的历史构成同中国在向社会主义商品生产体系转型过程中采取的家庭经济形式之间存在着明显的相似之处。

福克斯-吉诺维斯和吉诺维斯(1983:306)指出,在他们所研究的家庭经济的构成中,隐语的重点是放在家庭上还是放在户上是具有重要意义的。假如突出前者,亲属关系往往占主导地位;假如强调后者,经济生产与再生产的单位则倾向于占主导。这一现象在中国可能是适用的。中国的重点明确放在户及其经济角色上。家庭与更宽泛被考虑的亲属关系的情感权力也被隐蔽地加以利用,但现行政策和商品化过程更需要的是经济性的户而不是家庭与亲属制(而且还积极阻止它非常强烈的鼓励生育的倾向)。当然,这一论点在中国受制于户在政治-行政上的决定因素,后者使之成为一个有别于福克斯-吉诺维斯和吉诺维斯(1983)所讨论的户的一个实体,但这一实体同样或者更适宜于一个中央推动的商品化过程。

像这些西方的个案一样,家庭经济尽管有可能是在非商品化关系的基础之上运作的,但通过增加家庭稳定的因素来抗衡社会上正在发生的深刻变迁,并通过从思想意识上掩盖那些变化,家庭经济有效地支持了向商品生产体系的转型。由家庭群体提供的庇护正好促进了使那种庇护不可或缺的那些剧变本身。

家庭经济是由社会性别差异构筑的,像在西方一样,这种社会性别差异可以被阐释为女性气质(womanhood)的思想。后者通过体现据称与之相反的价值观再一次支持了商品化。社会性别似乎也是现时中国有关户的话语中的一个因素。然而,由于中国相当多的生产是户内进行的——因为女性在面向市场的家庭商品生产和家庭本身使用价值的生产中扮演了不可或缺的角色——至少像西方某些社会经济阶级的女性一样,中国女性并没有在意识形态上被当做正在浮现的经济价值观的对立物。

第四章　社会主义商品生产

在这一转型的过程中,女性的作用也至关重要。中国女性在为其自身渴望同她们对其家庭与阶级的承诺之间做出家庭让步方面,也可以被看做是能动者。关于家庭经济的第一部完整的现代著述是一个忠诚的法国资产阶级女权主义者撰写的。尽管对她正在倡导的发展道路很乐观,但她对此又表现出某种犹豫不决的态度。当然,先前存在占主导地位的男女有别的思想与实践弥漫于伴随商人资本兴起甚至是法国革命(后革命)期间的社会变迁之中,这一功效同本研究也有关联(福克斯-吉诺维斯和吉诺维斯,1983:334—336)。

"商品生产"

1988年,在我所研究的其中一个村不远处的一个山东村子里,有一位农民企业家告诉我,从被称为"资本家"的担忧中超脱出来是很必要的。他说,社会主义与资本主义的差异在于所有权制度。除此之外,在做生意上并没有什么真正的不同。在这两种制度中,争论的焦点在于是否采用现代管理方法来挣钱。

这种观点绝不是独一无二的。它的确是全国迈向市场经济过程中的一个主要潮流。在得到官方认可的有关经济学与管理学的出版物中,这一点很明显。在整个20世纪80年代,中国一直在苦苦寻求西方商业技术的专门知识。更值得一提的或许是,这一观点由被描绘为"农民"的某个人这么清楚地表达出来了。在这些词语的语境与主题上存在着若干因素,它们值得更仔细的探究,并有助于描绘有关商品生产的开放性与暧昧性方面。

在当代中国试图将现行的经济政策方向同资本主义区分开来的话语中,对所有权的强调比比皆是,尽管这两者之间存在着实质性的相似之处。中国政治经济可以被宣称为社会主义,因为经济中具有重

119

123

要意义的部分(并非全部)是国家或集体拥有的,即便它们是被承包出去的,即便有效的经济控制权在许多情况下是私有性的、暧昧的或者是有争议的。中国有足够多的所有权层面和公共调节或控制机制要求对私有市场进行有效的遏止,但这也是成熟的资本主义社会的一个特征。

尽管当前在参与有关中国政治经济变迁辩论的某些中国人看来,所有权的问题是决定性的,但对于外行,我怀疑甚至对于许多中国人来说,这似乎是一个形式上的并且可能还是个空洞的问题。使中国商品经济有可能"社会主义化"的东西或许由这位"农民企业家"做评论的情境更好地揭示出来了:他是作为村长和当地党支书,也是作为为其社区设计经济增长计划以便使之继续繁荣的关键性人物说这番话的。商品生产中控制式增长的这种政治化与国家化形式,即便在农村的最低一级,实际上也暗示着是一种不可以立即或简单化地被描述为资本主义的商品生产形式。在某些社会主义因素确实存在的地方,商品生产并不是在抽象的所有权考虑中存在的,它实际上嵌入了在非市场基础之上运作的公共政治组织的有效结构之中。

然而,直接活跃于商品生产并置身商品经济改革的当代中国人,依然对这种经济活动的政治含意感到不安。陈旧的社会主义与资本主义相对的明确词汇,在日常谈话中实际上已被抛弃了(尽管不是在官方话语与声明之中)。它似乎普遍被视为毫无意义或令人尴尬的。某些真正的问题的确暴露出来了,但人们以略微更具体的术语来予以表述。这些问题包括管理与挣钱的方法和担心被批判为是资本主义的,等等。

中国商品生产成型的政治情境是,官方继续提倡"社会主义",不管特定的变化看上去更接近于还是更远离公认的社会主义的概念,但这一提法同正在转变政治经济的日常实践之间存在着脱节。正规话语的术语已失去了描述和规定中国政治经济特性的能力,但更适宜的理论或系统术语尚未出现。至少就口头再现而言,变化以依然政治化的,但在很大程度上是沉默或暧昧的方式出现。某些实际的决定与实践却并不含糊,尽管可以认为其中的某一些也存在着一定程度的不确定性。

这些未定因素中最为重要的是经济增长的问题。经济增长是改革家及其评论者一致认可的一个目标,就任何一种经济制度类型的内在动态和赢得民心而言,经济增长对于当代中国所有有关的资本主义或社会主义模型①都是必不可少的。那么,引起争议的就是经济增长得以实现的手段和将被做出的调适的类型。对于市场机制能够寄予多少厚望?对于国家计划的机制可以有多少依赖?为了总的经济增长,不平等增长达到多少是可以被接受的?就遏制不平等而言,在何种程度上对发家致富进行限制是可以被接受的?② 一旦提出了这些问题——甚至当它们被放置在非常具体的关于鼓励、允许或禁止何种类型的农村经济活动(以及每种情况下如何做)的情境下来看——当下农村经济是一种不稳定的混合经济,大多数选择至少暂时具有模糊和未定的性质是显而易见的。

在整个20世纪80年代,对这些问题的权衡转向了自发地进一步发展商品经济,容忍为了较高经济增长率而导致的经济分化的明显加剧,并出现了总的(但并非均衡的)生活水平的提高及未来繁荣的前景。追求这一方向并不排除其他考虑因素:从经济改革中获益的那

---

① 我在"资本主义或社会主义模型"中加上了"有关的"这一限定词,以便将更缓慢增长的较新西方模型排除在考虑之外。中国决心取得较高的经济增长率,并实质性地提高了生活水平。一个更有限的、可持续增长的模型将来有可能赢得支持,但它同中国当前的论争风马牛不相及。
② 讨论20世纪70年代的类似问题,见诺兰和怀特(1979)。

些人清楚地意识到未来政治逆转的可能性（自 1989 年夏以来一直存在种种迹象）以及较不富裕的和不那么支持改革的那些人现在与未来的嫉妒。虽然政治领导人甚至是相对低层的干部可能会发现很难避免使自己对一种或另一种政策方向作出承诺，而大多数农村普通老百姓则较少受到意识形态方面的压力。所有人通常会发现跟着现今政策走最符合他们的利益，很明显，人们基于政治立场或为了经济繁荣，采取措施获得一定程度的保险以备政治或经济环境的变化。

中国最近的历史是那么不稳定，以至于每个人都得适应每一项政策的临时性。继 20 世纪 80 年代初出现的急速经济增长之后便出现了 80 年代中叶的明显缓慢，到接近 80 年代末则陷入了日益加深的经济危机当中。官方确保一种稳定的政治与经济氛围以追求发家致富的目标，但人们总是有保留地予以接受。除了三令五申总的稳定政策之外，80 年代在经济政策上也伴随着具体的变化，而且自 1989 年起呈现出普遍的经济紧缩。因为先前数十年的不稳定，也由于这种不稳定现象尚未有结束的清晰迹象，中国人已开始使其自身的实际活动适应这一时代的构造。

正如布迪厄（1977）在略微不同的理论语境下指出的，时机选择对于实施实践策略是关键性的。就了解一定行动最好时机的直白意义而言，这对于微观经济与微观政治的创造性活动都是适用的。在当前情境下，时间选择对于有不同持续时间的策略的有效相互协调也至关重要。即便哈勒尔（1985）将中国企业伦理看做旨在增强父系财产或母亲中心家庭的长期目标的观点是准确的，但这并不是仅注意针对长期目标就可以予以有效追求的一种伦理。

就当代中国而言，假如长期的企业伦理被定义为在两个临时方向上运行的话，那么，哈勒学的论点就更强有力了。其一可以被设想为父方继嗣或以母亲为中心的后代福利的长期改善。这在当前仅仅一部分是积累财产的问题,重要的是,它也是建立有助于给某人后代带来利益的政治背景与关系的问题。追求这一目标肯定需要采取适应不断变迁的政治与经济环境的长期策略。若干替代性的策略是有可能的,大多数都使冒险降低到最低限度。①

然而,追求长期策略并不排除采用补充性的短期策略。诚然,任何特殊政策较短的持续性都有利于那些能够快速利用一项新政策而不会对其长期处境造成不适当风险的人。就中国来说,不能采取短期策略相当于不能受益于任何政策,因为所有政策都是短暂的。较理想的是,从短期优势有效地转向长期优势。这在当前是可以实现的,比如,通过为子女获得非农户口,或采用中国农村更一般可行的方法,即通过获得足够的财富建立一幢或更多考究的新住宅。这是持久的而且不可能失去的实实在在富足的一种表现形式。

中国农村人当然具有用于经济活动的全部策略作为他们实际日常生活知识的一部分(哈勒尔,1983:219),即便公开表述这点是不明智的,然而,这实质上却是人们有意识的和共享的知识。这种文化语境对于解释中国农村人有拥护改革的许多热情很重要,尽管他们也积极地保留先前存在的集体制与社会主义意识形态的某些因素。

在 20 世纪 80 年代期间,由于得到官方决策者的一点鼓励,市场在中国被许多人看做是解决中国长期困难的经济问题的一种快速方案(见徐,1985)。重要的是要切记,早先政策的大众合法性——不只是 50 年代初的那些,还有延伸到"文化大革命"的那些——都牢固立足于这些政策促进繁荣和改善人民生计的目标与主张之上。经济改革利用人们普遍受挫的情绪,声称在那几十年中若采取了不同的经济政策就会取得更多的成就,而改革将提供这样的政策。

---

① 系统论述城市情境下的相关问题,见魏昂德(1983)。

对经济改革的某些信任并不是新鲜事,它只不过是从通过社会主义取得繁荣的早先希望转向了通过市场来取得繁荣的希望。追求这些政策的那些人是以超越他们自己社会实体的利益这么做的,特别是当启动和管理大规模乡村企业时,这些人可以有理由地宣称他们正在追求几乎无异于类似的集体经营企业的那种目标。80年代有关"社会主义企业家"的价值观,可能比最初假设的内在矛盾要少一些。①

然而,不管被裹挟到日渐无所不在的市场之日常运作中的中国新企业家和一般公民的周遭环境与动机是什么,较大商品经济的结构与动态正间接但有效地转变着整个社会的经济基础。正因为这个缘故,小商品生产和小资本主义生产的模型才被用于这一分析。中国当下转型的决定性力量偏重于同他们的生活成为本研究主题的农民有巨大社会差距的东西。他们必须在这一转型所允许的可能性架构内建构其生活。尽管农村企业家是这一业已改变的社会领域中的一股力量,并且他们是这一转型的积极能动者,但是,将那种转型呈现或视作由农民企业家的行为所驱动,则完全是误导性的。

农村企业家本身带有若干不同的特性,一些人比另一些人更接近于"社会主义企业家"的官方理想。农村存在着阶级重构和初始阶级冲突的种种迹象。随着企业家的赢利变得公开化和公然合法化,当企业家为其利益而工作的单位变得更狭小之后,同社会主义模型的偏离也就更明显了。在单位仅是小型以户为基础的企业的地方,就像大多数企业那样,其情形极其类似于一个传统农民努力建立或维系家庭财产。而且,在以往十年更加商品化的经济情境之下,这种情形与(资产阶级)个体企业的相近之处已到了成问题的程度。强调按个人之外别的东西界定企业家和企业单位,即便只是以户为基础的,就像国定"专

---

① 对中国当代企业模型给人以启迪的早先讨论,见索林杰(1984)。

业户",也有助于突出这一政治上的困难和户作为一个经济单位的意识形态化的性质。

目前也存在着限制市场的各种因素。人们也有追求超出个人利益之目标的意识,尽管这通常只延伸到家庭及其后代。人们也有警惕现行经济成功紧随未来政策变化可能出现政治反弹的意识。这些变化在详情和时间上是很难预测的,但人们广泛地也许还普遍地认为这是不可避免的。这些因素有助于限制市场的范围并鼓励人们在市场活动过程中要谨慎和保密,但它们绝不阻碍普遍而活跃的市场活动。

当然,我认为,20世纪80年代以市场为导向取得的繁荣的暂时性,与其说是对活跃的市场活动的一种牵制,不如说是一种刺激。对所提供的机会将稍纵即逝的认识与现实,鼓励着人们最大限度地投身其中,并自发快速地谋取利润。政治经济确实极其有利于真正短期的经济活动,其中包括得不到官方认可的商业形式,①从中得来的利润可以被转化成更安全的经济或非经济"投资",从而可以受到保护。

由于这些原因,连同使数十年(更确切地讲是几个世纪)来得不到安逸或保障的农村人口发家致富的更明显的原因,向前奔向"富裕"和"先富起来"是不足为怪的。尽管有儒家思想的拒斥,财富是中国社会长久存在的价值观,人们再一次自由地培育这种价值观。他们勤勉地孜孜以求。他们寻求所能找到的任何经济手段,劳作极长时间,拉"关系",尽可能从事商业买卖,颂扬他们的成功或甚至是他们的希望,他

---

① 有两种未得到认可的最普遍化的商业形式可能值得特别关注。其一是以低价在一地购货,然后又在此物稀缺的其他地方以高得多的价格转售出去的做法。这里的问题在于这两种价格之间的差异可能远远超出了对交通和其他商业性花销的合理回报,因而导致了引起通货膨胀的压力。就社会主义工作伦理而言,以这种方法赚取的利润不能够被证明是对劳动的合理回报,或作为对额外劳动之价值的补偿。第二个严重问题是操纵控制性的计划经济部门同自由市场之间的价格差。通过"关系"在计划部门内以低价获得的稀缺货物可以在私有市场上以相当大的浮动价被转售。这一做法如同第一种受到了同样的抨击,并提出了国家干部与管理人员滥用国家部门职权的问题。

们在从前只限于最富裕农民才有的一种式样的新住宅里配上了精美的华饰。有关富裕的汉字或描绘富裕的画贴在庭院入口处的壁门上,已成为山东农村新房的一个普遍特征。

在不断扩大的商品经济中,金钱非常受人重视,并引起了有重大影响的论争。① 在普遍(但也是普遍违反)不情愿公开谈论金钱的背后,人人都赞同人们在所有互动方式中明显将金钱考虑进去。这在直接商业性的情境下,较之在某些其他文化下,或许是个更为复杂的主题,因为商业规范并没有完备地确立起来,在做生意上仍有一些不确定(以及缺乏信任)的重要领域。在农村生活中,商业与非商业生活的诸方面是不可能严格分开的,商业性领域已有所增长。

金钱及正在发生变化的有关金钱的规范与实践,是中国农村日常生活中有重大意义的一部分,这也是人们对此有非常强烈情感的东西。货物的价格是否成为一个常谈不厌的话题,标志着人们对金钱的关切强度。这一关切还更强烈地体现于在金钱可能是潜在的争执根源的场合,人们不愿意谈及钱。获得并拥有金钱的重要性以及一个人有更多钱可能同其他人钱更少直接相关的这一事实,都成为人们过多地谈论有关金钱的小事(不同市场中西红柿的价格)和在极为重要的情境下(工资或薪水等级)甚至不愿提到钱的问题的理由。②

金钱象征性地表现了严格意义上说是经济渴望之外的东西,而且通常还使后者的实现有了可能性。人们不必低估经济的重要性就可

---

① 对于追逐金钱的某些消极面的探讨,见谢德辉(1989)。
② 1989年,我发现某些工人和管理人员似乎真的不知道他们的报酬是多少,只是等到季度之末或年终领薪时才能搞清楚。这一现象的部分原因当时贫困与不稳定的经济状况和某些企业给其员工支薪的不确定能力显然有关。这同人们尤其是管理人员方面不愿意打听钱或似乎不关心钱明显有关。

注意到,许多或大多数中国农村人被强烈地吸引到商品生产体系之中,而市场也有了其他非常重要的源泉。就权力的转移而言,改革的含意是错综复杂的,它们正在实践的过程中被塑造。改革将大大削弱国家总的权力似乎是极其不可能的,但它们正以某种深远的方式重构国家权力。向市场进军在一定程度上削弱了政府行政机关和某些官僚机构的独断权力,普通农民经历了这一变化,因为他们自己的个人自主权有了极为理想的增强。这是基于直接政治与经济现实的物质上的变化,但较之已讨论过的以收入为取向的优势,它有略微不同的性质。改革的倡导者强调改革项目的这一方面,这也是深受大众欢迎的方面。与此同时,改革的市场取向已为许多干部和前干部创造了有吸引力的机会,因此,他们的利益未必受到前者的威胁,他们也并非总是反市场的。

一般农村居民在其生活中赢得更多自主权仍是个公开的问题。他们获得的自主权可能比所希望的要少得多,但那种希望本身以及与改革运动伴生的在这一方向上的变化,是这一文化领域中的强大力量。在经济领域中,置身于以户为基础的企业中的农民,可能劳动得非常辛苦,但较之在其他大规模的经济组织形式下劳动,他们更愿意为他们自己及为其家庭的未来福利而努力劳动。① 他们的积极肯干实际上可能是极度自我剥削的一种形式,但在更自主的氛围中自发劳作的这股力量有助于在农村为改革运动奠定大众基础。这种对自由的寻求已得到了公开承认和鼓励。尽管自由的思想与资产阶级的兴起之间存在着历史和潜在的未来联系,但它没有被拒斥为是资产阶级的。相反,人们有可能将这种政治上的寻求界定为对"封建的"中央集权经济统治与官僚作风的普遍抵抗,从而被当做支持"社会主义的"一

---

① 在这个方面,同台湾家庭企业形成了有趣的对照,见尼霍夫(1987)。

种倾向。

由于诸多原因,商品经济给中国农民提供了与悠久且根深蒂固的价值观产生共鸣的许多东西。关于社会主义内部商品经济之作用甚至是中国近期叫做"社会主义初级阶段"的一些问题依然是很成问题的。这些问题涉及经济组织的国家与国际各级。其决定性的力量在很大程度上超出了这项农村研究的范围。①

本书所讨论的商品生产包括下列各类生产的延续与变异:手工业、工匠、在家做工制、②经济作物的生产、庭院蔬菜生产与家畜饲养以及规模相对小的商业。这些是很久以前在中国村庄就能够被发现的所有活动,它们是农民谋生的各种策略中必不可少的成分。费孝通(1983)早就指出了农民非农生计来源的重要性。即便在集体化时代,这些活动中的一些特别是庭院蔬菜生产与家畜饲养也是受到鼓励的,但被限定在一定范围内,并处于否认其产品是商品的情境下(克罗尔,1982)。当然,这些产品中的相当一部分是在户内消费的。比较理想的情形是,其余的部分按计划生产,并通过控制性的渠道来销售。

处于集体经济边缘的以户为基础的生产是集体化时代妇女经济贡献特别重要的组成部分(沃尔夫,1985)。这就引发了关于改革影响农村社会性别劳动分工模式和妇女与男性相对经济地位的问题(参见安多斯,1981;克罗尔,1982,1987b 和达文,1988)。同时,改革也提出了阶级动态的问题,并引起阶级动态的变化。

---

① 关于时下中国农村小商品经济能否同被视为国家经济增长所必需的较大规模商品生产融合的程度,在中国确实引发了一些问题,并引起了人们的讨论(林立,1988)。这一性质的问题处于本书直接关心的问题的背后,即一般农户与专业户户一级的商品生产活动。

② 在家做工制(putting — out system)是商人为农户提供物资,而后者向商人提供产品的一种生产形式。在家做工制有别于较简单的手工业生产的地方在于它同商人资本有联系。

以户为基础的商品生产

中国的家庭商品生产现在是普遍的而非异常的。大多数农户都致力于某种自给自足生产和旨在满足国家税收要求的生产,但它们假如要满足其各种全部需求,特别是假如它们要达到一定程度的物质安逸或富裕的话,那么,农户就必须使自己涉足商品生产与交流。积极涉足商品经济,是20世纪80年代中国农村实现经济流动的更广泛存在并为人们主动寻求的手段之一。①

进入商品经济的机会因地区而异。尽管生活在中国较不利地区主要是内陆省份的人们,较之改革以前,可以更自由地流向其他地方寻求机会,但这种迁徙通常是暂时的,限于人口中的某些部分(主要是男性),而且通常比更富庶的家乡地区的机会更缺乏吸引力。山东的大部分地区很适宜发展商品经济。除了来自沿海与城市地区的连锁反应外,甚至一般的农村社区(除山区外)都享有相对有利的获取货物与市场的条件。

尽管我采用了对德州地区其他三个村比较短暂调查的数据,但本章的数据主要取自于张家车道、槐里和前儒林三个村。所有这些村都处于一个连续体的中间。较少涉足商品经济的相对孤立、贫困的社区是一个极端,位于发展中的沿海地区或在主要城市郊区极为富庶的村庄是另一个极端。所有这些村都比一般村要略微富庶一些。它们都有较弱的农地基础,这使它们特别依赖非农生产的发展。

---

① 某些其他途径包括当兵、受高等教育和当官。所有这些都是男青年或代表他们的其他人最乐意孜孜以求的东西。这些方面是通向权力、声望和非农户口的潜在途径,但比起直接投身于市场来说则是较不可靠的经济流动途径。当然,特别是考虑到同户而不只是同个人的关系时,这些替代性选择并不是相互排斥的。

得到更透彻研究的这三个村中的每一个,都有它自己可以追溯到1949年以前的涉足商品生产的历史。在张家车道,最值得注意的是以户为本、建立于在家做工制之上的丝绸纺织。前儒林有许多男性涉足了小规模的商业活动或当工匠。槐里也有工匠,并有面向市场的蔬菜生产的历史。每个村子在将农村非农职业(见杨懋春,1945)同在庭院饲养家畜等分散的家庭副业结合起来的混合经营上也有所不同。①

先前涉足商品生产的历史已融入到三个村中每个村的近期历史之中,但呈现了截然不同的道路。前儒林保存了集体,并极力阻止集体范围之外的商业活动,但同时也鼓励村一级的商业活动。尽管村里的商店被承包给了该村一个当过很长时间店主的人,所有其他村办企业都由村一级直接拥有,并由集体经营,或由村同村外实体联合起来经营。该村好几个年长男性因其既有的商业技能已被安排去为集体工作,他们被委任为村里更大企业的购销人员。

张家车道村民有经商经历的不多,而且,似乎并没有大批有经验的推销员。该村独立经商的男性只有几个,有一些销售该村主要厂的产品。有些人当工匠或店主。妇女中的一些人按照在家做工制生产网袋和各类线绳。村领导班子并没有因村里独立的生产与商业活动而感到忧虑,只是使它们无法同成功的村办企业相抗衡。村里一个1949年以前就致力于纺织业的男性被吸纳到该村发展纺织业的最初努力之中,但他现在已上了年纪,在20世纪80年代已不再涉足该村的经济活动了。

槐里在进入集体解体时代之时有更分散且规模较小的闯荡市场的经历,并且几乎没有什么集体资产。若干因素结合起来——解散集体的压力、有限的村一级非农经济基础、相当多剩余劳动力以及有利

---

① 将下面的许多材料同河北省的一个乡作对比,参见帕特曼(1989)。

的商业场所等,①都使它发展了一种强调小型家庭企业的经济。槐里以户为基础的商品经济将是这一部分讨论的基础,尽管所研究的其他山东村庄的小型家庭企业是相似和相关的。

槐里的农户在若干层面卷入了商品经济。最简单、最普遍的层面是面向市场的规模很小的家畜饲养与蔬菜种植,类似于集体时代的家庭副业。这个层面的活动在一般"农户"中很典型,在此处是指**非专业户**以便进行对比。下一个层面是拥有重要创收企业的个人或农户,但并没有使户中所有成员摆脱农业劳动,而且仅仅依靠户中自己的劳动力。这一类别是由**自定专业户**构成的,鉴于中国农村小商品生产的增长,后者成为我感兴趣的一个主要主题。在更高一级的层面上,一户的所有成员都脱离了农业生产,而且企业中可能还有一些雇佣劳动力。这些是**国定专业户**,当考虑到小商品生产和向小资本主义生产过渡时,他们是饶有兴趣的。②

经济企业的所有这三种形式在中国都被称为"商品生产",尽管第一类中规模最小的活动通常被更简便地用旧术语称为"家庭副业"。所有这三类都是日益商品化的经济体系的一部分,但变化最大的是规模较大的和在改革之前很难或不可能在家庭基础上开展的那些。对促进商品生产的强调有赖于后两类的进一步发展,但以扩大为市场而生产的货物数量的形式更宽泛地表述出来。这反映了从强调增加生

---

① 槐里远非山东省商业化程度较高的地区,也不靠近任何城市。它们所隶属的德州地区并不特别富庶,但它在转向商品经济上已做出了很好的调适。槐里的商业优势显然是小规模的,但它们足以大大增强村里的繁荣程度。槐里毗邻一条比较便捷的公路,同它紧挨着的一个村庄是一个普通市场所在地。槐里是靠近含 61 个村的一个大乡所在地的五个村庄之一。这个乡是个地道的农村乡,本身没有任何镇(这五个村庄群落也不可以同一个镇相提并论)。它距县城很远(骑自行车几乎要一个小时),从而没有处于后者的经济保护之下。

② 第三类中的户可能明显类似于村级集体企业。槐里的那些企业,除了一个之外,都太小了,不足以作这种比较。

产本身(暗指有关的使用价值)转向了强调货物的销售,从而强调它们的交换价值。

在相当大的程度上,被当做商品生产的东西与其说是**生产**的事务,毋宁说是**商业**的事务。许多最成功的家庭企业都特别致力于销售活动,这正是谋求许多最大利润之处。然而,中国正统政治话语的标准要求将表述的重点放在生产上。这一要求因下述事实而增强了:虽然一般的商业是合法的,许多商业领域的合法性值得怀疑但却盈利颇丰。生产与商业的合并也是可能的,因为许多经济活动涉及将这两者结合起来。这些包括一般的活动形式(为出售而养猪)和表明农户特点的较不普遍的一些活动,在这种活动中,商品生产是主要的,如食品的加工和销售(干面与芝麻油)。在较大规模上涉足商品生产的这些农户(按不同的标准可以被归入专业户范畴的那些)是本章的中心主题。

除了少数国定专业户,槐里每一户实际上都积极投入了在商品生产经济中处于边缘的某种形式的家庭副业。这方面最普遍采取的形式是在庭院里养少量家禽家畜。这是中国农村几乎很普遍的一种现象。槐里养猪的大多数家庭都受到的饲料供应的局限,这也是一个普遍化的限制性因素。前儒林和张家车道也养猪,但张家车道饲料不足,这里多数农户发现养鸡更为有利,因为鸡蛋可以自己吃或在当地集市上卖掉。猪和鸡是这些村最普遍饲养的家禽家畜,但其他家畜特别是山羊、绵羊、鹅等偶尔也被选中。

槐里 1989 年养猪的情况可以作为一个例子。由于猪的需求与价格不断上升,①已经养了山羊、绵羊或鸡的一些户转向了养猪。村里

---

① 槐里人始终关注市场动向,以便做出庄稼选择和其他各种经济决策。这是在农民和农村社会中很典型的。由于目前正朝许多农村居民尚不完全熟悉的日益商品化的体系转型,也由于 20 世纪 80 年代末市场的不稳定,这是需要稍加强调的。

人普遍认为养猪是个较好的收入来源。所得的确切钱数取决于某些可预测的因素,如季节性的价格变动和某些较不可预测的因素,如小猪仔、饲料和大猪价格的市场波动。1988年春天,重30斤的小猪仔,每斤约为1.3元,约50斤重的小猪仔每斤约值1.5元。6或7个月之后,一头300斤重的猪,到1989年初,每斤可以卖2.15元人民币。

所获得的利润主要取决于饲料的代价,既然劳动力的代价是不予计算的,人们就认为它几乎完全取决于饲料这一个因素。实际上每户都有养猪的现成劳动力,这种劳动力也许不能够被用于任何其他的创收活动。到1989年夏季,饲料的价格正在上升,这是农户养猪数量的实际限制因素,因为以购买的饲料来养猪在经济上是不划算的。

槐里一项普遍的农事活动(受制于庄稼的轮作),是在各户分得的土地上种冬小麦和玉米。小麦为农户提供了税收和粮食,而玉米提供了饲料。农户购买猪饲料只是作为对农户自产的供应物的一种补充。假如从每头猪带来的价钱中扣除饲料的代价(包括户内种植的),每头猪卖掉后仍有100—200元的净收入。① 因此,每户养猪的能力通常受到家里玉米生产水平的限制。1989年,槐里养猪最积极的一户一次养了9头猪,主要靠的是该户一个成年妇女割来的野草。重点致力于养山羊的一户亦如此,尽管小羊群是由那户一个老年男子赶到路边和溪边吃草。

简言之,养猪对于槐里居民是有吸引力的,但该地区在买得起的饲料供应上的局限性也妨碍了它成为有重大影响的发展途径。同样的限制也适用于其他家畜。鸡不怎么面临饲料的问题,但在抵御疾病上却很脆弱。这使多数农户只限于养少量鸡,很少一次超过20只的。

---

① 买来使之增肥的小猪的死亡率并不高。有一户偶尔提到猪死亡带来的损失。不像大规模养鸡,养猪总的来说被认为是一项安全的投资。

人们广泛开展庭院养殖业,这可以对户收入做出显著的贡献,但这里缺乏使之成为有希望的扩展途径的条件。这可能是家庭经济的支柱,但仅此而已。

　　槐里农户生产的另一种很普遍的商品是蔬菜。槐里的每一户实际上都从蔬菜生产中获得了一些收入,但其范围比养猪更加变换不定。槐里以前用作"自留地"的那块土地仍以同样方式被分配和种植。它现在被称为"菜地",但是除了增加的市场潜力之外几乎没有发生什么变化。各户几乎总是使用这块地来种蔬菜,以满足他们自己对蔬菜消费的需求,并提供一些额外的现金收入。

　　同家畜饲养相比,从蔬菜生产和销售中创造的额外收入较少受到同样的限制。种植的强度特别是每一年蔬菜作物的数量是变化的。假如在户中分得的主要土地上种的谷物或棉花较少,或者,该户还拥有(山羊和鸡在种蔬菜之前可能已占用了庭院,除非将它们牢牢关起来)可耕种的庭院的话,更多的土地可能被投入种蔬菜。蔬菜的商品生产是槐里许多住户仍有某种未充分利用之潜力的领域。庭院种植的适宜性是不同的,农户利用这一机遇的程度也不同。妇联发起的近期经济活动的焦点,是动员缺乏其他有利的创收机会的农村女性在其庭院中种蔬菜,并采取精耕细作的方式。

　　槐里的不同寻常之处在于拥有一种极有销路的香椿树。这种树的叶子是一种可食用的美味。槐里处于有利的位置来推销香椿叶,声称慈禧太后发现槐里的香椿是中国最好的——她只吃槐里的香椿。香椿的种植需要某种场所,从而要同庭院中的家畜和蔬菜争夺空间,但这种树并不需要大量照看。种植三年后便可出产可食用的叶子,所以,槐里最近增加香椿种植的有组织的努力,不久将导致生产的急剧增长。槐里的许多农户皆有香椿树,多数种在庭院,这仍是一项可以进一步开发的资源。它目前尚未对大多数户的收入做出意义重大的贡献,因为即便是有成熟香椿树的家庭,通常也只是选择有限的供应用于自己消费和送礼。

表4.1显示了农户这些小规模的商品生产形式中的变异。它提供了业已讨论过的槐里三类农户中1989年香椿树种植和庭院蔬菜种植的数字。尽管没有种植的某些个案反映了缺乏适宜的条件(如肥沃的庭院),或者庭院被用于养家畜或用于占用空间的经济活动(如生产芝麻油),此项活动的增加是可以实现的,特别是非专业户的香椿种植。国定专业户的情况则不同。这些户中只有几户能够在这些领域有所扩展,但他们更喜欢侧重于更有赢利的活动。更为普遍的情形是,这些家庭将他们的整个庭院都用于其专业化努力,从而不会有额外的空间;另一种情况是,假如该户既有商店,又有住宅,户成员实际上居住在附属于商店的生活区,只有很少住在他们自己的家中。在这些副业生产领域中,自定专业户的这一居间的范畴类似于非专业户的情况。

表4.1　1989年槐里按户分类的香椿和庭院蔬菜生产

庭院产品	户类型								
	非专业户(18)			自定专业户(13)			国定专业户(9)		
	Y	N	DK	Y	N	DK	Y	N	DK
香椿树	13	5	0	8	2	3	0	1	8
蔬菜	7	8	3	2	5	6	0	7	2

注:香椿是其叶子为可食用之美味的各种树。自定专业户是将它们自己非正式界定为根据户中商品生产的小规模形式而有所专攻的那些户。因此,这是介于非专业户与国定专业户之间的一个中间范畴。后者只包括基于在经济活动某个领域符合国家重要而成功的专业化标准而被国家正式确认为"专业化"的那些户。Y=有,N=没有,DK=不知道。

非专业户在商品经济中的活动不完全限于生产。多数成年男性在当地市场偶尔从事一些小规模的"贩菜买卖"。女性特别是青年未婚女性通常在一个邻村的市场上出售自己户中剩余的蔬菜。较大规模的商业也在农村出现,但通常同一般农户无缘。

至此所讨论的商品经济活动都不是表明农村经济重构的那些活动。因为这些活动如今出现在鼓励它们发展的政治情境之下,并且处于较过去有更大销售机会的商业情境下,因此一直存在着量化增长的空间。20世纪80年代,这一增长在槐里是显而易见的,尽管到80年代末当中国总的经济出现衰退时它也处于停顿状态。为了取得更大繁荣并使之建立在牢固的基础之上,像槐里这样村庄的居民们不只是要求提高为人们所熟悉的家庭副业的交易机会。80年代质性变化的重大机遇之一,是仍以户为基础,通过发展其他类型的经济努力,并通过在更大规模上开展这些活动,来转变以户为基础的经济。槐里代表村里的大量农户的利益特别鼓励这种经济选择。

槐里1984年分地之后,致力于某种类型独立的非农"项目"的户数有了迅速增长。1985年,38户有了他们自己的项目,到1986年有52户,1987年为81个,1988年是92个。到80年代末,经济条件已不利于开启新项目,尽管有少数的确仍在发展。某些户成功地从一种生意转向另一种生意,并有少数得到扩展的例子。大多数家庭企业设法坚持下来,尽管比80年代中叶的赢利更少而困难更多。

商品生产与商业这一扩展所涉及的项目范围包括:销售非主食的零售与批发商店;在路边摆摊卖日常用品(烟、酒、肥皂粉及糖果);经营饭馆与旅馆;制作假牙;修理钟表;修自行车;卖肉;拍照片;制作装饰性的镜子(画的);养蜂;加工食品(豆腐、干面、芝麻油);在循环的市场上贩卖衣服、鞋子和家庭用品;做衣服;(用拖拉机)提供机械化运输以及种蘑菇。这些活动中的一些可以在各种规模上展开;它们未必是整个户或甚至是某些户成员的专职活动。其他一些活动是那些只有投入大量时间与物质资源并使自己摆脱农业劳动(或最终达到那个阶段）的户才能开展的。后者即专业户，它们是正在崛起的农村商品经济中具有重大意义的新形式之一。

专业户

专业户代表了一种组织手段，人们借此将**某些农户**发动起来作为发展农村商品经济的一股势力。专业户是建立在同样的组织与意识形态支持之上的，即鼓励以户为基础的商品生产的更广泛发展，但它标志着趋于增强经济活动的专业化程度及增多面向市场的发展取向。

国定专业户的机制旨在利用经济上最强大的农户的活力。通过解散集体的机制和允许农户在市场氛围中展开竞争并取得富裕，这一政策成为通过使某些人"先富起来"来刺激农村经济增长的支柱。这是建立在专业户较之集体是更有效的企业单位的前提之上的。官方做出的假设是，它们的富裕将导致一定程度的经济增长，即便增长是不均衡的，也将对非专业户有"涓滴效应"。官方对这一方法的信任从物质上表现为，对于能够满足官方专业化标准的农户，政府通过一些（不同的）项目在经济上予以鼓励。

专业户最简单地讲是在某一特殊的农村经济活动中成功实现了专业化并已得到官方确认的那些户。某些国定专业户致力于农业，通常在相对大的规模上并在相当大片的土地上生产一种特别的庄稼。然而，大多数户都是在非农活动中实行专业化的，后者较少受到土地匮乏的局限，并且通常比农业更有赢利。专业化程度与经济成功对于被归入国定专业户的范畴是必要的但却不是充分的条件。国家再一次涉足界定农村的社会经济单位，特别是在改革的经济政策中发挥重大作用的那些社会经济单位，我们对于这一发现应不足为怪。官方确认的专业户与一般农户相比同国家有不同的关系——这一关系主要是从经济上表现出来的（通过不同的税收规定和获取国家经济资源的机会）。

除了界定专业户特征的这些总的原则之外，澄清专业户与非专业户之间界限的官方指导方针也确立起来了。这些界限事实上仍然很不明晰，但有一个例子可能有助于表明所采用的标准。中共中央办公厅农村政策研究室1984年10月13日的一项决定规定，国定专业户是符合下列标准的那些农户：(1)它们的大多数劳动力都侧重于一个专业化的项目，或者说这种生产至少占该户劳动时间的60%；(2)专业化中获得的收入必须至少占该户总收入的60%；(3)专业化生产的商品率假如是非农行业的话，必须至少占80%，假如是农业的话，至少占60%；(4)销售货物或提供服务所得的收入必须是该户所在县一般农户的至少两倍（"中共"，1985：1）。

不幸的是，对专业户的讨论与分析是不可能用如此清楚的术语来说明的，①因为有关它们的政策与统计数字一直很不确定并处于转变之中。尽管如此，这一现象总的规模及其在山东的相对重要性却可以由康罗伊1983—1984的列表清楚地揭示出来。后者表明中国所有农户的13%在1984年1月被确认为专业户或关键户，②而山东省的相应百分比在1983年6月是20.9%（康罗伊，1984：14）。当然，国定专业户比这些相当大的比例所揭示意义要重要得多，因为它们是这种以户为取向的商品经济中最富有、最具企业色彩的。

专业户的现象已提出了中国农村日渐增大的经济不公平的问题。

---

① 关于专业户或同专业户有关的文献相当多，尽管并非所有文献都同这里探究的专业户类型有关。涉及作为一种社会经济新形式的专业户的一些更好资料包括：康罗伊(1984)、宋林飞(1984)、周其仁等(1984)、克鲁克(1986)及克罗尔(1987b)。
② 国家界定的"关键户"介于专业户和其他户之间。这一类别已不复存在，在我所研究的地区似乎不曾采用过。

这是在中国境内得到官方与非官方公开承认的一个问题,尽管人们一般使用"两极分化"这一术语,但后者所掩盖的东西同它所揭示的差不多。两极分化恰当地甚至是强有力地表述了改革时代中国各地目前在极大程度上(但不是全部)正合法出现的财富上日渐扩大的差异。然而,无论就阶级或是社会性别而论,这个术语并没有以任何清楚的方式暗示或导致了对社会经济结构的分析。

1989年夏在我第二次来槐里期间,带着推进这样一种分析的总目标以及探究当地妇联使妇女更广泛投身于商品生产活动之影响的特定目标,我调查了家庭商品生产与专业户的情况。我那年样本中的40户包括了槐里农户那时正从事的各种经济活动。① 该样本特别包括了所有国定专业户(9户),样本中每户一个资格较老的成员被要求确认他/她的户专业化与否。拥有兴旺经济项目的户成员喜欢将他们自己确认为专业户,这促使我确立了自定专业户(13户)(但不是官方确认的)这一类别。剩余的各户(18户)很明确是非专业户。

我在40户的样本中也包括了女性在商品经济中特别活跃的所有农户(12户)和女性在该村政治生活中很活跃的所有户(6户)。后面这一类的女性是相关的,因为在每一种情形下她们的政治参与都是由在村妇女组织中的活动构成的,而这种活动围绕着增强女性对商品经济的参与。

正如村官员所说的,根据现行的当地标准,国定专业户在非农活动中是那么专业化和成功,以至于他们已放弃了分得的土地,并以支付非农业税取代附加给所分土地的农业税。按这些标准不包括很大数目说他们自己是专业户的村民,这就使我对官方界限的意义提出了

---

① 样本中的所有户至少有一人是能从事专职劳动的成员。依附性的户并不包含在这个样本当中。

质疑。然而,对数据的探究使我得出了这样的结论,即国定专业户同自定专业户之间存在着富有意味的差别,而这一差异超越了直接源于官方确认的各种因素。然而,这一界限至少按一个主要标准是有些武断的:村里某些富裕户并没有被官方定为专业户,本质上是因为它们仍旧大量涉足农业劳动。

表4.2中槐里的国定专业户是按村官员最初提到的顺序排列的。这一顺序似乎反映了按土地占有量来衡量的从毫不含糊确立的专业户身份到有些更边缘化的身份这样一个连续。表4.2中的自定专业户的序列纯粹是个很武断的排序。

表4.2 1989年槐里国定与自定专业户的土地占有与雇工情况对照

项　目	土地[a](亩)	雇佣劳动力[b]
国定专业户		
1. 饭馆	0	4
2. 镜子生产/饭店/商店	0	2
3. 批发	0	6
4. 批发/工厂经理	0.5/0.5	1(批发)
5. 假牙	3.5/3.5	0
6. 蘑菇	3.0/2.8	2
7. 旅馆/商店	3.0/3.0	0
8. 饭店	3.0/3.0	5—7
9. 缝纫/修车	1.5/1.5	2(缝纫)
自定专业户		
10. 商店	3.0/2.0	0
11. 商店	5.8	0
12. 面条	5.5	0
13. 鸡/猪	4.2/4.0	

续表

项　目	土地[a]（亩）	雇佣劳动力[b]
14. 养蜂	6.0	0
15. 拖拉机运输	7.2	0
16. 铝制商品的沿街叫卖	4.1	0
17. 商店/中饭餐馆	2.3	1
18. 芝麻油/商店	6.4	0
19. 芝麻油	5.85	0
20. 修车	7.6	0
21. 衣服零售	3.7	0
22. 建筑承包人	9.7	34

a 第一列的土地数是分给某户的总亩数。第二列数字是包出去的土地总亩数。

b 雇佣劳动力的数目是大约的，应被读作是最大可能的数字；大多数劳动力的雇佣因季节与商业活动水平而发生变化；只有极少数是全年雇佣的。

这些个案中的某些立即就会显得不同寻常或甚至是有些异常。按照土地占有的主要标准，户13应被划入国定专业户，我怀疑它在前一年是被这么定的。我在1988和1989年两度访问该户，在第一次访问时，它显然是很成功的户，已在该户庭院的储藏间建起了一个小型的但日渐发展的养鸡厂。这一企业在1988年达到顶峰时有1 000只鸡，之后由于小鸡供应、饲料成本及鸡生病等问题而停办了。到我1989年做田野调查时，该户主要靠家中一个女性割来的野菜喂养了9头成猪，而她丈夫正利用先前从养鸡中得来的利润寻求更有吸引力的商业机会。

这一例表明了国定专业户结构中的若干重要因素。有最牢固基础的是已断然放弃了土地的那些户。各户都谨慎地采取这一步骤，并喜欢在开始时将土地暂时包出去；做生意总是一项有风险的事情，20世纪80年代末的几年又适逢越来越不稳定与不利的商业气候。

最成功的农村企业家是能够密切关注商业趋势并能在最有利的

时机从一种努力转向另一种的那些。户 4 因在批发业中起步较早很快就成为槐里最富裕的农户之一,但到 1989 年,这户放弃了批发业(数量与盈利都在下降)。该户的丈夫已出任一个厂的经理,而妻子则从做生意中告退,并通过将她的时间慷慨奉献给该村妇女组织的工作并通过给村民提供用于投资与个人用途的无息贷款来巩固该户在社区中的地位。①

其他国定与自定专业户最近也都有所变化,但在 1988—1989 年做出扩展决定(户 3 开了第二个批发商店,户 7 开了一个旅店)是有风险的,可能证明比其他户所选择的收缩更为不利。户 10 有个零售店,在最近一些年有了扩展(成为一个商店)。零售是个竞争激烈的商业领域,只有较低的利润率。所以,这家店在不久的将来得到进一步扩展的可能性不大。户 9 是村里有技能的裁缝,最近一些年由于市场中成衣的增多以及商业方面总的下滑,其生意量一直在下降。她自己对此的反应是少雇学徒。

雇佣劳动力是个意义极为重要的因素。这在多数情况下同国定与自定专业户之间的区分是相符的。这方面很显眼的异常情况是户 22,要不是该户的专业化活动完全依赖其丈夫的话,它非常有可能被官方确定为专业户。这户的妻子对家庭收入做出了重大贡献,她自己几乎完全独揽了大片的土地上的劳作。鉴于传统的社会性别劳动分工模式,她不能够充分参与该户性质特殊的专业化活动,也没有做出像户 4 的妻子所选择的早退抉择。

户 22 雇佣了许多劳动力(最靠近之季节最大值的一个近似数),这与其说是其经营规模的一个指标,毋宁说是由它的特殊性质所决定

---

① 不像村里其他试图在不同程度上隐瞒其财富的非常富有的各户,这一户的显性消费达到了惊人的程度。一对看家狗和一个较大的家庭保险箱补充了书中所揭示的事实上是必须的"社会保险"形式。

的。这个家庭企业本质上是建立在户主自己作为一个木匠和他组织能力之上的劳动力承包制企业。他在他的企业中没有什么可调用的生产资料或资本,所以它并不严格符合资本主义企业的定义,即劳动力同生产资料被生产资料的所有者结合在一起,后者从而能够占有他所雇佣的劳工创造的剩余价值。相反,他的企业同参与建筑的劳动者严格订立合同。打算建房或店铺的当地人自己购买建筑材料,并将他们自己能够调动的劳动力资源都利用起来。剩下的活包括技术性的木工活和泥瓦活等,则承包给像这个男性这样的某个人。后者似乎包揽了该村所有这种活计。这个承包人根据现有的合同雇佣熟练与非熟练工人,报酬是从定约方得到的,对工人的付酬受制于这一条件。他从不预付材料或工资。他雇佣的男子都可以在别处再找工作,但同他呆在一起有可能得到越来越可靠的工作。所以,他提供稳定就业机会的能力和他自己当工匠的职业是他企业收入的基础。这比他作为一个独立的木匠挣的收入更高,但同商品经济中更纯粹的商业部门获得的利润相比可能还不那么有利。

槐里雇佣了劳动力的其他雇主则更直截了当地致力于小资本主义生产而非小商品生产。劳动力的雇佣和占用剩余劳动是生产或商业性资本主义企业的经济生存中固有的,那些企业中的每一个都有雇佣劳动力所依赖的生产资料。这可以再一次参照表 4.2 中似乎是异常寻常的一些户来加以说明。

户 17 是特别说明问题的,因为其企业是由女户主经营的,她丈夫在村外有非农职业。这个非常小的零售店是不定期营业的,正如这种小小的活动通常所遭遇的,它并非很有利可图。它在极大程度上靠这个女性上了年纪但依然能干的父亲来经管的,后者每年中有一半时间同她住在一起。最有趣的是她季节性开张的午饭餐馆。她利用了她家挨近季节性充当棉花仓库的一块露天空地的地利上的企业优势。

在棉花搬进运出这个仓库的季节里,她雇佣了一个半日制的厨师,并将店铺改成午饭餐馆,为偶尔被带到她家门口的人们提供快餐。这个女性本身是这家商店和午饭餐馆背后的主要企业经管者,但她没有任何特别的技能,除了从管理的意义上讲,她也不在这两处劳动。这一户在经济特性上类似于雇佣了劳动力的国定专业户,但它的企业非常小,该户还在土地上劳动,而且在争取更加富裕的多元化行动中充分利用了庭院蔬菜生产。

除了两个例外,所有国定专业户在其企业中都雇佣了劳动力。户7没有雇佣劳动力,但是假如它最近扩充的旅馆的所有空间都被利用起来的话,那么,它就不得不这样做了。其旅馆与小店的现有规模都没有超出该户利用自己的劳动力就能够管理的限度。其他没有雇佣劳动力的国定专业户是户5。这个企业完全依靠该户一个女性的技能。她曾受过其父亲的培训,并当过若干年的制造假牙的学徒。她依然承接相当数量由她父亲签订的合同,目前尚未能招收学徒,尽管按当地商业的标准允许她这么做。该户设法有所扩展,因为她丈夫已经自学拔牙,并推销其妻子的产品,而且为她干一些技术要求不高的活,但这个企业过于依赖有限的专门知识以至于不能依靠雇佣别的劳动力(明显有别于建筑行业中雇佣劳动力的潜力)。

槐里某些户特别是国定专业户中劳动力的雇佣表明了从小商品生产转向小资本主义生产的质性变化。雇佣了劳力的户正将资本主义关系直接纳入其生产(或商业)企业之中,因而不只是在再生产的领域涉足资本主义关系。村里和农户本身并没有对这一转变做出什么评论。中国当前讨论商品经济的术语并不包括这一区分。在尚未远逝的过去,甚至是参与小商品生产也有可能并一直被谴责为是资本主义的。雇佣劳动力的这一步骤在村里似乎被看做是扩展企业的事情,也许还是减轻了户成员(特别是女性)一些劳动负担的事情。没有任何迹象表明,人们有意识地决定促进这一质性变化,尽管家庭项目的增多和商品经济的健康发展被认为有助于发家致富而为人们所接受并受到鼓励。

表4.2显示了在槐里发现的家庭商品生产的若干特征。不像其他一些地方的情形,这里没有任何侧重于农业生产的国定专业户。这同可耕地严重匮乏和明显的劳动力剩余的这一相对普遍的农村困境有关。槐里商品生产策略的核心是促进以户为基础的非农项目,后者可以利用失业或不充分就业的家庭劳动力来增加家庭收入。虽然我在县乡各级听到过官员希望调节土地占有量使之趋于集中的某些评论(以便使某些人有更多土地,而其他人则有较少的土地或没有地),但槐里几乎没有朝这个方向发展,也没有任何迹象表明这是村经济政策的一个主要目标。

然而,没有人强调国定专业户是户外剩余劳动力的雇主。这些户创造的就业机会就雇佣的人数、工资或保障而言都是微不足道的。诚然,从村外雇来的那些人中的许多人(一些同雇佣户有母方关系),除了熟练工人外,都是年轻的和临时性的劳动者。那个建筑承包人确实为许多人(其中一些是槐里居民)提供了稳定的就业机会,但他的企业可以很容易被村本身接管,就像张家车道和前儒林的类似建筑队那样。在村一级,槐里的确经营着另一个技术要求不高的劳动合同制企业(搞运输的)。它吸收了村里许多较无技能的剩余男劳动力。简言之,专业户得到支持并不是因为它们创造了就业途径,而是因为创造了个体就业的渠道。①

---

① 其他村的一些国定专业户事实上确实经营着在农村小厂中雇佣了大量工人的企业,其中一些是如今被承包出去的原集体企业。一些是从较小的以户为本的专业性企业中独立发展起来的。这一替代选择在传媒中有了大量的报道,至少在我1988年进行过短暂访问的靠近槐里的一个村中存在着。槐里在乡村工业上的首创活动是由村里发起的,规模相对较小。

国定和自定专业户的成员很坚定地谈到他们不曾得到官方在商业上的任何鼓励。就以前援助国定专业户的特别供应物不复有效这个意义上讲，这显然是真实的观点，也是很准确的。这些农户认为自己在经济上主要靠自己，尽管他们没有用那么明确的术语说出来。国定专业户同其他农户相比甚至有可能处于更不利的境地，因为其身份使之更难逃税。①

　　然而，商品经济在村一级得到了有重大影响的直接与间接经济支持。间接支持覆盖了村里所有农户，但不成比例地偏向那些有非农项目的，除了向国家交纳农业税之外，这些村民可以免去所有其他的纳税义务（少数无地户以付非农业税取代农业税）。该村靠来自小企业，如谷物碾磨厂和饭馆的收入来支付其所有开支。这两个企业或由村里直接经营或承包给村里的住户。这就鼓励了村里所有农户致力于商品生产而又免于村里课税。至少从正规角度看，这是对农户致力于商品生产一种经济补贴和鼓励。村领导就是这么说的，但任何农户都不曾提到这点。

　　一种有重大影响的直接补贴形式得到了一些获得补助的农户的承认。选择投资于将处于村与开通的公路之间的一条深沟改造成商业性场所的农户，受益于村里负担70％开发费用的举动。到1989年，几乎所有这种有希望的商业性场所都已被开发，只有少数位置不佳的沟尚未填上。利用了这一机会的农户总的来说被认为是受益的，尽管他们对这一主题的评论较少涉及到补助，而更多地谈到它们较早占领了有价值的商业性土地。农村企业家可以极大地受益于抢在其竞争者之前成功地冒险进入一个新领域。这种说法是准确并且得到广泛

---

① 逃税在中国农村颇为风行。它的非法性几乎被看作是一种细枝末节的小事。人们并没有明确否认其逃税行为，而且其中许多还相当公开，但各户通常不告知它们成功逃税的确切程度。

承认的。

不管对村里的经济领导承认与否,很显然,槐里的领导人,决定不扩展村本身的经济企业并放弃税金以有利于允许和鼓励农户使用那些资金建立他们自己的家庭项目。村里保留了集体时代遗留下来的一些财产和组织基础,这使它得以直接补助(在少数情况下)或间接为不能利用这一政策的农户寻找工作(在更多的情况下)。槐里的经济发展以符合国家经济政策与趋势的方式激发户一级的大众首创性活动,尽管它还保留了集体安全阀的一些因素。①

表4.2中所罗列的一些企业在它们所代表的经济活动的类型上很惹人注目,换句话说,采取这种商品生产策略的生产活动明显很少。人们所涉足的经济活动主要是服务性与商业性活动。大多数例外的情况都同有某种特殊技能的人有关,而且通常都是从其中一个负责人的父亲那里传承的,比如像制作假牙(这个女性的父亲选择既培训女儿,又培养儿子)、生产芝麻油和做木工活的都如此。该村唯一的养蜂人通过生活在另一个村的她妹妹的帮助学会了这一技能,并创办了她的企业。女裁缝和装饰镜的绘画者都有异常娴熟的手艺,尽管他们不是在家里学会的(但后者现在正培训其儿子)。生产企业创办中最有趣的一例是,一个青年男性听说山东别处开设了一门讲授商业性蘑菇种植技术的收费课程,他便前往听了课,此后一直非常成功。

除了这些例子和类似于家庭副业的较简单的商品生产形式,村项目的商业重点同槐里靠近一条开通的公路、一个普通市场以及乡所在地的相对有利的位置有关。这也同商业比生产更盈利的这一事实有关。商业环境的波动、商业与生产的特定领域之间的差异往往掩盖这

---

① 这些因素包括福利基金(为那些因家庭冲突而无家可归的人提供住处)、某些机器(打谷机)和创造就业机会的组织设施(运输队和一个昙花一现的纺织厂)。槐里只有最低限度的教育资金,集体保健也已不复存在。

一现象并使它变得有些复杂化了,但这一概括确实在这里是适用的。从自己的劳动及其产品销售中获得的利润极少能够同敏锐地购进并转售出去相比。更大规模的农村工厂当然可以创造大量利润,但这些要求有更多的投资,后者却是槐里的农户承受不起的。槐里最富裕的户是已证明特别熟谙商业的那些户。最近的经济状况尤其是1989年的情况,导致大量农村工厂纷纷倒闭,这对于在商业上业已取得繁荣的家庭转向生产就不再有任何刺激了。

最大的利润事实上并未出自任何这些合法的专业化努力。相反,它们是有风险但一旦获得成功就有较高利润的稀缺高价值商品交易的结果,特别是像木材(用于建筑的目的)、化肥和杀虫剂等。所有这些商品皆供不应求。尽管它们可以在自由市场上被买卖,但这些商品的许多生产和销售都受制于国家部门的控制价。从国家部门获得任何这些物资再到私有市场去转售就可以获得巨额利润。这一做法是从计划经济向市场经济过渡和在某些经济部门维持一种双轨制(国家和私有)的努力中,困扰中国的最严重的经济问题之一。

尽管中国大家都认为这一做法导致了严重的问题,但是他们也同意,除了通过创造这些特高利润的渠道,要购买必不可少的或者说非常想得到的货物通常是不可能的。这一经济活动领域是灰色的。它不完全是正当的,但由于国有企业的许多产品作为授予国有企业自主权的一部分现在是可以出售的,那么,从事这种交易就是合法的。灰色的领域是那些通过拉关系得以进入该有利领地的那些领域。在这个方面成问题的商业活动引起了争议,但市场上所有带有这一特性的商品并不都是合法的。尽管有这些方面的考虑因素,致力于这种买卖的男性还是颇受人尊敬并有声望的,这既因为它带来财富,也因为展现了他们从事商业交易的能力。

在20世纪80年代末,槐里有这种性质的多数交易都涉及木材。

在中国,适合建筑目的的木材非常稀缺,远远供不上农村建房引发的巨大需求。做木头生意的男性可能同时也兼做化肥的生意,尽管后者赢利少一些。杀虫剂也是人们有可能从事的买卖,尽管同我交谈的人中没有人说他本人做过这种买卖。我1989年样本的40户中有8户的男性说最近做过木材生意。一些人自愿提到在20世纪80年代中叶做这种生意要更容易一些。这个样本中有较大数目的男性有可能在早些时候涉足过这一行当。在肯定涉足过这一商业活动的8户中,有两户是国定专业户,一户是特别富有的自定专业户。除了一户之外,其余各户都很富有;这一例外是被较富裕的有父系继嗣关系的一户带入这一行当做为合伙人的较贫困的一户。

这些户的专业化项目同木材买卖之间不存在什么联系。然而,做这一生意是需要商业技能、关系及资金投入的,所有这些因素都有利于在经济上获得成功的户。涉足这一生意的8个男性中有5人是现任或前任的干部,一个以上通过在村外的就业建立了相关联系。在进入这一生意场方面,关系超过了投资资金。然而,这并不是任何这些男性一项固定与正规的活动。进行这种商品的交易往往需要进行一次或数次交涉,以便从远离该村的通常是外省的供应者那里一次性运来相当可观的货物。男人们个别地或以特别合作关系从事这一买卖,但这并不延伸到其他经济活动中的合作,也未必将亲属囊括进来。涉足这一偶尔交易(这是当地商业活动的最高点)的都是中年男性。这是长途交易通常只限于男性的更宽泛模式的一部分,但它还进一步局限于有关系和有现时商业知识的那些男子。

偶尔冒险进入这些有利可图相对大规模的工商业活动,是专业户正在崛起的部分经济背景,尽管没有任何必然的或可论证的联系说明,这种冒险活动可能是投资资金的一个来源。① 这类交易是专业户在其中运行的社会主义商品经济中的一个有重大影响的因素,但这对于专业户的运作在极大程度上是外在的而不是内在的。然而,值得强调的是,中国农村的商品化不仅涉及以市场为导向的经济活动,而且包括同残余的集体与国家部门相连的活动。这些部门之间的关系对于农村商业很重要,正如它对于城市和国家经济的重要性一样。

大规模政治经济的变迁使家庭企业得以运转但也继续制约着它们运行的条件。但是,并不是所有家庭都处于同样有利的位置有效地利用这些新机会的。户之间存在着若干相关的差异。

干部或前干部身份:学术文献中对于现任或前任干部在农村商品经济中的优势已有一些关注(戴慕珍,1989)。槐里的证据倾向于证实,**某些**干部在经济改革过程中已成功地将他们以前的政治地位转化为经济领导权或优势。然而,这一经济优势采取的形式是不同的,其中包括继续就任干部,担任工厂管理工作以及从事像木材等稀有商品的买卖。

现任干部的身份同经营像槐里那样的成功的家庭企业事实上是不相融的。开办了一个日益壮大的家庭企业的一个30来岁的男子担任了次要的领导职位,而他在被推举为已上了年纪的党支书(该村最主要的官员)接班人的问题上遇到了压力。② 他发现这一要求很难同他很耗时的家庭责任协调起来。村里的其他人评论说,他要兼做两者特别困难,因为他非常能干的妻子是个文盲,所以不能完全取代他来

---

① 许多国定与自定专业户说,它们以不多的储蓄或很快就偿还的借款起步,而后用企业所得之款逐步建设其企业。然而,这些和所有其他户的许多收入都被用于消费——改善生活水平,盖新屋以及如今非常可观的婚礼开销。如何使专业户的较大一部分收入转成投资的问题是一个全国性的政策关切事项。
② 从正规角度来说,村长是职务最高的村级官员,但全国经久不变的惯例是,党支书是事实上的最高领导人。

管理企业。具有重要意义的是,他是槐里面临这种处境的固定或自定专业户中的唯一一人。这种户更普遍的情形是户中含有前干部,例如,一个男性担任会计有 20 余年,他现在正经营批发业,但现有数据不足以得出超出这一转变成为可能的任何结论。①

特别行业或技能:这是极其有益的。某些行业受到了较长学徒期和有限获取机会的限制,这可能取决于是否出生于经营此业的家庭中。村里假牙制造者和木匠的情况皆如此。这两人有一样的家庭背景,即在政治环境允许之时经营此业,并在为期数年的学徒生涯受过其父亲的培训。槐里的芝麻油生产者也都说通过父系继嗣关系学会了这个较简单的技能。生产芝麻油在技术上的要求不如做生意,但的确需要技能和设备;取决于现时的价格(在 20 世纪 80 年代末非常有利),它可能是相当有利可图的。

其他一些技能可以通过将较短暂的教育、阅读有关书刊以及同实践相结合来获得。就槐里而言,这些包括养蜂、种蘑菇及民间牙科。该村少数行家在知识更广泛传布的领域(如缝纫、修自行车、开拖拉机)从业,所以,他们的企业有赖于比通常更高的技能,而且在不同程度上取决于比别人拥有更多或更好的设备。槐里的拖拉机拥有者—驾驶者有些是在集体化时代学得他们当拖拉机手的技能的。

企业家的才能:这是某些专业户特别是更商业化的专业户获得成功的一个因素。认定一个有前途的商业领域、并抢在出现竞争之前

---

① 这三个村没有一个存在着从干部转为成功的私有企业家的非常明显的例子。三个村中最成功的企业是前儒林和张家车道的村办企业,某些干部成功地成为干部型企业家。唯一广泛创办私有企业的村庄是槐里,它显得较不富裕。现任干部并没有或者说并没有深深地卷入企业活动。某些原先的干部相对成功些,其他一些人则由于伴随集体解体而出现的干部数量锐减而丧失了他们的职位。他们尚未找到获得经济成功的替代性方法。这些男性以显然不甚成功的方式维持一般的农村生计。这三个村并未显示出当代中国其他一些社区中发现的干部垄断企业的极端现象。

就进入其中是很重要的。同供应商特别是稀有货物的供应商、顾客、地方官员维持良好的关系以及敏锐的信贷管理(获得与给予)都有助于一个企业的成功,这些是当地在评估一个企业家能力时提到的一些因素。

企业家的才能向来特别重要,因为槐里专业户的壮大不曾依赖大量投资款项。这些企业中的每一个都以来自家庭储蓄或从亲戚处借来的小额资金启动(一般的只有数百元钱),并伴随由企业创造的收入而发展起来的。商业性贷款很罕见,而且到了20世纪80年代末实际上是得不到的。早先贷款的主要几例都有能够确保偿款的可观财产,如一辆新拖拉机或建立在较好的商业不动产之上的旅店建筑物。获得资金可能并不是决定槐里谁最先进入商品生产与商业领域的一个主要因素,尽管它在将来可能会有不同的影响,因为较之20世纪80年代农户之间已更不平等得多了,获得贷款也更难了。

教育:文化程度在槐里总的来说较低。文盲现象甚至在年轻的成年人中都很普遍。构成槐里专业化企业之基础的许多行业与技能都要求识字和认数,或者可以通过阅读为乡村企业出主意的无数出版物来得到提高。在较小的企业中记账是不完善或不存在的,但对于较大且更商业化的企业,如批发业和饭店,则是必要的。①

表4.3揭示了槐里40户样本中处于每户经济核心的成年夫妇②达到的最高文化程度。这一表格揭示,更高的文化程度可能是使一户

---

① 记账对于农村饭馆的必要性达到了可能难以想象的程度。它们的生意在很大程度上靠赊账经营,而许多赊账涉及打官方白条招待客人的官方机构,这有可能在一年或更长时间里都得不到偿还。这一规模上赊账的财政管理是乡村饭店面临的一个主要问题。

② 这一模式的一个例外是表4.2中的户21。此处的关键性经济数字是该户最年长的(未婚)女儿的。她取代其母亲和继父被包括在这些数字之中。总的模式的这一例外在下面的表格和讨论中均适用。

进入专业化生产或商业领域的一个因素。在这个方面,女性的教育水平比男性的更为突出。

表 4.3 1989 年槐里 40 户核心成年夫妇达到的最高文化程度

文化程度[a]	户类型					
	非专业户(18)		自定专业户(13)		国定专业户(9)	
	女性(18)	男性(18)	女性(13)	男性(12)	女性(9)	男性(9)
没有受过教育	10	2	3	0	1	0
小　　学	6	8[b]	8	11[b]	0	2
初　　中	2	5[b]	2	1[c]	4	3
高　　中	0	2	0	0	2[c]	3[b]
高中以上	0	1	0	0	2	1

注释:表 4.2 中户 21(一个自定专业户)的核心成年夫妇中有一个例外,这里的关键性的经济数字是该户(未婚)长女的。后者被放入这些数字之中以代替其母亲和继父。总体模式的这一例外在本章下面的各个表格和书中相应的讨论中均适用。

a. 就每一例而言,这些程度应被读作"这个程度上的至少某些教育"。更高一级的教育是三例教师培训和一例护理人员培训。

b. 这一类别中的一个人在当兵期间得到过进一步的教育。

c. 这一类别中的一个人还完成了学徒。

劳动:家庭规模较大被认为是早些时候更富裕的中国家庭的一个特征,尽管这种较大的规模可能被看做是富裕的结果而不是其原因,有人已就更大数目的劳动人口是否有助于家庭繁荣提出了问题(克罗尔,1987 b;周清,1988)。假如这里所考虑的三类家庭经济同财富、并同使财富成为可能的经济努力的类型有关的话,它们应能够在大小、劳动力及户规模与户劳动力的比率之间作个比较。表 4.4 揭示,所预期的关系在槐里并不存在。这可能同雇佣户外劳动力的现有选择有关。

表 4.4　1989 年槐里 40 户的家庭规模与劳动力情况

	户类型		
	非专业户 18	自定专业户 13	固定专业户 9
平均家庭规模	5.05	5.00	4.67
平均家庭劳动力	3.22	3.65	2.44
家庭规模同劳动力的比率	1.57	1.37	1.91

家庭类型：有人提出家庭类型是个因素，正如玛杰里·沃尔夫（1968）对台湾家庭研究的例子所揭示的，因为扩大（或联合）家庭可能更加能够在多种任务或努力中动员和分配劳动力。扩大家庭在所研究的三个村中的任何一个几乎都不存在，槐里存在着反对同亲密的父方继嗣进行企业合作的强烈情绪。这可能是最近几次在农业或非农企业中基于父系继嗣基础之上的合作尝试瓦解的结果。实际上，表 4.5 表明了一个逆向的趋势。

表 4.5　1989 年槐里 40 户的家庭类型

家庭类型	户类型		
	非专业户 18	自定专业户 13	国定专业户 9
核心	9[a]	7	8
主干	5	3	0
集积	1	2[b]	0
扩大	1	0	0
其他	2	1	1

a. 一户正在分家。
b. 两户正在分家。

劳动强度：假如户中没有更多现成的劳动力，正如已观察到的台湾奋力建立他们自己企业的家庭（尼霍夫，1987），他们是否增大了现有劳动力的劳动强度？对表4.6中每一户核心成年夫妇劳动负担的估计确实不支持这一论点。这方面没有任何迹象表明专业户的成员为了创业比别人劳动得更艰辛。另外，我也未发现非专业户某些成员特别是女性承担更沉重的劳动负担是为了使其户能建立他们自己的企业。相反，这是他们生活水平较低并需要比有兴旺项目的家庭在回报较低的工作上更艰辛劳作的一个指标。在不同类型的农户中，**女性之间劳动负担的差异是最为显著的**。

表4.6 1989年槐里40户核心成年夫妇的劳动强度估算

劳动强度	户类型					
	非专业户		自定专业户		国定专业户	
	女	男	女	男	女	男
	18	18	13	12	9	9
失业/不充分就业	0	0	1	3	1	1
专职的劳动量	3	13	2	8	4	7
沉重的劳动负担	1	3	3	1	3	1
双重负担	12	0	5	0	1	0
不确定	0	1	0	0	0	0
退休	0	1	0	0	0	0
早退	2	0	2	0	0	0

注释：失业＝没有工作；不充分就业＝远未达到专职工作的劳动量但又不是退休；专职的劳动量＝除约定俗成的休假日之外全年所有日子里符合当地标准的大量的但发生季节性变化的劳动量；沉重劳动负担＝比一般专职工作的劳动负担要重得多；双重负担＝既致力于家务劳动又从事创收活动，是专职劳动负担的大约两倍。退休＝不再劳动和处于或过了男女不同的退休年龄；早退＝不再工作但还未达到男女不同的退休年龄。

对这些数据的考虑强有力地表明，并不是在量化意义上获得劳动力决定了一户成功经营其自身企业的可能性。相反，明显的区别性因素在于是否**有优质的劳动力**。这一最大差异在这三类农户的女性中很明显。当这一观察同表明专业户中核心家庭占主导地位的数据结合起来时(见表4.5),这一论点就同第五章中有关家庭内部关系转向越来越突出丈夫与妻子之间经济合作的那些论点是相呼应的。当兄弟和其他父方继嗣不再受到偏爱时,或者甚至被回避作为合作伙伴时,夫妻的作用就获得了提升的意义。对维系户界限和有关家庭财政保密的强调,强化了这种伙伴关系。人们甚至有可能看到本书所表述的以母亲中心策略的转变,即通过强化夫妻的经济角色来排斥丈夫的父方继嗣。

表4.7是对核心成年夫妇的每个成员对一定家庭企业做出的相对贡献的评估。在某些情况下,圆括号内的内容反映了在农业中做出的补充性贡献(她们以前从事农业劳动,现在已由户中较年轻的成员取而代之)。减去稍年长的妻子退出劳动的两例和不能够进行比较的另外三例,还剩下17例。在9个国定专业户中有6户有**精明强干**的夫妻。在剩下的3例的每一例中,夫妻关系都是个突出的问题:户2是再婚嫁给一个鳏夫的没有什么技能的寡妇,处于类似于一个雇佣劳动者的位置。户8有个不识字的女性,她工作很努力,但人们公开谈到,由于缺乏教育,她拖了其丈夫的后腿。户5有一个力争通过自学达到同其妻子平起平坐的年轻男性,他对自己未获得成功颇感尴尬。

在自定专业户当中,只有两对夫妇具有这种有利的平衡,尽管5对以上享有更宽泛解释的互补性,即较少涉入家庭企业的配偶偏重于农业劳动。在这两例中,扩大家庭中兄弟之间否则应有的劳动分工在丈夫与妻子之间表现得很明显。

表 4.7 1989 年槐里国定与自定专业户核心成年夫妇每个成员的相对贡献

顺序号[a]	对家庭企业的贡献	
	妻子	丈夫
国定专业户		
1	关键性的	合作者
2	辛勤的劳动者	关键性的
3	合作者	关键性的
4	合作者	关键性的
5	关键性的	助手
6	合作者	关键性的
7	合作者	合作者
8	辛勤的劳动者	关键性的
9	关键性的（缝纫）	关键性的（修理）
自定专业户		
10	关键性的	助手
11	助手（农业）	关键性的
12	关键性的	（农业）
13	不清楚（处于转变之中）	不清楚（处于转变中）
14	关键性的	（农业）
15	（农业）	关键性的
16	退出劳动	关键性的
17	关键性的	非本地居民
18	合作者（农业）	关键性的
19	合作者（农业）	关键性的
20	半退休（照顾孙儿女）	关键性的
21	关键性的	不适用[b]
22	（农业）	关键性的

a. 这 22 户的职业是按表 4.2 中同样的顺序排列的。
b. 参见表 4.3 中有关户 21 的注释。

从表 4.7 中也可以很明显地注意到,女性对家庭企业做出了重要的、在许多情况下是决定性的贡献,而且,她们不只是担任从属性的或支持性的角色。在我列出的女性对企业的贡献是关键性的 8 例中,她们是企业重要合作者的,占 6 例以上。女性在与商品化伴生的经济重构中的作用,是需要更仔细关注的一个隐蔽的因素。

社会性别与阶级

女性在农村商品经济中的作用并没有完全被国家忽视。达文(1988)认为农村经济改革未明确关注农村女性利益的见解当然是正确的,然而,这一缺陷并不意味着国家对女性在改革进程中的作用没有任何兴趣。出于官方利益上的考虑,其动员的最明显形式一向是妇联这个网络。这一旨趣是错综复杂的,**既**同妇联是官方的、群众性组织的性质有关(作为党联系女性的一条纽带),**又**同妇联内部一种正在强化的观点有关,即她们有可能成为更女权主义化的并能更有力地推动女性的特殊利益。这两股利益交汇的基础是女性在商品生产中的作用,当然还有妇联自身在商品生产中的作用。妇联已转向明确而实际地倡导增强女性在商品生产特别是在以前的集体或国家经济结构之外的领域中的参与(特别参见梁维玲,1988)。

在这个方面,妇联是立足于集体化以前及集体化期间女性涉足家庭副业的漫长历史之上的(克鲁克,无日期;沃尔夫,1985;朱爱岚,1990)。不像某些女性参与发展探讨(women-in-development approaches),由于只着眼于生计与福利的问题,它们将女性的经济角色视为单独的并与经济活动主流脱节的(坎迪约蒂,1990)。这一探讨假定女性正在或应当从中心涉足时代的主导经济。就促进女性参与商品经济的可行性或功效,人们可以提出一些问题,妇联内部也正提出这种问题。然而,正如其中一个干部所观察到的,"商品生产并不是称心如意的,但也没有别的'出路'"。

参与商品生产在整个妇联各级得到了推展,尽管它没有得到所有人或者说并没有得到所有人的同等支持。经营自己的企业,是如今一些人倡导的各级妇联用来弥补国家提供的有限资金与资金削减的一种方法(王琪,1988)。这种官方位置的影响力受到妇联在农村功能弱化的限制。在乡镇一级,妇联一般只有一名干部。她们的许多时间可能都被安排去从事同女性问题无关的一般政治性工作。妇联对女性参与农村经济的影响因而只限于向参与商品经济的女性提供总的合法性论证与偶尔的支持(如培训项目),或限于发动女性方面的特殊努力。

在动员方面有一种这样的努力在这里是直接相关的,并对槐里和其他许多农村社区有直接影响,这即促进"庭院经济"的小规模运动。在1987年,这一运动在天津郊区农村获得了一些成功(王琪,1988),同一年,在德州地区也得到了积极的推动。这项活动是建立在曾经并依旧被称为"家庭副业"的女性业已确立并得到认可的角色之上的,但这试图通过增强明确面向市场的庭院蔬菜生产来实现。这一方法恰当地将庭院空间确认为可以有效地吸收越来越多劳动力的一种未充分利用的资源。它也可以被称赞为是对较贫困农户的经济需求有敏感性的一种探讨,这些农户往往缺乏现成手段来充分利用商品经济不均衡提供的机会。通过这一渠道,它旨在使仅有农业技能、甚至是相对贫困的农户能够更深入地参与商品经济,从而提高他们的收入。

这一政策可能也提高了女性在其家庭中的相对地位,因为通过这一小型活动女性对家庭收入做出了更大的贡献,尽管这不是该活动的主要主张或目标。面向市场的庭院蔬菜生产将不会导致农村经济或社会性别关系模式发生结构性变化也是很明显的。它**的确**特别提供了的东西是增加收入。增加收入在中国农村既是必需的,也是受到重视的,从这个意义上说,妇联同它们的工作对象当然是紧密相连的。着眼于收入也是对贫困者直接需求做出的一种现实而敏感的反应,对后者而言长期结构性的变化可能几乎不能为他们带来什么,而且前者还令被看做是超出农民控制之外,从而是有潜在威胁性的。

这一运动的成功对于少数已将其庭院投入集约化蔬菜种植的农户已是现实。槐里是这一小型运动的目标村庄。在促进庭院经济中它得到了比通常的帮助多得多的东西,一个县级妇联的干部为之投入了相当多时间。这个干部非常能干也有商业头脑,槐里被标榜为她取得特别成功的项目之一。所以,当我发现槐里的庭院蔬菜生产远未达到标准是很惊讶的。

其中一些原因是显而易见的。许多户有值得为之投入其时间的更有吸引力得多的经济手段。在这个方面,表 4.1 支持了庭院策略主要是为资源有限的户而设计的这一解释的。当我们去访问本该从事这种生产但没有这样做的家庭时,我的询问得到了两类主要的解释。其一是庭院的土质对于种蔬菜不甚理想。这同当地官员有关这个村的某些部分是最近一些年在良田上建造起来的、其他部分长期以来就是宅基地的解释是吻合的。尽管哪怕是宅基地假如有充足的劳力与物资投入也有可能变成蔬菜地,但这显然不被当做一种有吸引力的或能带来效益的建议。其他普遍提到的原因是,庭院蔬菜生产同饲养家畜不相容。这并不是指牢牢关起来的猪,而是指鸡、鹅、山羊和绵羊。家禽能够以某种代价关养起来,但山羊和绵羊则有可能构成更大的问题。在少数其他情况下,庭院日照不充足也被当做问题。

虽然村民们没有直接提到,但我要提出一个极有影响力的额外因素。这是隐含在涉及家畜的回答之中的一个因素。假如往日小规模养殖的家庭副业可以加以利用,或许还能提供额外的收入,较之通过集约化的蔬菜种植,它投入的时间和努力当然要少得多。"庭院经济"更大范围推广的一个主要障碍正是劳动力的这个因素。尽管在中国农民计算企业效益时并没有明确将劳动力视为成本,但劳动力不同调派的机会成本却是他们经济决策中的一个因素。集约化蔬菜种植(在这么小块的土地上若不精心种植的话就不会有什么产出)的巨大劳动力需求同养殖业相比也是必须予以考虑的。每天有点额外时间的几个户成员中的任何一人都可以抽出时间喂养少量家畜。这被认为在任何人的时间上都是微不足道的要求,以至于我不得不做出特别努力以确保在我调查户劳动时间分配时人们考虑到这点。

槐里对种香椿的呼吁做出的更大反应,证实了劳动力是因素之一的见解。香椿只在春天摘叶子时,间隔性地需要劳动力,并有可能在市场上得到较好的回报。当劳动力被考虑进去之后,特别呼吁女性投身于庭院蔬菜生产就成问题了。正如表 4.6 所揭示的,自己家庭中没有专业化项目的成年已婚女性,其劳动负担是很沉重的。在槐里,这一类女性中根本没有什么剩余劳动力。特定目标群体中较低的失业率(不充分就业)限制了这个在其他方面考虑得很周全的项目。事实上,我在槐里看到的最精耕细作的庭院主要是一个虽然上了年纪但仍然精力充沛的爷爷照看的。庭院经济的探讨可能在已婚女性没有充分就业的地区更有效,就像农村中较贫困的地区,只要这些地区离市场不太远。

从研究与商品经济的发展伴生的社会性别与阶级关系变化的视角来看,国定与自定专业户具有更重大的影响。这些农户代表了农村经济改革试图动员的正在崛起的社会势力;它们也体现了商品经济中某些隐含和明确的价值观。从最高层决策者(江泽民,1989)到各级妇联的观点看来(参见梁旭光等,1989),通过提高人的"素质"来促进经济增长和社会转型是改革政策的一个主要因素。在农村老百姓的眼里,有"本事",尤其是在商业和政治领域里"有本事"显然被承认并被看做发家致富的关键所在。

同这一强调相连的是,通过使以户为基础的经济活动较之在集体制之下有更多空间,决策者也努力利用大众首创精神作为发展的一项人力资源。在大众眼里,新的经济政策通过其促成的家庭与个人自主权的增加已获得了许多合法性,直接位于户之上的各级权力被相对削弱了。不管是从上面还是从下面来看,家庭企业的现象——特别是专业户所代表的成功的家庭企业——是正在浮现的农村商品经济中的一股力量和一个象征。

专业户规模虽小但却是在部分以市场为导向的基础上重构农村阶级关系的一个重要因素。将中国的阶级定义为纯粹经济的事务是误导性的,因为它实质上是由渗透于中国农村生活结构之中的政治关系所决定的。中国农村阶级的重组在非常大的程度上涉及有关乡村工业(国家、集体、合作性的或私人的)与农村国家结构的问题。以户为基础的经济分化的现象及其对阶级构成的影响必须放置在这一更宽泛的视野当中。

成功的专业户的崛起本身导致了财富上的直接不平等,而这有可能成为获取至少某些类型生产资料上的不平等。就目前而言,非专业户似乎并没有丧失土地的危险(尽管在有农业专业户的地区情况可能有所不同),但它们可以被看做处于丧失非农生产资料的早期阶段。当前,获取流动投资资本的机会不同,是一个更直白的事实。尽管农村经济仍在蓬勃发展,这是一个特别严重的问题,因为非专业户在极大程度上也失却了机会得到那些早就建立了家庭企业的那些人(其中一些人)可以得到的异常高的利润率。

农村商品经济的迟到者要超过已占据了一席之地的专业户谈何容易。结果,可以预测的是,不平等将进一步加深。从这个意义上讲,专业户从小商品生产转向了小资本主义生产,它们的增长将伴随着农村雇佣劳动者阶级的成长。只要这些雇佣劳动者保留了对农业土地的分配,正如他们现在的情形,他们不可能被严格称为无产阶级,但无产阶级化的趋势却是隐含于专业户的现象之中的。

专业户可能同国家也有特别的关系。目前这在槐里并不突出,但这是在任何时候都受制于国家地方和更高层面调节的一个因素。专业户在政治风向的转换中可能很脆弱,但就国家选择巩固农村以户为取向的商品经济来说,它们也是国家更多支持的潜在接受者。

当探究同户直接和内在相关的国家权力的一个方面——户籍制时。我们也可能发现同专业户身份的联系。在1989年槐里40户的样本中,有16个成年人有非农户口,其中10人是该村9个国定专业户中6户的成员;没有一人是自定专业户的成员;6人是4个非专业户的成员。对每个个案的研究表明,得到非农身份并不是作为国定专业户成员的一个直接结果,尽管两个最年轻的非农户口拥有者由于其家庭的经济成功可能在获得非农身份上得到过帮助。在其他一些个案中,非农身份是通过继承或通过在城里的工作获得的,同该户的专业化或非专业化身份无关,并且通常先于这一区分的存在。

这么大比例拥有更好户籍的人是国定专业户成员的事实表明,社会分化的各个不同方面是相辅相成的。专业户/非专业户的区分是相对新的一种。假如它继续存在下去,假如现今户籍身份的强大优势也继续存在的话,可以预测的是,国定专业户将不成比例地为其较年轻的成员获得非农户口。

社会性别作为一个因素进入了这一阶级重组的过程,因为正如前文所揭示的,夫妻的作用以及女性在夫妇关系中的作用,浮现出来成为专业户所享有的优势中的一个主要因素(同非专业户相比较)。女性们——不只是作为劳动者,而是作为有特别技能或本事的人——或由于其自身特殊才能,或由于她们充当有效的合作者,在使家庭项目兴旺发达上通常起了决定性的作用。鉴于女性以前在农村中的经济贡献比男性更均匀得多,而且比男性之间的分化少得多,妇女的经济活动范围已拓宽到作为一个独立的因素进入到户分层之中。

就已婚女性而言,这是最为明显的。她们结婚较早,目前往往在20岁上下,这实际上对于女性很普遍。再加上女性往往嫁到另一个村,这通常使离婚率维持在1%以下。这意味着女性的经济前途同她们嫁入的家庭是密切相连的。一个女性的生活及其子女的未来同这个家庭的福利休戚相关,因而她成年生活的许多时间都化在巩固这一福利上。

年轻未婚女性的经济活动有可能成功地打开通向非农户口和随后嫁出农村的门户,但这种情况寥寥无几。一个女青年婚前的工作经历不太可能在她成婚的社区中直接继续下去。例如,在娘家村当教师的女性从不曾在她们嫁入的村中谋得教职并非不寻常。假如有机会的话,大多数女青年婚前若干年会在工厂或服务部门劳动,并对其娘家财政做出了相当大的贡献。她们不太可能将这种工作中获得的资金或技能带入她们婚姻当中,尽管她们的收入有可能间接帮助其娘家提供充足的嫁妆。女性在农村经济中作用的有重大影响的结构性变化,取决于她们作为成年女性在其大部分生活中所承担的角色的变化,而不是靠她们年轻时只是暂时得到的机会。

然而,青年未婚女性是当代农村劳动大军中的一股强大势力,较之未婚男青年,她们有相当多理由被认为是更好的劳动者(人们对未婚男子寄予的希望相对较少)。例如,一个在该县别处农村工厂劳动的女青年被叫回家投入她家里日益壮大的面条企业中。她同她母亲一道,成为该户主要的面条生产者。她家人已为她订了一门婚,以便她能为家庭企业劳作更长时间而又不至于害她找不到一个佳偶。

另一个青年女性就更不寻常了。她是当地农村市场上一个成功的成衣零售者。由于已婚和未婚女性都在当地普通市场上做买卖,因此这本身并不是一个新奇点。新奇之处在于这个女性连同三个同她一起旅行的年轻女性,必须定期到邻近的河北省石家庄市去采购货物。这从下面两个方面来说都是不寻常的:女性通常不从事长途买卖(只有结伴同行的旅行才是合乎体统的和可行的);女性通常也不在自己户之外开展经济合作。

这一小群未婚女青年的活动反映了槐里女性之间经济合作的仅有例子并不是偶然的。① 她们为之努力的这项活动可以以较小的投资来启动,她们娘家的财产将不会像直接或完全调拨给已婚妇女那样交给她们使用。一个已婚女性会发现,要将她自己同其丈夫的经济活动区分开来要困难得多。而且,她们时常过于投入联合性的经济活动和照料其子女以至于不能以自主的经济方式行动。再者,青年女性的这一活动毫无疑问是临时性的,并将随每人的结婚而终止。因此,这对现存的社会性别劳动分工模式,或对维持家户界限不构成任何显著的挑战。尽管青年女性在企业(商业)中的进取精神与能力是得到重视的,正像她们所创造的收入一样,但这并不意味着任何结构性的变化。

社会性别劳动分工中具有极重要意义且持久存在的一个因素是,**女性一般不开展户际经济合作**。假如允许一些明显的例外——未婚女青年的工作和已婚女性同她们娘家的关系——这种差异可以更准确地陈述为:**是男性而不是女性使他们的户同其他户、或同户之上组织形式发生经济关系**。只有丈夫缺席将她们置于户主的角色时,她们

---

① 后来成为农村集市中流动钟表修理者的另一个妇女说,在较年轻时她也在市场上零售服装。

才这样做。

当家庭处于只有限和相对自主权的政治经济之中时，对已婚女性户外经济角色的这一总的限制严重制约了女性的经济机遇。① 户之上经济单位的重要性在未来数年可能会有所增长；假如女性可被接受的经济角色的范围没有进一步拓展的话，这对女性将是不利的。

同某些预测相反（诸如达文，1988），农村家庭经济的加强并不完全有损于女性的特殊利益。一个妇联干部所说的女性在较小规模的单位（比如户中）可以获得更大程度的自主权、并可更有效地追求她们自身利益的观点，似乎在本调查中得到了证实。假如说户外的妇女工作小组已烟消云散了，但已婚女性并没有表现出想念它们的任何迹象。正如玛杰里·沃尔夫（1985）提到的，已婚女性在集体劳动中的参与率较低，她们通常更喜欢在家庭副业中花更多时间。集体为农村女性提供的解放可能比外海人士推想的要少。

相反，集体时代的户际组织和户以上组织，显示了加强由男性父系继嗣核心构成的主要群体的迹象（见克罗尔，1981）。父权制随着直接位于户之上的各个组织层面的弱化可能已失去了根基。它通常有可能更易于在户的基础上立足。中国女性一贯具有家庭非正式管理的技能（见沃尔夫，1972）。

女性是中国农村阶级重构过程中积极的能动者，但她们并**不是**有组织或有意识地作为**女性**而行动的。**就其本身而论**，她们可能是一个集体，但在为**集体**而奋斗上她们却不是一个集体。诚然，随着阶级界限的加深以及变得同女性的经济贡献更紧密地联系起来（而不是主要源于其丈夫和父亲的贡献），即便是动员女性的现有基础也将会因她

---

① 同时，重要的是要指出，妇女参与户外经济是在这种参与是被谴责对象的社会情境下发生的，它并未使妇女处于有利的策略性地位上，见坎迪约蒂（1990）。

们之间的不一致而削弱。

假如说女性在商品经济中已获得了表现其能力并享有自主权的更多空间的话,那么,她们还不是平等地获得这一切的,这也不是一场符合女性利益的运动的产物。业已有所得的那些女性靠的是由远离她们生活的权力部门做出的决策所提供的机会,再加上她们自己的个人才能和她们嫁入之户的现有潜力。她们的优势是建立在**个人和家庭**的诸种因素之上的,她们有效追求的策略是**家庭**的策略。这些都进一步强化了使户分离的业已很深的界线。正是从这个意义上,**即同最能干的农村女性的积极能动性特别和内在关联的一种意义上讲**,户构成为实现女性特殊利益的最大的组织与变革障碍。

第五章 "户":在国家与家庭之间

自农村改革最初一些年份起,户就一直是讨论中国农村问题的一个核心概念。最初出现的包产到户采取了许多不同的社会组织形式,并且事实上还短暂实行过一段时间。但自改革几年之后迄今,落实包产到户最普遍的单位是户(沃森,1984)。在中国境内,20世纪80年代关于农村社会与经济的官方话语,充盈着把户当做一个社会机构和一个经济行动者的肯定性提法。这一话语在宽泛和狭隘的两层意思上提到家庭户。前者指每个农村居民皆为一户的成员;①后者是指某些户特别是国定专业户在改革的经济政策中得到的优先关注。

中国境外的研究者很快就认识到了户获得新生后的意义,并将它当做研究当代中国农村的一个主要问题。尽管围绕被称作"户"的这个实体的各种悬而未决的问题一直存在,但其重要意义自农村改革开启以来一直得到了反复确认。

继以承包义务的形式使生产的直接责任从集体转向户之后,又出台了延长农业土地承包期的举措,从而强化了户作为控制广大农村主

---

① 严格地讲,甚至对单人户的成员而言也如此,因为每个人都是作为户单位中的一员被正式纳入户籍结构当中的。这种户籍结构界定了当代中国人的户成员身份。单人户或部分家人户的成员在受益于以户为取向的政策上并不处于有利位置,但是它们并没有被排除在这一结构或话语之外。倘使家庭的概念是政策和讨论的基础的话,就像加拿大或美国社会中的某些类似话语,那么,它们将会遭到排斥。

要生产资料的一个单位。改革初期颁布的政府政策与声明旨在促使民众相信,改革将是持久的,农事活动与经济计划应该有长远眼光。引起人们特别关注的是,土地的肥力应得到维持;增加了的农业收入应投资于生产,而不应完全花在提高生活水平上。

这些政策也源于加强党与政府在广大农村的合法性以及鼓励独立办企业的政治需要。以户为本的经济活动得到了官方鼓励。它们被当做农村改革旨在释放并使之合法化的一股主要的经济力量。同家庭(在一个极其不稳定的社会世界里,家庭是最可靠的社会纽带)紧密相连的户本身的可接受性与情感权力,往往会掩盖当前倡导的政策同过去的正统实践分道扬镳的程度。这使得它多少更易于推动或实施以前被谴责为资本主义的政策。这一术语通过使新企业植根于小型但合法的社会实体之中,也掩盖了资产阶级个人主义这一敏感的问题。此外,这可能还有一个意想不到的影响,即掩盖了有关社会性别关系重构的重要问题。

在中国农村,户依然是日常生活的现实世界中和官方政治经济中文化建构与社会关系的一个关键性纽带。它深植于一个更大而复杂的世界之中。在这个世界里,有组织的国家的角色是很突显的。这里所研究的每个村落都有强大的户之上的组织。[①] 它们主要是以政府或准政府的形式在村一级运行的。如今在中国农村各就其位的这种户之上的组织,将国家延伸到农村人口中的长期确立起来的权力同户这个社会组织的更大作用和增强了的相对自主权结合起来了。

户作为一个生物细胞的这一隐语,在中国表述了各种有效关系的某些方面(参见李云河,1985)。在这一隐语中,户似乎是农村生活的基本积木和更大规模的社会组织得以建构的单位。一个复合体的更

---

① 户之上组织的形式是垂直的,有别于在性质上是水平的户际组织形式。户际组织形式最近一些年一直得到提倡并作为解决由以户为导向的经济所提出的经济规模之问题的一种良策,但在我研究的山东省的任何村庄都没有在很大的程度上予以采用。

大建构要比这个细胞的建构更大,并且还是按等级序列构筑的。同这个更大规模组织一样有趣的是这个细胞(家户)内在组织的问题。这个问题并不是由李云河提出来的。中外其他学者通常也没有触及。户被当做中国农村社会最低一级的可分析单位。它带有一个主体的特性,这个主体不必是社团意义上的而是个人意义上的,存在于像"农户个人主义"这样的概念中。在有关中国和其他地方农村社会的研究中,当具体涉及户时掩盖户内动态,并将户内动态隐含地等同于假定的男性户主是司空见惯的(参见亚纳吉萨科,1979:190—191;巴利特,1980;罗杰斯,1980:63—69)。

在中国文化中,就所有中国人熟悉的话语来说,存在着被较狭窄的着眼点掩盖了的表明某些关系的一个概念结构。针对男人的儒家社会秩序中的"五伦"指的是君臣、父子、兄弟、夫妻以及朋友与朋友之间关系。最后的这种关系是水平的,也是五伦中在文化上阐述得最少的。除此之外,五伦构成了一种明确等级性的对应关系模式。它从国家权力顶峰一直延伸到家庭生活的各种亲密关系之中。皇帝被奉为家长式的,而父亲/兄长/丈夫则被当做权威。男性应根据这一框架来处理户内和户外的各种关系。

女性在儒家社会秩序中的位置比较简单,并由"三从"恰当地概括了。"三从"规定女性婚前应服从其父亲,婚后服从其丈夫,丈夫死后服从儿子。对于女性在户外世界中的行为不存在任何规定,因为除了通过相关男性,她按理应同那个世界没有任何联系。女性偶尔仍被称为"内人",这即简明地表述了这种限制。

这些是长期确立并依然盛行的理想社会关系模型中的常用术语,是中国农村围绕家户的多重关系运作中不可分割的组成部分。在中国农村,"家户"的文化建构以及它同其他文化建构的关系是下文的必要组成部分。

给户下定义

户、家庭和家庭群体一般而言是人类学(参见亚纳吉萨科,1979)和其他学科跨文化比较研究(伯奇,1979)的主要议题。对于这些术语,现在存在着许多可援引的不同的定义方式。下文的讨论虽然没有偏离学术上所下的这些定义,但它是建立在这样的概念化之上的,也就是说它植根于当代中国农村户建构的社会过程之中。

我们将很快发现,这种界定的许多方面类似于学术文献中已陈述过的一些方面。这种雷同性可能已掩盖了在文献中再现得不够的当代中国户的那些特质,特别是国家在直接和间接建构户以及与户关联的非正式家庭群体上的作用。

在剖析张家车道、前儒林和槐里各村围绕日常生活的社会实践与文化再现的微观动态时,国家的作用成为一个主要的决定性因素。这在过去并没有得到更仔细的研究,因为对中国户的大多数研究都是在国家处于比过去数十年更缺乏权威的情况下完成的。深度研究是1949年以前在大陆、台湾、香港及海外华人社区中做的。由于中国限制做田野考察,以往十年只开展了一些更有限的研究。

下文的讨论受到了直接探讨国家以集中方式影响农村社会组织与亲属关系的汉学学术成果的影响(特别是克罗尔,1981)。有关1950年婚姻法(如约翰逊,1983)或之后的国家独生子女政策之影响(如武雅士,1986)更多的文献,也构成下面分析的背景材料。然而,最有影响的莫过于武雅士(1978)就中国国家对农村社会的文化渗透(通过对包括祖先崇拜在内的信仰和仪式体系的渗透)以及就国家权力的再现进行的研究。这一研究同我的研究并不明显相关但其观点却是相当中肯的。

当前对中国农村仍适用的户的定义,同样是通过国家权力的运作从内部建构起来的。这一建构的某些方面同社会性别与父权制权威的既有实践具有隐含的连续性。其他人则描绘了国家权力界定户与其他非官方家庭群体的更近期机制。我并不以强加给家庭群体的官方限制和法规(诸如有关计划生育的那些)为重心。后者业已得到详尽的研究。相反,我通过探究国家权力积极界定户的手段来关注这个问题。国家既通过像户籍制这样的直接措施,又有赖于从文化上使建立在户之上的政治经济具有合法性和特权地位的较不直接的措施。国家的作用既表现在官方界定的户成员以明确认可的方式发生互动之处,也表现在这同一群人培植其他形式的家庭群体与关系、并在官方轨道之外致力于创造性的实践策略与回应的地方。

户　　口

当代中国,户的概念是简单化得具有蒙骗性的概念之一。中国对户的描述同人类学文献中可以发现的对户的各种跨文化的界定是一致的(参见亚纳吉萨科,1979)。度过了孩提时代的每个中国人都熟悉这个术语,并能够说出他或她所属的户及户中的成员。官方也有关于户的大量记录,许多本土和国外的研究都侧重于户。对中国户的分析是个被优先选取的主题,因为它在当代中国是由"官方"建构起来的(参见布迪厄,1977)。

尽管人们可以用熟悉的术语将中国户再现为一个聚居性的和以亲属为本的经济生产、消费及再生产单位,但同它被建构为人口控制之政治行政体制中的一个因素相比,这些特征是次要的。这种政治行政体制起源于村落之外,却渗透于农村社会组织的结构之中。

国家把户提升为中国农村资源管理与生产的一个基本层面,对于官方对农户的界定与控制是具有极重要意义的。这相对而言是新近的发展,但它却从实质上强化了集体时代的官方实践,即户(而非个人)既是接受集体收入之分配的单位,又是主要的消费单位。在相当大的程度上,户同家庭群体是重合的,它们也是提供集体或国家所不堪负担的那些社会服务的组织渠道,其中包括照顾老弱病残者。当前的政策把对资源、生产及投资的管理添加到户的经济责任之中,而农户也逐渐成为直接的纳税单位。

在经济活动的所有这些方面,户被赋予了重大的角色,但这一角色实质上是由国家界定的,并通过同政府与准政府机构的多重关系来实现,其中包括无数征税机构和控制诸如土地、水、能源及交通等资源的各级政府部门以及无数提供信贷、管理市场及负责农业推广与其他服务的机构。人们可能会并且的确试图逃避或绕过国家的某些表现形式,如征税等。在可行的情况下,比如在稀有资源的分配上,他们可能会采取策略来优化对自己有利的关系,但他们不能做出置之不理的选择。

然而,不管这些方面在经济上有多么重要,它们并不是国家界定和管理户的主要手段。户籍制是将这些组织起来的正规机制。自20世纪60年代以来,户籍制一直得到相当有效的使用,来维持对全国人口的监督和控制。每个人都被登记明确属于特定地方的一户当中,①

---

① 我的确碰到两个女性谈到,她们同时在两个不同省份的两处农村登记了户口,但这从技术上讲是非法的。政府并没有严格控制从农村一地迁往另一地。鉴于迁徙意味着提供资源和服务,对这类安排的限制涉及当地政府是否愿意接受人们入籍。嫁出她们自己社区的女性是最有可能面临这种情形的人。女性在婚后一段时间通常维持事实上的双重定居状况,但这一般是有指定日期的(可能是在婚礼之后的几年)。嗣后,她们的户口会被正式登记为已更改。从妻居的男性在定居状况上较不含糊。地方上更关切限制他们得到资源及他们的流动,假如他们是农业户口的话,他们应明确迁往他们成婚的村庄。也有无数人合法地生活在他们所登记的居住地之外的别的地方。他们或是作为合同工,或是作为有当地户口的某人的亲戚和依附者。对人口流动的控制在20世纪80年代不如在70年代严格,所以,也有一些人,其居留并不是合法的或者说并不是明显合法的,但他们也享受不到合法居民可以得到的资源和服务。

并属于特定的类别(农业或非农户口)。官方登记的户成员身份使每个人能毫不含糊地确认她或他所属的户。这也精确地界定了每户的界限,而**实际**的居住状况则是变化无常的,而且,**家庭**和家庭纽带(父方与母方的)都比户更不明确,国家对它们的控制也较不严格。

有一定地方的户口意味着能获得其资源(如土地)①与服务(诸如福利)。没有当地户口的那些人不能够向那些地方索要上述两样东西。获得特定户籍的权利因出生、婚姻或政府政策而不同。有关户籍的政策是错综复杂的,并有些随意性,但这一制度的指导原则是可以简要予以勾勒的。出生于农村的孩子通常因袭其**母亲**的户籍。这一般是指她婚嫁之社区的户籍。假如其**父亲**是农业户口,孩子的户口也有可能是随其父亲的。作为限制城乡流动的一项举措,户籍制并没有给予有非农户籍男性的孩子们以非农户口,除非其母亲也有非农户口。大多数有非农户口的已婚女性都住在城里,而相当数量有非农户口的男性,其妻儿却是农业户口,结果,他们留在这个男性的家乡村,即便他在远处工作,只能偶尔回家。

在这些情况下,农村官方所登记的户只包含在那个地方有农业户口的那些成员,即便户内有常住的非农户籍者。后者无权得到资源或服务,但决不被禁止住在那个地方。家庭成员的分离导致了相当数量登记在册的女户主。她们的实际境遇各不相同,从类似于单亲母亲家庭的事实上的户主,到名义上的户主(在这种情况下她丈夫完全呆在家里而且也很活跃)不等。

---

① 按照这一标准,槐里的青年已婚女性确实有权在槐里分得土地,因为她们的户口已迁入槐里。这种权利没有遭到明确否认——村里所有人都认为这有赖于下一轮的土地重调。这是当前中国农村一个非常普遍的现象,尽管确切的详情,如重调土地的时间等,各不相同。这一情形的实际影响是,女性获得的资源减少了,尽管其获取资格并没有在立法原则上遭到拒绝。

出生在农村的男性一般终生保留其原初的户籍。女性的户籍一般在婚后不久就要更改,假如她丈夫的户口是农业的,她就改为其丈夫的;假如不是农业的,就改为其婆婆的,换言之,改成她成婚的农村社区的户口(见朱爱岚,1989)。非农户籍不是婚姻赋予的,但是农业户籍可以通过婚姻从一个地方改成另一个地方的。在"倒插门"的情况下(这在这些村均不普遍),女性保留其最初的农业户口,假如这个男性是农业户口的话,则要将他的农业户口迁过来。然而,一个普遍的现象是,从妻居的男性多半有非农户口。

男女在日后的生活中都有可能改变其户籍,这通常同在城镇有正式工作、受高等教育、从军、给予干部亲属的特权以及其他许多原因有关。然而,要从农业户口变成非农业户口,是难乎其难的。这一变更通常是农村青年人以及为子女利益而孜孜以求的父母们的一个主要目标,但这却是大多数人可望不可及的。

从正规意义上讲,户籍制同从民国时代过来的老年村民们仍熟悉的"保甲"制(见杨懋春,1945)有明显的相似之处。它在当代农村扎根是建立在国家人口控制机制的漫长历史传统之上的。尽管户被正式归在其生产队之下,并依然按对户负责的村或亚村单位来分组,户籍制并没有以十来分组的等级化特性(十户为一甲,十甲为一保)。同保甲制相比,户籍制较少以控制政治上的反对派和罪犯为重点,但取消户口特别是非农户口是一种被广泛采用的惩罚性措施。许多户口方面的新变化牵涉给1957—1977年间因政治原因丧失了非农户籍的个人及**其户中的成员**恢复以前的非农户口。

因此,户籍制沿用了国家通过建立在户之上的机制控制农村人口的根本原则,并将这一原则应用到当代环境之中。它对全体人口建立起一项综合性的以户为本的数据库,国家借此可以用于多种社会控制的目的。当前,这些目的包括贯彻国家的计划生育政策、限制城乡流动以及控制获得经济资源与社会福利。在中国农村,户口是人们关心的一个主要问题。人们总是以严肃的通常是不平静的语调来谈论它。

严格控制户口主要是作为限制城乡流动的一项举措。它在山东大约是从 1964 年起开始生效的。城乡流动在 20 世纪 50 年代尚未成为人们严肃关切的事项。在那十年中告别了农村地区的许多人在 60 年代初的经济困难中失去了城里的工作,并返回了他们从前农村的家中。就山东的情形而言,许多人试图在其他尚未拓殖的地区特别是东北地区建立新家。在经济复苏的那些年里,控制加强了,自那时起到 80 年代改革为止一直被控制得很严。

在 20 世纪 80 年代早中期经济急剧增长期间,虽然主要采取了临时合同工的形式(这并不意味着改变了户籍身份),日益增多的城乡流动开始得到了容忍。由于变化不定且不可预测的国家定额,被定为临时性的一小部分工作得以被重新确定为永久性的,从而导致了一些人获得非农户口,但在绝大多数情况下,非农户口是在城镇获得正式工作的前提条件。通过允许人们迁往经济条件有利的地方而又确保他们只在登记的农村居住地得到资源与服务,这一做法促进了对中国农村庞大的劳动后备军的控制。大多数农村居民对户籍制的主要关切正是为了他们自己或者其子女获得这种受限制的城市居住权与就业机会。

当地更改记录解决户籍的问题,是通过每年向更高的行政部门上报变化的情况以及在需要更换新户口本时(大约每十年一次)向公安局交上以前的户口本来控制的。因此,一个人现行户籍的准确性,在任何时候都有待于村外的国家权威的确认。

户口首先被登记在通常由村一级掌管的户口本上。它是个每户各有一页的活页夹,外面有一层一般用于官方身份文件的红色的塑料硬皮。这里所研究的各个村的最近一次户口登记是在 20 世纪 80 年代初完成的。这可能同 1981 年人口普查的全国性常数有关。户被分配在各种单位中,此时的单位可能依旧是那些正在瓦解的集体制中的单位。有一页按数字和户主的名字列出单位中的各户。户主一般是较年长的男性,除非他年纪太大了或者户口在别处。每户的登录都留有空间为户中每个成员的以下每一项内容写上几个字:

户主/与户主关系

姓名

曾用名

性别

出生日期

出生地

籍贯

民族

宗教信仰

文化程度

工作单位

职业

婚姻状况

在本城镇的其他住处

(户口)迁入时间及迁出地

(户口)迁出时间、迁入地及原因

备注

我仔细研究了槐里的户口簿,发现里面有针对个人的以及在少数情况下针对整个户的(有的获得了非农户口,有些人自这个户口本编完后已离开了社区①)详尽信息和官方印戳。获得非农户口是需要有官方证明的一个过程。农村社区中更为普遍的其他变化则很少得到记录:如出生、死亡、婚入与婚出以及分家。而且,这个户口本依旧是按集体时代的5个生产队来组织的。它还没有按该村集体解散之后重构的三个农业组来重排。这些变化中没有一个是为了任何实际的目的要求立即进行记录的,所以它们可以留待下一次户口簿的大规模修订。②

户的构成

从本质上讲,户是由这种政治—行政体制界定的,并因它作为聚居性经济单位的实际与正式角色而强化了。它作为一个人口控制机制的用途,与它在构成上同家庭几乎相等是不可分割的,尽管家庭是一个更有弹性、并且更不明确的社会实体。

就这些村当前使用的这个术语而言,中国的户完全是由家庭构成的。尽管存在着单人户或多人户的情况,并且对于有任何特定关系的人必须属于同一户没有任何绝对的要求,然而,户在家庭构成上显示出了某些非常一致的模式。无关的人并**不**被认为是一户的组成部分。受雇的劳工可能在一户吃住、并以此作为其酬劳的一部分,但他们不会被认为是户成员。即便是有关系的雇工也不会被认为是户成员。他们的受雇佣身份从经济上将他们划分开来,而且,他们所登记的居住地也将在别处。

亲密的家庭成员——配偶、未婚子女或尚未从父母户中分家出去

---

① 我依据这个户口簿建构了我1989年访谈的选择性户样本,并核实登记在册的与人们所报告的信息的准确性。
② 在前儒林,我利用户口簿中的信息更正了以更传统形式存在的年代较久远的家族记录。

的已婚子女——有可能处于在别处有正式户口的含糊境地。这种人并不是官方意义上的户成员。他们通常拥有的非农身份更增添了复杂性,但在农村居民的眼里前者是属于他们户的,不管他们实际生活在户中的程度。从这个意义上说,对家庭成员的考虑超过了官方户的概念——这些人被非正式地当做"户"的成员(户是个比"家庭"更受限定的术语)。然而,假如他们在远处工作的话,他们对于非正规户的参与可能就较少会受到限制。处于这种情形的年轻人①通常不在户中,或许还不在村里。在相当远的地方有长期工作的丈夫会为其分居两地的生活攒下他们的一些收入。假如他们很少在家的话,他们在故乡可能也就没有什么重要位置。②

尽管存在着有重大意义的暧昧之处,界定谁属于一户的界限是相当明确的。实质性的考虑是该户是否分了家(在这种情境下使用的这一术语是"家",但除了可能另有非农户口的人之外,这里使用的家的概念等同于户。这也可以用来指户的划分)。分家是分割财产的一个正式过程,一户分裂成单独吃住的两户或更多户,尽管它们可能还同处一个院子,并保持非常亲密的关系。

在所研究的三个村子中,分家现在都是由同时兼任其他重大责任的村级官员所主持的一个正式过程。这个官员充当村里的调解员。村领导在其社区中不时卷入家庭事务:做媒、解决重大家庭纠纷以及主持分家仅是这种涉入最明显的几个场合。就分家的大多数情形而言,在同调解员正式碰面之前,户内会非正式地拿出详尽的解决方案。

---

① 有农业户口作为临时合同工住在远离家乡之处的青年人可能处于类似的情形,尽管他们更明确是户的成员,并对家庭做出了贡献。然而,在某些情况下,临时合同工可能是——并被视为和规划为——获得非农户口的一个步骤,并有可能永久地脱离农村。
② 小孩子特别是属于另一户的(外)孙子女可能是额外的居住者。户口在别处的一个父母或其他年长亲戚偶尔也有可能住过来,尽管这是城里更普遍的现象。

调解员通常的作用是对私下做出的安排给予公开的认可,但他也可以扮演更积极的协调性角色。

同调解员打交道的正规程序被认为是分家的明确特征,在这里国家渗入户中再一次清楚地表现出来了。然而,在日常生活中,许多分家都是不完整或含糊不清的。这种情况太司空见惯了,以至于有"分家分不清"这样一句地道的固定俚语。尚未分开的户在实际分家发生之前通常显示出了逐渐走向分家的征兆。在一个层面上,分家是一个清楚界定的正式事件,而在另一个层面上,它又是一个有弹性且含糊的过程。

分家无处不在。尽管三个村中都有村民们用极其肯定的语调描述的"大家庭",这实际上是指"四世同堂的家庭"。这种多代同住是一个大家庭的地方标准,它不必是人类学意义上的扩大家庭。实际上,三个村中只有两个村甚至只有一户可以被描述为是由扩大家庭构成的。

最接近于扩大家庭模型的这一户,具有建立在一个寡居的女家长热情而充满活力的人格魅力之上的凝聚力(她本人当一个扩大家庭的媳妇达 15 年之久)。然而,该户表现出了在这些村的更大的主干家庭中也被发现了的某些特征。她的第二个儿子及其妻子实际上生活在他们工作并拥有非农户口的附近的镇所在地,但他们俩每天都回到母亲家。母亲为他们看管孩子,而他们则对由他母亲管理的这个家庭做出经济贡献。不包括这对夫妇在镇上的家,该户在村里有两处住宅。长子同他的妻子及两个孩子住在其中一处。这些孩子也都由他母亲照料,但母亲同其未婚儿女一起住在另一处房子里。这一户在某个方面是不同寻常的,这可能也对它持续的团结有某种影响。这个现任女家长的已故丈夫,最初是在 1956 年离开他在济南地区的家人,作为一个小干部来到这个地区的。1962 年他的家人作为经济上的逃难者来到靠近他工作地的这个村。他们从此就在那里住下。这个女家长主动地谈到这家人在村里受到的欢迎。这一户有很好的声望,但它是该村有它那种姓氏的唯一的一户。这可能有助于它异常的凝聚力。

　　似乎是由扩大家庭构成的另一户是以类似方式构筑的,但它进一步偏离了扩大家庭的模型。在这一例中,关键性的人物是个瞎了眼、身体很羸弱但仍完全具有心智的老年鳏夫。他受过中学教育,这对于他这一代(生于1908年)的男性而言是不寻常的。他参加过解放战争,随后担任过商业管理方面的干部。作为一名退了休的国家干部,他有养老金,而这是大多数农村居民所没有的,因此,他依然对该户的经济做出贡献。与他同住的家庭成员和村里的其他人,都对他由三个已婚儿子及9个孙儿女组成的未分之大家感到很自豪。然而,他的两个儿子实际上在其父亲从前当干部的远处城里工作和生活。他们离得太远以至于不能经常回来,住在大户之中的他们的孩子们也不经常回城里。为了服从一个受人尊敬的父亲,这一户尚未正式分家,但它比所引述的第一例更不像一个扩大的户。他的第一和第三个儿子在远处工作加上他们较大的年龄,这都是使此户进一步偏离扩大家庭模型的因素。①

　　在所有三个村,分家析产的现象在有一个以上儿子的户中无疑相当普遍。儿子婚后通常在父母户中留一段时间,尽管此时他们有可能另住一屋。这部分说明了父母之户通常为新婚夫妇提供单独的住处。这也是对空间短缺和住房供应做出的一种调适,因为人们很难或不可能在现有的住宅上作些添加。第二处住宅提供了解决办法,也为几年之后的分家奠定了基础。三个村之一的槐里也表现出了农村一种新

---

① 这些户现在或者一直是干部户,因此,户中含有非农户口的人不是偶然的。在官员和富人之家被发现的更为普遍的扩大户的早先模式,已有所改变,但并未绝迹。

177 模式的兆头：为新娘盖的房屋完工之前人们往往不举行婚礼。在前儒林，婚礼有可能如期进行，但在单独的住房完工及分家之前，新娘不可能持续地同她的丈夫住在一起。在张家车道，青年夫妇在新婚后的前几年同丈夫的父母同住仍然很普遍。

中国农村当前人口状况的一个特点是，刚结婚或不久将结婚的各代人都是在官方降低出生率的重大举措出台之前出生的。新郎的同胞中通常还有兄弟，这种情形还将持续一段时间。现行的模式是，成家立业的儿子们在婚后数年内陆续从父母的户中分家出去。这是为人们所接受的并被期望的事情。最小的儿子分家与否，则不那么确定：有些人分出去，有些则不然。

村民们对于这种情形众说纷纭。他们的回答似乎表明，每户做出的选择都是受人青睐的标准化抉择。许多正处于或接近于这种情形的父母显然更喜欢最小的或唯一的儿子留在户中。这显然不是唯一可能做出的选择，因为某些替代性方法也很相称且具有吸引力，比如分家后继续共用一个院子，并维持日常的密切联系与合作，或者同住宅稍远一点亲人有类似的关系（通常因为房屋是在不同时期建造的，因此会有住所上的局限性）。

所有三个村也都包括仅由年长一代（一对夫妇或甚至一个寡妇或鳏夫）构成的户。他们的已婚儿子或女儿在本村另立了门户。在这种情形下，情感联系、文化期望、社会压力及法律要求等结合起来，确保了年长一代的物质需求由他们已婚儿子或在某些情况下是已婚女儿所在的户来提供。官方的规定要求家庭承担起赡养老年人的经济责任，但仅仅停留在此而已：它并没有规定要住在一起。村里盛行的规范不断变换，但依然鼓励人们住在一起，正如一直有大量主干家庭户的情形所显示的那样。

表5.1以图式形式对三个村的户样本①提供了一些信息。家庭类型的传统分类,就其提供的信息而言是很有限的,但它至少有助于表明核心家庭户有较高的比例。我相信样本中的扩大家庭户是这些村仅存的几个扩大家庭。这样的划分不意味着易于分类的各户都代表了毫不含糊的或者同质性的关系形式。值得评论的是归在"其他"之下的各户。这些户代表了各种另外的可能性,其中一些至少被部分放入了其他三类之中,但它们还是很特别的。其中包括单人户(样本中的所有人都是老年人)、由寡妇及其孩子构成的户、有个别亲戚的主干或核心家庭户(丈夫的妹妹、成为孤儿的被非正式领养的侄子、户主的一个老年叔叔)、接纳了离婚女儿并收养了其儿子的一户以及源于再婚的合成户。

家庭关系比户制度的清晰界限或甚至比实际居住方式所显示的

表5.1 张家车道(1986)、前儒林(1987)和槐里(1989)家庭类型的样本分布

村	家庭的类型				
	核心	主干	扩大	其他	总和
张家车道	61	13	0	10	84
前儒林	17	14	1	1	33
槐里	23	10	1	6	40

说明:这些样本中扩大家庭和非典型家庭或户的比例偏大,将它们列在这里是为了探讨每个村亲属组织的范围,所以非典型户也被最大可能地囊括在内。分在"其他"之下的那些家庭包括单人户(样本中的所有人都是老年人)、由寡妇及其孩子构成的户、有个别亲戚的主干或核心家庭户(丈夫的妹妹、成为孤儿的被非正式领养的侄子、户主的一个老年叔叔)、接纳了离婚女儿并收养了其儿子的一户以及源于再婚的合成户。

---

① 这些样本所反映的扩大家庭和非典型家庭或户的比例偏高,它们被建构起来是为了探究每个村亲属组织的范围,所以非典型户被最大可能地囊括在内。要对每一户都进行访问或调查是不可能的。而村记录既不够详尽,也不够及时,以至于不能取代直接的调查。文中的讨论是建立在这些样本和村民们有关其社区户与家庭的广泛讨论之上。这些样本部分是按这些调查建构的。相比之下,1988年对山东胶县的一项研究报告,有66.7%的核心家庭,24%的主干家庭,1.7%的扩大家庭及7.4%的其他家庭形式(周清,1988:17)。

要有弹性得多。在分家之后,新组成的各户在维持分离的程度上各不相同,但有的确实过往甚密。有的可能甚至组成了集积家庭,即由一户以上构成的一种家庭类型(克罗尔,1987a)。

人们就理想家庭形式这一主题所表述的普遍观点是五花八门、矛盾甚至变动不居的。他们一直对共同生活在一个和睦的多代大家庭中给予了很高的评价,并一致以肯定性的语气谈论这种家庭。这可以被解释为既显示了人们对它们所代表的社会成就的敬重,又表示了对多子多孙和长寿这双重好运的羡慕。不管是因为这种好运可望不可及,还是因为这种社会成就变得越来越难,人们未必就渴望大户,而且也没有公开表现出渴望大户。

这个方面最明显的期望是最小的或仅有的儿子将不分家出去。这是人们有时表述的而且可以明显深切感受到的愿望。这一偏好是非常现实的,但它可能并不普遍,或者说并不是普遍很强烈的。分家之后,父母之户同儿子之户之间的亲密关系往往将它冲淡了。他们之间的往来可能包括年幼的孙儿女每天同其爷爷奶奶生活在一起,甚至每天在一起吃饭。比如在前儒林,人们认为**每个**分家出去的儿子及其妻子每天来他父母这边,是很正常的和应该的。

分家可能会导致非常实质性的持续合作与关照。父母这一代可能是付出的一代,也有可能从子女处有所得,分家导致的损失因而是有限的。它们还会因被某些人(假如不是所有人,假如不是被所有人同样)看重的益处而抵消了。分家促进了个人自主权的增强,这如今是中国人追求的一个合法目标,它尤其为年轻人所推崇。青年男子不再仅仅依靠由其父亲控制的资源,尽管他们只有在双亲和一大堆亲戚的帮助下才能完婚,以便应对举办婚礼和盖房的沉重负担。通过迫切要求分家甚至在分家之前在娘家逗留较长时间,青年女性通常可以缓解婆媳之间的紧张关系(见朱爱岚,1989)。倘若一对年轻夫妇的孩子由他们父母中的一人,特别是婆婆来照料,那么,他们有可能在其他方面获得经济独立。合作与帮助将继续下去,但即便对新组成的核心家庭来说,有相对经济自主的潜力也为脱离主干家庭奠定了基础。

由大户内部不同的两方关系所引起的往往是冲突性的结果,使这一举动进一步变得复杂化了。婆媳冲突在有关这个问题的任何讨论中都得到了最明确的关注。对这个关系的处理可能决定了最小的或唯一的儿子是留在主干家庭还是分家出去。其他的关系可能也被证明是紧张的,尽管它们更难于公开地表述出来,并且可能还常常通过婆媳之间的冲突间接地浮现出来。当然,当这类或任何其他的家庭关系不易处理时,分家不失为一种解决办法。由于分家之后两户及其成员之间的各种广泛的密切关系,更苛刻的一方可能会变得温和了。

分家通常更受青年一代以及年轻媳妇的青睐。媳妇在自己的家中会觉得更舒服得多。张家车道的某些村领导用心良苦地想表明,分家也受到了较年长一代的喜爱。我不能确信他们的观点是否在该村得到其同僚的广泛认可,但他们的论点和政策是饶有兴趣的。正如一个持这种见解的领导人指出的,青年夫妇的父母通常仍然充满活力,他们可能比其子女还更富有。尽管盛行的文化规范强调家庭成员住在一起以便照料年长者,但老一辈通常在年轻一代以结婚为标志的成年期之后继续为后者提供支持。这个领导本身大约 60 来岁,他认为住在一起增强了青年人的依赖性,因而是不合乎需要的。他将分家同解散集体以及同结束共同消费而没有直接经济刺激的机构化集体实践(即众所周知的"人人吃大锅饭")相提并论。他认为,将集体分解成较小的单位增强了人们的责任心,并提高了生产率。同样的道理,将大户分成核心家庭户将降低依赖性,并增强了青年人的进取精神。该村的新住宅供给计划提供了在面积上适合核心或小型主干家庭的排房。据这位村干部说,这项住房政策旨在直接促进小家庭。户可以正式分开，但依然紧挨着住，并共用一个院子。假如其成员愿意的话，实际上依然可以保持一个单一的未分之家。在空间上不同，但社会方面类似的一种替代方法是，人们不必另造一屋而将密切相关的各户安排在他们不同年代建造的排房的前后。同样，在前儒林和槐里，一户有可能拥有空间上分离的两处住宅。

张家车道鼓励小户的政策并不意味着对老年人的幸福缺乏关心。村里执行儿子赡养父母的法律要求。它也按该村的平均人均收入为没有任何子女照顾的老年人提供住房与财政支持。1981年生效的修订后的婚姻法也要求女儿依法赡养父母，但这并不被认为是按针对男性的同等意义来实施的，因为女儿可能已生活在其父母村庄的界限之外。张家车道的一位老年女性同她在另一个省份城里的已婚女儿住在一起，这样做还得到了村里提供的经济补助。当然，住在村里的儿子假如不赡养其父母的话，就会受到惩罚；而村外的女儿假如赡养父母则会得到经济上的补助。

在这一方面，有重大意义的社会性别差异涉及尚未嫁到村外的女儿们。村领导班子已部分诉诸村内通婚，只要有可能的话，他们就为每对无儿父母的其中一个女儿促成这种婚配。张家车道过去有过出自真正爱情的村内通婚，就像"倒插门"一样，已开始被看做是照料老年人的一种良策。槐里对于照料无儿户的父母也表现出了促成村内通婚和从妻居婚姻的类似迹象。而且，村级官员也主动参与安排这些婚配。

户界限

这里讨论的户并不是出自于或者旨在进行系统跨文化比较研究的正规建构，所以尚未直接探讨什么东西确切构成了"户"的问题。中国的户是根据户籍制被界定并在政治上被当做户的。它也是在日常生活的政治经济之中存在的更有弹性且含糊的一个概念。它同外生的(exogenous)人类学的户概念也有某些相似性。而外生的户定义会落入柯林斯(1986)所揭示的陷阱，即以正规抽象取代活生生的关系，忽视家户的新形式在当代世界被创造的历史过程以及没有充分关注同正规户界限不重合的各种关系。

我此刻关注户界限和界限维持的问题，并非为了寻找强加标准的方法，以便将假定离散的社会单位分割开来，而是因为维持户界限的动态是户内及户际更宽泛的关系动态中的一个关键性过程。对户界限维持的探究，既是对那个宽泛的社会领域进行分析的前提条件，又是其内在的组成部分。

与我交谈的村民们都很肯定地强调他们各自户彼此之间的分离状况。户成员特别是其中稍年长的女性，都断然突出其自己家庭的独立性。每户应自给自足无疑是个理想，尽管人们默认这一理想是不可能的。假如说这一理想是不可能达到的，但接近这一理想、并在象征性的层面上证实它的各种策略却是存在的，与此同时，人们正进行日常合作所必不可少的调适。这一模式的一个基石是这样一种强烈的表述，即每户的成员都恰如其分地奉行同**每个人**和睦相处但不特别同**任何特殊的人或户**和睦相处的规范。这里的目标是达到一种策略性的平衡，即农户可以尽享扩展睦邻关系与合作的好处，而又不去建立特别的联系或引起特别的嫉妒。

维持户界限的强烈表述同成年女性表达的心声之间的联系表明，社会性别是创造和维持户界限的一个隐含的但有效的结构性因素。一个年届中年的女性认为既是理想、又接近现实的情形是，"每户都有它自己的经济，并自己管自己"。另一个过了中年的女性更坚定得多地说，"每个人解决他们自己的问题"。证实某人自信与自尊的语调，从这类性质的陈述中表露无遗。

家庭同女性是息息相关的。每一家庭中较年长的女性,皆对家人的福利有切实而深有感触的责任。她一般都会离开她的生养之家进入未知社会地域中的一户。这仍然是当前结婚女性的现状。结婚这一急剧转变是每个女性在成为成年人的过程中面临的一个考验。她驾驭这个方面成功与否是对她作为成年人的一种衡量标准。她随后的生活是在鼓励她关照自己的家庭、而又不使自己卷入户外事务的约束中度过的,不管这种户外事务是社区事务还是其他户的事情。新娘被期望呆在她婆婆的家庭,而不同其他家庭的女性发生关系。她们唯一可以免于这样做的场合是回娘家。当她们自己将来承担起婆婆现在拥有的社会角色时就会有更大的自主权。在此后的一些年中,成年女性被期望同其丈夫之兄弟的妻子们建立联系,并有可能包括同她们丈夫其他朋友的妻子们和街坊邻里的女性发生关系,但这并不意味着要求特别的关系。更亲密的友谊也有可能形成,但这是得不到鼓励的。女性因而宁可不关注这样的联系。

女性在家外走动,立即就会被人用"串门"这样的轻蔑性术语来描述。这意味着忽视自己的正事而涉足别人的事情。这种行为会使人们对一个青年女性的道德品质以及她对其婆家(和婆婆)的敬重产生疑问。年届中年的成年女性的这种行为将被看做是忽视了她在其中具有重大责任的家庭,并冒犯了其他女性的家庭。这一年龄段女性同其他女性之间易于得到承认的唯一接触,是礼节性与弥散性的睦邻关系。在少数情况下,她们还找别的女性来自己家中提供帮助或提出建议(但没有任何女性说她是这么做的)。人到中年、将家庭责任已传递给成年儿媳的女性,可以合情合理地"串门",她们还非常主动地这么做。这不仅意味着对中年女性受人尊重之处的标准松弛了,而且还意味着人们承认她们"卸去责任"之后同其他"淡出"女性的接触,不会威胁到她们自己或其他户的界限。

我并不是说户界限(是那么深以致于都妨碍了)女性组成非正式的网络。① 部分有利于每户年长女性特殊利益的这些界限,妨碍了这种联系,并且的确将某些女性孤立起来了,特别是那些没有现存姒娌网络(丈夫兄弟的妻子等)的女性。然而,这些界限并不是"界限"这个词的自然隐语所意指的不可改变的实体。相反,在一个流动且充满竞争的社会领域中,它们是可以变通的因素之一。断言界限的存在则掩盖了跨越那些界限的各种联系,特别是有效建立起来的女性之间的联系,后者其实为户中每个年长女性提供了免受公开侵扰的基础。户界限的合理性,与其说是一个事实,还不如说是一个策略性的资源。

户界限维持过程中的主要能动者是每个家庭中较有地位的女性与男性成员。较年轻或较年老的成员不太有影响力,因而他们对家庭在院子保护墙之外的社会中的位置较少有控制权。② 女性和男性在户外建立的联系是明显不同的。这种差异部分解释了户界限是一个有策略性争论意义的问题。

这里的根本关注点是家庭经济的完整性、连续性及其控制权。其他的因素,如隐私权和女性的部分隔离,都涉及到经济问题并同经济问题交织在一起,但家庭经济是居于核心位置的。因此,家庭经济是涉及户界限的不言而喻的并且社会性别化的争论主题。正因为界限并不是难以逾越的和凝固的,户界限也不可能变成如此而又不威胁到各户得到更宽泛的合作与协助网络,所以,对户界限的**管理**对于整个

---

① 为了对比,参见 M·沃尔夫(1972)。
② 山东住宅的特点是,从屋里延伸出来的墙绕着院子形成一堵高大而坚固的屏障。户中所有人与财产,除了其农业土地外,都被这堵墙所包围。当无人在家时,或者有时有人在家时,其木制大前门是关闭并锁起来的。这个门通常是敞开的,露出一扇带有吉祥文字或乡土风情画的壁门。这堵墙是用来遮挡人们直接看到院里的内情。人们可能也养狗来保护住户免受陌生人的侵扰,尤其是那些富裕户。

户及其不同成员的经济利益都是必不可少的。此外,尽管保护自己户中的资源是有好处的,获得别的户的资源也是有益的。农村生活在很大程度上是由超出村民控制之外的自然过程与社会过程(在别处定下的价格与政策)中巨大的不可预测性因素决定的。所以,他们需要为所有潜在的不测事件做好准备。

一方面是慷慨大度与合作,另一方面是节省与对收入的保密,将这两方面平衡起来是将户界限调向对每户最有利之处的更大策略中的一种。这些利害关系在农民社区估计有悠久的历史,①尽管它们在集体化时代被冲淡了,那时农户的经济作用要小得多,收入也更加平等、公开并建立在通常由户之上各级所控制的小范围选择之上。解散集体和以户为基础的经济的复苏,使以户为取向的策略变得更有意义得多了。户界限得到了更多强调,这在槐里就更成了问题,同前儒林或张家车道相比,这个村以户为取向的经济最多,而前儒林和张家车道则有更多以村办工业为中心的公有经济。

尽管有某些形式上的雷同之处,复苏了的家庭经济是在性质上有别于集体化之前家庭经济的氛围中被创造出来的。不同类型的亲属关系仍具有持久的重要性。它们可能甚至比以往更为重要了。同死亡率较高、迁移较频繁及经济困难的岁月相比,家庭已变得更加稳定。它们也受到了国家结构的影响。具有讽刺意味的是,国家结构强化了家庭,使之既作为巩固国家政治经济的一种手段(有赖于它提供国家所不堪承受的社会福利),又作为逃避不断转向的政治风潮的长短期避风港。

---

① 伊萨贝尔·克鲁克(无日期)已指出了40年代四川农村社区横向联系的弱点。这一弱点可能同这里探究的社会现象有关。中国文化中存在着得到更广泛阐述的垂直关系。以不对称的宗族分割形式表现出来的父系继嗣群集对获取经济资源机会之机制的控制,在南方得到了广泛报道,近年来则以社团联合的形式出现在北方(孔迈隆,1990)。

此外,农村的亲属关系现如今在日益商业化的社会与文化中运作。商业化在中国有漫长的历史,也是农民社会中所固有的,但突然转向以商业化为取向,再加上20世纪80年代初繁荣的农村经济所创造的现金收入,导致了有别于以往数十年状况的戏剧性变化。在这种金钱关系中管理亲属关系,是当前中国农村日常生活中面临的问题之一。[1] 在过去,亲属关系同经济上的考虑是难解难分的,但也存在着需要考虑的不那么复杂的经济问题。此外,集体化时期同属于一个核算单位的那些人的关系,曾使更多人彼此之间有经济诉求。就户之上组织的继续存在而言,这些联系以改变了的形式持续至今。

亲戚以及(程度较低一些)街坊邻里被指望相互之间给予慷慨帮助,其中包括在儿子结婚和为儿子与儿媳盖房之类的花费高的要务上给予帮助。这些方面是总的通货膨胀经济中涨幅最大的几项。同时,那种慷慨大度是必要的,它对于发家致富以及得到公认的发迹也很重要。而得到认可的发财,不仅对声望、而且对确保某人的子女有美满姻缘都很有必要。严格控制家庭经济以及对义务与慷慨帮助的仔细权衡是不可避免的。为确保其财政的完整性以及增强这种完整性,农户获益仔细维持其经济界限。社会联系可以很容易地变成经济诉求,所以,这些联系也必须予以控制。经济事务上的保密对于精打细算的慷慨大度是必不可少的。这也是户界限维持中一个内在的因素。

户中的每个成员按理都同其他户的成员维持渴望得到的良好但平淡的关系,同时保护他或她自己户中的利益。这些过程中最积极的能动者是主要负责一户福利的那些人——最一般的是丈夫与妻子这对成年夫妇,但有时是寡妇及其同住的儿子,或者是女户主连同她时常不在家的丈夫。正是这些人能够决定同谁建立特别密切的经济联

---

[1] 同王思斌1987年在河北农村进行的研究作对比。

系,或许还能够决定该户的资源如何"渗漏"到其界限之外。这方面确切的可能性,既有赖于户内的内在关系,又取决于户外现有的各种联系,但某些共同的结构性特性是可以辨认的,它们都同社会性别有关。

一个主要的渗漏点涉及同一村落内有亲密的父系继嗣关系的各户。亲密的家庭联系以及可能是新近才出现的某些家庭成员属于同一户的现象,假如有良好的人际关系,则有可能使户与户之间的藩篱最小化。小孩子可能是提供户际接触的一个主要渠道,比如,奶奶照料不是她自己户中的孩子:她是照料孩子的第一人选。假如有创收活动的机会,并且倘若能为其小孩做出适宜的安排,年轻母亲几乎总是致力于创收工作。槐里在土地组的构成上向父系继嗣倾斜增强了经济合作的基础。有亲密父系继嗣关系的亲属被期望相互之间在庆典场合和需要之时给予帮助。在这个方面,通过男性建立起来的联系是特别重要的,尽管某些实际的安排是由有父方继嗣关系的男性的母亲与妻子做出的。对女性户外联系的限制以及女性嫁到自己社区之外的社会模式(但最好不嫁入姊妹成婚的社区),有助于确保村里家庭经济资源的渗漏发生在有互惠义务的狭窄的父方继嗣群集之内。同时,职责的强度导致了人们采取创造与维持户界限的保护性措施。

对家庭资源构成了竞争性需求的女性的联系对象,首先是她们的娘家(朱爱岚,1989),但后来可能开始包括嫁出去的女儿。多数户都要为女性娘家人为儿子结婚和为新婚夫妇盖房的大笔花销提供帮助。在环境相对许可的情况下,他们也以给钱、借钱、有时则以投劳的形式提供额外的帮助。假如没有奶奶照看小孩,对出嫁女儿的扶助最一般的是采取姥姥带外孙子(女)的形式。某些其他形式的经济合作也有可能发生,比如为投资提供贷款,但大多数农村经济活动的地方化特性(即便它不是农业的),连同村外通婚和从夫居的规范等,都使生产方面直接的母方合作变得不太现实。**这一系列联系最好被理解为处**

于父系亲属关系的正规话语之外的女性的实践性亲属联系。她们的丈夫也卷入其中,但是假如将这些联系定义为男性姻亲之间的联系,就不能如实反映所涉及的各种关系的性质以及其主要能动者的社会性别与认同(identity)。

母亲中心家庭:孩子们与奶奶/姥姥

在户界限的文化建构之外,存在着户内与户际的社会关系结构,其中许多源自于正式的与实践性的亲属关系。许多这样的关系是文化的延续性因素,因而无需去重申惯常的父权制权威、女性生养孩子或婆媳矛盾等经典特性。① 然而,正浮出地表的变化促使人们去重新思索中国家庭组织的一些重要方面,甚至去描述父权制权威、女性生养孩子和婆媳紧张关系等这些假定常数的特性。正如克罗尔(1988:99)所观察到的,尽管农户的重要性得到了重新强调,农户内部的关系依然几乎没有得到研究。进一步分析这些关系,对于理解户、并取得对户是其中一个重要连接点的关系领域的一个更为丰富的界定,是必不可少的。

这里的关键性变化是代际的变化,它们以复杂的方式同先前存在的社会性别差异模式发生互动。最明显的是,父亲对儿子行使父权制权威的经济基础已弱化了。集体制通过剥夺户主对生产资料的控制权已经削弱了它。不过,集体制将个人挣得的工分收入一块付给各户,并对由年长男性承担的劳动给予较高的工分值。解散集体可以说是将生产资料还给了农户。某些户主的确行使了相当大的权威,但分家使年轻的已婚儿子有机会分得一份家庭资源。基于那些资源以及

---

① 杨懋春(1945)对山东农村的社会角色与两方关系作过敏感而综合性的探讨。

他自己与妻子的创收能力,他们有了获得独立的潜力。

看重家庭独立和认可分家的规范,促进了提前分家,也削弱了父亲的权威以及父子轴心在更宽阔的亲属关系网络中的重要性。靠他自身技能、联系或管理能力经管非农家庭企业的父亲,似乎最能保留权威,并阻止分家。不过,这种例子在这三个村中均不普遍。当前的发展趋势是尽早分家,并形成像土地组似的松散的合作关系,这既履行对父母的职责,又削弱了父权制权威。

更有趣的问题涉及辈分和母亲中心家庭。母亲中心家庭的概念(沃尔夫,1972)表述了实践性的亲属关系。处于这种关系中的女性毫无保留地为她们自己后代的家庭做奉献,尽管这在某种程度上背离了父系制模型。女性养育儿子,以图老有所养。她们保护其各自母亲中心家庭的利益,以对抗同一户中其他女性的母亲中心家庭的诉求。她们依赖同儿子的联系,胜过同她们丈夫的联系。在创造和巩固以她们自己为中心的母亲中心家庭过程中,她们使其丈夫边缘化了。此外,她们同其媳妇竞争,以赢得其儿子的忠诚。

母亲中心家庭的概念是当代思索中国亲属制的一个主要因素,也是有关中国的人类学研究对中国学(参见约翰逊,1983)与人类学其他分支(参见兰菲尔,1974)贡献出的最有影响力的概念之一。自从玛杰里·沃尔夫最初创造这一概念以来,它不曾得到过有重大意义的发展,尽管她应用到对台湾扩大家庭户之动态中的分析思路(她借此创造了母亲中心家庭的概念)依然有效。

鉴于母亲中心家庭所处的关系领域,人们已完全转向就母亲中心家庭在当前与不久的将来可能采取的形式提出问题。沃尔夫发现的母亲中心家庭所采取的形式的某些特性在中国已不再盛行。最明显的是,一夫多妻制长久以来一直是非法的,而且实际上似乎已销声匿迹了,扩大家庭也相对少见了。这些变化极大地降低了一个成年女性在她自己户中同其他成年女性展开竞争的程度。

提前分家的现象和一定程度上接受最小或唯一的儿子分家出去的事实,对女性同已婚儿子与儿媳的关系是有影响的。当然,她可能有效地利用母亲中心家庭的联系来留住一个儿子,最好的情况是同儿媳建立起和谐的关系。这将使得主干家庭继续存在下去。这种情形在某些方面类似于婆婆在其孩提时代及她自己当媳妇的成年期之初就熟知的家庭模型。然而,对婆婆和媳妇而言,都有可能出现了有重大意义的变化。

即便嫁给了最小的或唯一的儿子,媳妇也可能更喜欢分家,这就给了她同婆婆的关系上一定程度非正式的、但却是非常真实的权利。青年女性本身从未提到这一点,但年长一辈的女性和男性都深有感触地谈到媳妇地位的这一变化。一个好媳妇要抑制她自己显示出这种权利,并尊重其婆婆。她们要帮着做饭和干其他家务,除了回娘家,未经允许不能擅自离开婆家。从前回娘家也是要得到婆婆许可的,人们是否仍这样做则依每一户的具体情况而定。然而,这些村里的媳妇在婚后最初一些日子里的确将娘家当做放松、避难、放纵之所。她们也有可能延长在娘家逗留时间,以作为发出分家信号的一种方法或作为迫使尽早分家的一种手段。一个做事得体的青年女性仍会同婆婆维持良好的关系。按现代模范青年女性的定义,女党员或女团员尤其被期望维持这样的一种关系。

简言之,媳妇的地位同她们的婆婆当年轻媳妇时相比已有了很大的提高。如今当婆婆的年长女性很容易注意到,与她们自己处于同一生活时点上相比,她们的媳妇有更容易得多的生存方式。这些年长女性之所以能以某种情理接受这一变化,是因为她们自己的生活也比她们早先可能预想的变得更容易了。

青年媳妇有可能保留她们自己在户外所挣的收入。在她婚后及孩子们使她完全同她的成婚户打成一片之前,她嫁入的家庭是不好意思要她的收入的。而且,即便她在娘家度过了许多时间,她的收入也不再属于娘家了。从女性结婚到第一个孩子降生的那段时间,尽管伴随着转向成年期和来到一个新社区的压力,假如她同新丈夫的关系很和谐的话,则有可能是她生命历程中愉悦的时光之一。她可能暂时从家外的工作中解脱出来,并得到想缓解离别之情的娘家人及企盼同媳妇(新媳妇具有挑起分家之事的权利)建立良好关系的婆家的纵容。

　　媳妇的到来对婆婆是有一些好处的。至少在这些社区,女性仰赖儿子的经济上的顾虑至少由于总的经济发展以及儿子赡养父母的有效的法律与习惯性义务的存在而缓解了。不管有多么正常和如何被人们所期望,个人的考虑、儿子结婚的社会调适以及一个陌生的(通常是拘谨的、腼腆但却是很有帮助的)女性添列到家中,依然难免是很困难的。有的女性不想在媳妇结婚前就对她有所了解。和我交谈的儿子已订婚的一些女性讲不出未来儿媳的名字,可能也尚未见过她。我猜测新儿媳回娘家离开较长一段时间,对于婆婆就像对儿媳一样,是一件乐事。然而,当最初的调适期过去之后,即便是最懒散的婆婆也将发现,她们的劳动负担大为减轻了。

　　第一个儿媳的到来,许多年来包括在经济条件更困难得多的那些岁月里,有可能是第一次大大减轻了婆婆的双重负担(成长中的女儿也可能助一臂之力,但她们更有可能在可以找到的任何户外创收工作中劳作较长时日,因而不能指望她们去干家务,并且,她们也将在若干年内出嫁)。①

---

① 女儿们可以辍学,或从不被送去上学,以便从事创收工作,照看年幼的弟妹,或从事家务劳动,以使其母能在家外劳动。这一现象在中国其他较贫困的地区已有报道,这甚至经常出现在我所访谈的较年轻的成年文盲的经历中。然而,我只在其中一个村碰到一个岁数较大的孩子,她因这些缘由没有上学,并且从未上过学。

正如克罗尔(1979：47)已指出的,处于一个女性人数较多的户中的女性,其劳动负担比只有一个女性的户中的女性要轻得多。前儒林在这个方面显示了一种独特的模式：当家中娶进一个媳妇之后,在整个成年生活中(她们现在 40 来岁)一直从事农业劳动的女性往往会从中告退,由媳妇取代她们干农活。这明显不只是家庭构成的事情。它有赖于某种适度的经济富裕。但这也表明,鉴于现代中国的代际变化步伐,身强力壮的媳妇有更大的户外经济价值。她们通常受过更多教育,并且可能也更有技能。婆婆到那时将企盼看管她儿子的孩子们。这就构成了对该户经济有利的劳动分工,因而总的来说也受到了婆婆的欢迎。① 到这时,媳妇的境遇就不如结婚之初的日子那么舒服了。不过,她将有可能得益于婆婆在带孩子和干家务上的帮助。

可以采用母亲中心家庭策略的条件已发生了有重大意义的转变。青年母亲有可能仍为其婴幼儿提供大量照顾,但主要的看护者通常是奶奶。年轻的母亲已较从前获得了作为户外创收者的更重要的角色。在这个方面,她们甚至获得了比基本母亲中心家庭模型所囊括的更重要得多的角色。在这个过程中,她们失去了同其小孩的某些接触,但人们对母子联系是深信不疑的。这里的有趣因素是为**从母亲中心家庭策略转向奶奶—孙儿女关系**所提供的条件。儿媳在家外工作,使婆婆同其孙儿女、并通过**他们同其父母**建立起密切的联系。

在我同村民们正规或非正规的讨论中,人们很少自发地谈到这种关系,他们也没有采用如此明确的术语,但奶奶照料孙儿女的作用是显而易见的。人们公开地谈论并毫无疑问地予以接受。的确,奶奶是带孩子的第一人选,即使这可能意味着将孩子送往另一个社区,从而

---

① 鉴于她们自己或她们家庭中的生活水平都不会受到负面影响,没有任何理由认为,婆婆对于撤出户外的创收工作有什么不乐意的。农村女性的现有工作是体力性的劳动,报酬较低,因而对农村女性而言,并不是什么解放性的。又见张娟和马文戎(1988)。

引起孩子们同其父母或长或短的分离。在主干家庭继续存在的地方,稍大点的孩子可能发现自己同奶奶或爷爷同住一室,甚至还共睡一张床或炕。在主干家庭不存在或在孩子降生之前就已分家的家庭中,奶奶照顾孩子依然受到青睐,这为两户之间的日常互动提供了基础,因为孩子(通常)每天从奶奶家里送来接走。

母亲中心家庭策略的主要能动者从母亲转向了奶奶,这同玛杰里·沃尔夫(1985:206)后来的发现是相吻合的,即较年长的城市女性比城里的青年女性更强调母亲中心家庭的策略。她不曾对我在这里确认的爷爷奶奶方面的变化情况做出评论,但她提到了城市女性,母亲中心家庭策略对于后者可能已变得较无意义了。在她1980年的研究中(沃尔夫,1985),沃尔夫不曾提到农村女性的母亲中心家庭策略是弱化了还是做了调适,但我认为基于本研究的发现,我们可以确认,这些方面正在农村浮出地表。这在某种程度上说明,在中国城市更为典型的关系模式开始向某些农村地区蔓延。母亲中心家庭策略适应业已改变了的农村环境。这在奶奶/姥姥通过照料其(外)孙儿女为她们自己建立未来保障方面也是很明显的。在缺乏像养老金之类的其他经济手段以及在预期寿命延长与普遍分家的氛围中,这是一种创造性的反应。

母亲中心家庭:妇女的劳动

重构母亲中心家庭的策略,从本质上讲,是隐含于如今以户为中心的整个一系列生产与再生产问题之中的。对这一重构的分析,可以通过仔细研究正在变化的劳动分工中儿童照料与农村女性经济角色之间的关系来有效地予以探讨。

儿童在中国文化中受到高度重视是无需强调的一点,尽管它隐含于儿童照料问题的重要性之下。① 中国农村每对已婚夫妇(及其父母)渴望早早生下至少一个孩子。② 这里研究的各个社区有足够的经济实力,偶尔使年龄超过 40 岁的女性早点退出劳动,有时还能使家庭成员总的劳动负担有所减轻,但很少有富得可以使青年母亲脱离创收活动的。此外,许多人选择最大限度地利用有利的经济与政治条件更努力地工作,并赚更多钱。

我在这三个村子中只碰到一个自愿退出劳动力市场的年轻母亲。她同丈夫曾一起从事一项极其有利可图的批发生意。这使她们家成为槐里最富裕的家庭之一。当这对夫妇对正在变化的经济环境做出反应而放弃批发生意时,她丈夫到村外就任工厂管理工作,妻子则没有立即去寻求其他的创收工作。然而,通过向其他户提供无息贷款,并通过在村妇女组织中的义务劳动,她的确在村里发挥了积极的作用。我们可以认为,她是在积极寻求当地政治途径,使她家里的赫然富庶为人们所接受,从而获得安全。这显然不是许多农村女性能够做出的选择。

中国的许多地区并不能为其农村人口提供充分就业,其结果是,甚至在 20 世纪 80 年代中叶经济增长率最高的年份,女性在劳动力大军中也被边缘化了。这里所研究的各个村有稍微好点的经济条件,因而代表了男女都有户外经济机会的农村地区(参见朱爱岚,1990)。女性可能较早退出劳动,也有可能在诸如农业等行业中从事低报酬的艰辛劳动。但在这些社区中,只要她们自己能抽出身来,她们的确有机

---

① 这里讨论的各个村在近期普遍实行了计划生育。各个村显示,20 世纪 70 年代(包括 70 年代在内)以前比以往十年有大得多的兄弟姐妹群。这些村中没有一个完全遵从独生子女政策,但超生的孩子比中国某些地区所报道的要少得多。
② 实际上,人们几乎普遍想要一个以上的孩子,但夫妇双方及其父母在某种程度上都遵守国家的计划生育政策。有关山东胶县户样本中人们偏爱的子女数的调查数据,见周清(1988:20)。

会在户外赚取收入。①

在槐里,在我 1989 年做的 40 岁以下的已婚妇女样本中,32 人中有 25 个是有专职工作的,其中至少有 12 人可以被看做(在许多情况下她们自己也认为)在家内外承担了双重劳动负担。剩下的 7 名女性要么反映了各种例外的情形,如个人身体残疾或暂时照料有严重残疾的亲戚,要么就是在成婚户中尚未承担起全部角色的新媳妇②。在前儒林,在我 1987 年做的 40 岁以下的已婚女性样本中,21 人中有 17 位可以被看做是有充分就业的,其中的一个例外系在嫁入的户中尚未从事任何工作的新媳妇。剩下的 3 人将农活与家务劳动结合起来,可能还算不上充分就业。她们户中均有居住在一起的婆婆。在张家车道,在我 1986 年做的 40 岁以下的已婚女性样本中,32 人中有 27 个被判明是充分就业的,其中 19 人明显在户外有工作。8 人将农活同家务劳动结合起来,剩下的 5 人也将农活和家务结合起来,5 人中的一人部分时间也投入了家庭副业。所有 5 人都涉足创收工作,但她们并未受到家外就业时间相对无弹性的限制,并有可能一直是充分就业的。所有 5 人都是她们各自户中唯一的成年女性。

当年轻的已婚女性能有机会得到创收工作时,她们毫无疑问会孜孜以求。在前儒林和张家车道,户外最有吸引力的创收机会是在乡村

---

① 前儒林女性的境况使人联想起博塞鲁普(1970)较早提出的论点,即女性的户内劳动可以作为从户外雇佣男劳力的一种替代选择。在前儒林,这一选择是在该社区 40 岁以上的女性同户外雇来的劳动力(包括女性和男性)之间做出的。这可能是当代中国更广泛现象的一部分。大丘庄因女性选择回家从事家务劳动,以支持在户外劳动大军中的男性成员而引起了人们的关注(张娟和马文戎,1988)。大丘庄也是个从外面雇佣了大量工人的一个社区。

② 这些女性在样本中的比例可能偏低,因为许多新娘至少在婚礼后数月之内没有被包括在其嫁入的户当中,而在户与户之间的转换期度过一段时光。在这期间她们一般不工作,但假如要求她们劳动的话,她们可能被包括在她们做出贡献的户之中。新娘在向新户、新社区过渡期从工作中得到暂时休憩的现象有重要意义,但这也是暂时的,同育儿和已婚女性工作的问题并不直接相关。

工业中劳动。在槐里,最好的机会是从事以户为基础的商业与商品生产。这些活动比工厂工作更易于把看护小孩结合起来。少量的可耕地使农业成为所有这些村一项潜在的专职或兼业活动。三个村的青年已婚女性,当她们是年轻母亲时,都希望致力于创收活动。她们认为假如不这么做,她们家中的生活水平就会受到影响。她们的母亲和婆婆在集体化时代都曾面临同样的要求,并为了工分而劳作过。

照看儿童只是在决定能否工作的情形下才成为一个问题的。花在儿童照料上的时间,从本质上讲是无形的,① 并且明显融入了每个女性同她家庭与社区成员的社会互动之中。即便是相对小的孩子,一旦他们能够上学,即 6 或 7 岁时,就不被认为需要什么照顾了。

幼儿园也可以被看做是免除人们小孩照料问题的一个渠道,尽管张家车道有白天开放的托儿服务,但这对于满足该村主要工厂倒班工人的需求是远远不够的。而槐里的幼儿园最近失去了其唯一的老师,是否关闭尚不清楚。无论如何,幼儿园只有有限的光顾者,因为由奶奶/姥姥来带孩子肯定是人们的优先选择。而且,幼儿园也不照料婴儿或幼儿,假如有奶奶/姥姥照料小孩的话,母亲们将在孩子出生后 3 或 4 个月就外出工作。

表 5.2 显示了槐里 39 个兄弟姊妹报告的所有在世的照料孩子的各代女性。当有不同的主要照料者时,说明存在着先后次序的问题,这种情况通常是因奶奶/姥姥去世或生病引起的。在母亲自身被列为唯一主要照顾者的 8 例中,4 个明确提到因奶奶和姥姥死亡、生病或者(其中一例是姥姥)距离太远不能提供帮助。有一个以上说她家的奶奶还需要照料她自己的孩子。

---

① 在访谈中,要精确估计花在照料孩子上的时间是极其困难的。儿童养育一般不被认为属于任何类型的工作,甚至不被认为是家务劳动,除非它在本质上是排除了其他活动而专职从事的工作。

表 5.2　1989 年槐里 39 个兄弟姊妹报告的女性照看孩子的情况

主要照顾者[a]	兄弟姊妹人数
奶奶	13
奶奶；母亲	9
姥姥	2
姥姥；母亲	2
奶奶；姥姥；母亲	1
奶奶；爷爷	1
母亲	8[b]
成为孤儿的侄子；母亲	2
小姨；奶奶	1
总和	39

a. 当有不同的主要照料者时，说明存在着先后次序的问题，这通常是由于奶奶/姥姥去世或生病引起的。

b. 在母亲将自己列为唯一主要照料者的 8 例中，4 人明确提到奶奶和姥姥皆不能提供帮助。

我遇到的每个人都谈到，照料孩子的第一优先选择和一致偏好①（除了一个非典型的奶奶）是奶奶照料孙子女，不管她是否生活在同一户中。这并非一项绝对的义务，但在绝大多数情况下，假如她能够这么做的话，她很乐意提供这种帮助。这是当代维系她母亲中心家庭的最有效手段。取决于她自己家中的条件，奶奶或将看护孩子同易于在家中从事的其他工作形式结合起来（家务劳动、饲养牲畜或家庭副业），或者，她有可能终止其他活动，倾其全力照料一个或更多的孙儿女。

---

① 这位非同寻常的女性曾有过在城里工作的历史，并正处于恢复其非农户籍和再度告别农村的进程中。当我碰到她时，她正干劲十足地担任村妇代会主任，并认为她自己为这项工作所缠身，以至于不能在家里照料还是婴儿的孙儿女。为此，她的媳妇只得呆在家里。

孩子的母亲通常在其工作之余带小孩，即便如此，孩子们白天实际上可能完全是同奶奶在一起度过的，并且饭都是同后者一起吃的，即便她生活在另一户。在某些情况下，当父母双双都在城镇而又没有托儿所的话，孩子们几乎全部将由其奶奶/姥姥看护。小孩在上学之前可能就住在农村爷爷奶奶的家里。

人们并不总是可以求助于奶奶来照料孙儿女的。尽管早婚早育的标准模式使大多数妇女在40来岁就成为奶奶/姥姥，然而，英年早逝或身体不佳可能不期而至。几个母亲在叙述其照料孩子的经历时，都谈到在奶奶/姥姥最后生病期间由前者照料转为母亲照料的情况。中国女性只要尚能照料孩子和做家务就将继续这样干下去，并有可能持续到她们80来岁。农村年长者从劳动中"退出"的证据，比文化上有关年纪的明确价值观要少得多。这似乎是很能说明问题的。

我所访谈的一些中年女性谈到，她们在20世纪60—70年代养育孩子时面临着另外一个限制因素：那时她们的婆婆可能仍在集体中为工分而劳作，因而不能停下来照料其孙儿女。在这些村庄，有所改变的经济条件大体上已将这一限制因素消除了。这既源于农村收入的增加，也因为假如该户有足够的其他劳动力在其分得的土地上劳动的话，土地分配到户就消除了从前延长工时的激励机制。业已消失了的另一种情况是，女性的婆婆在首次成为奶奶时，她仍然忙于抚养她自己的小孩。正如前面提到的，一个女性告诉我的，她婆婆非但没有帮助她，她反而还帮助其婆婆照料孩子。

照看孩子的第二个人选总是姥姥。这种选择之所以较不普遍，是因为奶奶是被优先选择的。在某些情况下，距离的问题是一个因素，因为女儿通常嫁到她母亲成婚的村庄之外。但距离其实很少超过数公里，小孩子可以并且也易于每天用自行车从姥姥家里接来送去。这一做法在文化上并没有得到阐释，但却很普遍，并明显为人们所接受。

这是围绕女性及其娘家的实践性亲属情结中的一个因素。女性的生养之家总是被称为"娘家"。除了我在别处（朱爱岚，1989）已讨论过的这一情结的其他方面外，这里可以就这一传统习俗对于理解母亲中心家庭的影响提出一些问题。

在人们有关照料儿童的考虑中，姥姥要比表 5.2 可能揭示的更为突出。在许多情况下，当女性说她们自己照料其孩子，或者当她们寻求其他不甚普遍的方式时，她们都提到奶奶和姥姥或过世或有严重疾病的情况。母亲的妈妈似乎从未仅仅因为她是姥姥而不是奶奶而被排除在考虑之外。

女儿也是女性母亲中心家庭的一部分。这至少在本研究所报告的山东地区是如此。只要一方父母尚健在，女性同其娘家之间的照料与经济联系一般是会持续下去的①。除了女儿回娘家外，母亲自己通常也走访嫁出去的儿女。距离通常不是很远，即便当女儿生活在一个遥远的城里，远至其中一个北方省份，只要有可能，她母亲将会去探访。母亲同已婚女儿之间的联系，在学术文献中一直被大大低估了，我怀疑它们在山东农村亦如此。

女儿（及其嫁入之家）在绝对与相对经济条件许可的情况下，会按惯例给其娘家人提供一些援助。而且，1981 年生效的修改后的婚姻法规定女儿也有赡养父母的义务。立法上的这一变化离得太近了，不足以解释这种娘家情结，但习惯性的经济联系与情感—道德联系却是为人们所接受的。**帮助女儿养育子女**是建立母亲中心家庭的一部分，尽管儿子及其家庭有优先权。母女联系或许也可以用来抵消婆媳矛盾。尽管出自不同的立场与观点，婆婆和媳妇都难免会有冲突。不应令我们惊讶的是，母亲中心家庭的这一方面可以延伸到女性照顾其女儿的

---

① 正如言语上所提示的，对母亲可能存有偏见，但父亲并没有被排除在这种娘家情结之外。

孩子。

正如表5.2揭示的,当奶奶不能照料孩子时,人们可能会寻求其他亲戚来帮忙,从而使她能够在家外工作。假如需要爷爷、并且其健康也允许的话,他们有时的确也照看孩子。成为孤儿的"侄子"看护更小孩子的这两例,以略微改变了的形式继续了大孩子看护小孩子的早先模式。这种情形通常会在另一种情境下被提及,甚至被一些30来岁的相对年轻的已婚女性提到作为她们从未上学的一个原因。在以往数十年,大孩子尤其是女孩通常要看护年幼的弟弟妹妹并从事家务劳动,以便其母亲可以对家庭收入做出贡献。

这种安排如今在中国部分地区很普遍,但我在这些村落里只发现了一例。若干因素有助于这一变化。明显的一些因素包括保健的改善(这使人们更易于求助于奶奶/姥姥)以及至少有机会受小学教育。较不明显、但同样或更为重要的因素是女童劳动力的价值。当她们较小时,她们在家中可能是颇有价值的。但到她们大约16岁时,她就有可能在乡村工业中就业,或者能够通过农业或小型商业性工作来创收。在这些村,假如女童因经济原因辍学的话,较之让她们的母亲在家外劳动,她们自己更有可能出去工作。受青睐的儿童照料安排,涉及在其他领域甚至连一般的创收机会都没有的人。

农村女青年20世纪80年代在城里当保姆变得很普遍,但在这些社区几乎难以奏效,因为这取决于母亲收入与保姆工资之间足够大的差异,以便使它对母亲和保姆双方都有吸引力。这在许多情况下这甚至在城里都很困难,城里人抱怨缺乏愿意为保姆的工钱而干活的农村女性。

没有年长亲戚帮助照顾孩子的农村女性可能别无选择,只得使她们自己脱离几年家外的工作。但是,这样做的女性可能仍可以通过在家里的劳动对家庭收入做出贡献,比如从事各种类型建立于在家做工制基础之上的棉纺织活动,在庭院饲养家畜或种植蔬菜以及投身于她们可以不离家而从事的各种以户为本的企业。

正如所有这些揭示的,女性的经济角色及其变化是户和家庭的关系与策略中包括母亲中心家庭建构上的决定性因素。有关中国北方农村女性经济角色的多数讨论都偏离了巴克(1964)在1929—1933年进行的大规模调查。他在中国北方和南方得到的有关女性与男性农业生产劳动的数字得到了广泛引述和再分析,并且通常被认为揭示了女性在农村经济中的较低参与率。索伯格对巴克数字的考察显示,按狭隘和纯粹农业的定义,女性在农业经济中只有16%—23%的参与率;而按较宽泛的包括辅助性行业的定义则有20%—27%的参与率(索伯格,1978:585)。[①] 这些数字高得足以对中国北方女性在非生产性活动中占主导地位的普遍观点提出质疑,但即便是这些数字我们也必须加以质疑。这些比例因囊括了15—59岁的所有女性而降低了——其下限可能太高了,而上限当然也很不切实际。

此外,巴克的调查是在近期女权主义批评问世之前很久开展的,不太可能成功地避开往往使女性的工作隐而不见的所有陷阱(见罗杰斯,1980)。关于后面这个问题的论点,至少在山东省得到了杨懋春(1945)详尽描绘的台头村一般劳动分工的极大支持。在所有三个村,我访谈的最年长的一代女性一致认为,除了异常富裕或特别贫困的几个例子外,她们婚前在娘家村都致力于农业生产,尽管某些特定的环境在干预频繁的几十年中已有所变化(见索伯格,1978;朱爱岚,1990),但将山东农村女性视为刚跨入创收工作领域的见解是几乎没有什么理由的。

---

① 按纯粹农业的定义,中国北方男性参与农村经济的相应比例是66%—75%,而按包括辅助性职业在内的更宽泛的定义是60%—68%(索伯格,1978:585)。这同样适用于中国南方(按更具包容性的而不是较无包容性的范畴,女性的比率较高而男性的比率较低)。

我不想在时隔这么久之后重新勾勒 20 世纪初的劳动分工或平衡再生产与生产的模式。我们足以观察到,最综合性的现有数据库可以说证实了至少远至 1930 年女性在中国北方农村生产中的重要作用。中国北方农村女性在那个时代可能已采用了母亲中心家庭策略来提高其在家庭中的地位,从而增强了其自身的保障,但她们也有其他可采用的经济策略。杨懋春(1945)对 20 世纪初期小农社区中以户为取向的农村劳动分工的描述,充分地揭示了拥有真正但不多资源的农户们所具有的某些机遇。

通过使主要的合作与生产单位变成一个较大的户以上的单位(不管它是生产队还是大队一级),集体化改变了这种劳动分工。在这个时期,女性在家外劳动大军中是很活跃的(见索伯格,1978;朱爱岚,1990);然而,同男性一样,她们所从事的确切工作并不是由户一级来协调的,她们的工作仅仅是在挣得的工分上在家庭经济中突显出来的。

随着以户为基础的生产的重构,这个问题不再只是家庭成员工分贡献的问题,而是在户内建构生产中劳动分工的问题。当然,在仅存在城市式就业和挣得现金收入的地方,这个问题也许不会出现,但农村的情形则不然。有农业户口的那些人,必须要么自己种植主粮,要么在自由市场上购买,因为他们是处于国家供应体制之外的。虽然某些农户富得足以放弃农业,但多数人包括张家车道和槐里的绝大多数人①都必须努力将粮食生产同一种或更多挣取现金的活动结合起来。从原则上讲,农业也可以创造现金收入,但是这些村子没有一个具有有利的人地比率,可以用于种植经济作物的空地也很有限。正如中国

---

① 前儒林依旧是集体的,并仍然保留了工分制。农业劳动由几个农业工作组集中包揽,因此,农业/非农业平衡以及劳动分工的问题是一个户外的问题。

广大农村普遍存在的情形,尽管没有一个村有处于市郊的地利,但这些村依靠非农活动赢得了现金收入。假如说它们有些不同寻常的话,那是因为他们有比较好的机遇获得这种机会(主要是在乡村工业和商业方面)。

户内做出的在不同经济活动中分配其现有劳动力的安排是错综复杂的,取决于一定时间内每个地方现有的机会以及一定农户的成员是否能够利用这些机会。此处提出的经济问题的不同方面在第二、三和四章中已讨论过了。这里要提到的特殊的一点同扩大家庭的实际消失(甚至在富人当中)和核心家庭占主导地位有关。正如玛杰里·沃尔夫(1968)的经典研究所描述的,这种情形的一个结果是,家庭内部成年男性(父与子或兄弟)之间的劳动分工不再是良方。我确实几乎看不到这种关系的存在。①

此外,在槐里这样一个农业与商业性村落中,这种合作本应该是最为人们所期待的,但我对所有自定与国定专业户的访谈都揭示,人们对于同兄弟或其他亲戚进行合作十分反感。与我交谈的人中没有人认为这样做是没有冲突的。人们可能会雇佣较年轻的亲戚(父方或母方的),提供借款或某种形式的其他帮助,但严格地讲企业是户内事务。涉足企业的家庭中没有一户是扩大的家庭户。

这种情形的一个必然结果是,丈夫—妻子的经济伙伴关系开始具有特殊的重要性。从某种意义上讲,父与子或兄弟之间的合作变得不那么必不可少了,因为妻子是专职的创收者。这在有一个年长女性照料孩子和干家务的户中最可行,但是,倘若缺乏这么一个年长的女性时,许多妻子则有效地承担起双重负担。因此,文献中为人们所熟悉

---

① 已经提到的扩大家庭户的两个例子可以被看做是部分的例外,但这两户都代表了扩大家庭的文化形态。它们对父母之愿望与价值观的敏感性超过了经济上的合作。当然,每一户都显示了每个已婚兄弟及其家室组成的亚单位之间的明显分离。

的相关男性之间的劳动分工可能并且事实上已被**丈夫与妻子之间的劳动分工**所取代了。

成为其丈夫主要经济合作伙伴的妻子在家庭中担任的角色,与一个更依赖性的妻子所承担的角色相比是截然不同的。前者对建构和巩固母亲中心家庭策略的依赖可能会少得多。而且,尽管包办婚姻一直存在,但丈夫—妻子双方的合作加强了。这不仅是贫困户的情形——人们长期以来注意到,在除了自己的劳动力之外别无所靠的较贫困的家庭中,夫妻之间有更多的相对平等——在20世纪80年代经济多元化与商业化中干得很出色的农户亦如此。这反映了广大农村一个潜在的长期趋势。

就其创新性与持久性而言,母亲中心家庭策略在如今的奶奶/姥姥一代中比在较年轻的母亲中更明显得多。行之有效且颇得推崇的策略未必会被这些年轻女性所摒弃,但在更广泛的策略宝库之中它可能开始具有较边缘化的作用。

在这一过程中,新的动态在户内脱颖而出,从正规和表面上看,它们类似于核心或主干家庭的早先形式,但实际上却代表了户与家庭正在浮现的新形式。① 同时,跨越户界限的诸关系也被创造出来了,正像户内的关系一样,它们对于农户的运作是必不可少的。农户的较小规模及有限的内在复杂性,促使它和它的成员结成亲密的关系,而这种关系将超越它同时仔细维持的界限。

户与户之间

户并不是一个完全适宜开展与它们相关的许多活动的单位。在

---

① 户与家庭的变化同农村中阶级结构的变化是相连的。

一个有多元关系与活动的领域中,户最好被看做仅是一种有重要意义的关系(见亚纳吉萨科,1979)。文化和现今意识形态上对户的强调,连同跨文化比较中对户的正规分析,都对户给予了过分的强调。不过,户是重要的分析单位,代表了经历丰富的农村社会生活中的有重大意义的单位。因为家户同非官方意义上的家庭单位这个社会组织几乎是重合的,也因为它们是共有资产的中心单位,户在中国农村地方政治经济中具有不可或缺的一席之地,因而被国家机构建构为强大而合法的社会实体。①

在保护家庭财产的完整性和维持户界限方面,村民们反复强调,"只是在必要时",他们才同户外的那些人合作。这种避开合作的明确态度以及合作通常是很必要的这一事实,是户与户合作结构的基础所在。

超越户界限以及同时将户从本质上建构为社会单位的很大一部分社会互动,是由户同有政府或有准政府性质的户之上组织之间的关系构成的。同户有关的最重要的户之上组织是在村一级运作的。它们一直是前面几章连续讨论的主题。假如将涉及户以上组织的关系排除在外,使户涉足超越其界限之外关系的各种活动与活动类型可以被归纳为以下方面:

(1) 户在**生产**过程中可能需要某种形式经常或偶尔的合作。这是依若干考虑因素特别是生产之类型的因素而定的。户内关系的这个方面已在第二章、第三章和第四章中讨论过了。

(2) 户有可能在其界限之外**分配**它们的一些收入,后者通常是给父方或母方亲戚的。

---

① 对台湾家庭财产的讨论,见孔迈隆(1976:57—85)。这一讨论同对当前情境的某些调适有关。

(3) **消费和投资**：除非涉及户外生产关系（如土地组共用水泵），它们很少要求同其他户开展合作。

(4) 中国农村合法的**人口再生产**，既要求合法的婚姻登记，又需要有传统的婚礼庆典，而这通常意味着一户之内的夫妻联合。假如这对夫妇没有相同的户籍，就会存在某种不确定性，但非官方的、习惯性的家户观念的确是包括这对夫妇的。具有重要意义的户际联系，通常涉及业已讨论过的由生活在不同户中的奶奶/姥姥来照料儿童。

(5) 户以及更大且更不明确的家庭这个单位，在农村负责提供大多数**社会保障**。村里一般可能会提供少数福利，但这是变化不定的，像医疗与就医保险等许多福利自集体解散之后已被削弱了。只有当没有任何亲戚承担责任、并且假如不能够做出任何其他的私人安排时（见帕尔默，1988），当地政府对于因年龄或疾病之故而不能工作的个人才提供经济支持。这在户之间促成了最一般的联系，包括为与儿子分开生活的健康但年长的父母①以及已婚女性的娘家人提供经济支持。

(6) 所有家庭都涉足**互助性**的各种联系。这或包括固定的习惯性义务，或包括更有选择性的与偶尔的合作。在这些联系中，最常见的往往涉及以金钱、劳动或两者兼而有之的形式帮助父方或母方亲戚的义务，特别是当他们遇到盖新房或筹措儿子婚礼等重大花销时。②在丧葬方面提供帮助，同样是义务性的。其他形式的合作，可能是互

---

① 父母放弃自己的家而轮留住到已婚儿子家中的前现代习俗，的确依旧存在。我也遇到过一例，一位稍年长的男性一年中在他每个已婚女儿的家中呆半年时间。这种安排不完全是为了照料老年人——当这个男性同一个女儿在一起生活时，他还看她的一个小店铺。而"轮换居住"的奶奶/姥姥则有可能像生活在同一户中的那些人一样照料(外)孙儿女。

② 为儿子盖新屋可能同他的婚礼息息相关。这对于确保婚礼庆典如期举行可能甚至是必要的。1988年，槐里婚礼和盖房子合在一起一般要花17 000元。该村当年的人均收入只不过略多于700元。

助性的或不对称的,而且可能涉及重大的生活决策(如获得非农户口)或较小的日常生活中的合作行为(如借钱买调料等)。

关于同户与家庭关系以及同户界限的维系紧密相连的那些户际关系方面,我们需要给予特别的关注。下面的讨论侧重于在其他各章没有给予详尽探讨的那些活动,即户外的分配与互助。

村民们对户与户之间合作的性质,或者更确切地讲,是他们视野中的流行规范,广泛谈到了两种不同的情形:每户都各顾各的,而每个人也都在帮助别的人。这种对合作或帮助的否认,①连同宣称一般性的帮助,乍一看可能是自相矛盾的。然而,这种结合可以被理解为是对彼此相互依赖这一社会现实的一种调适。它对户享有的适当受尊敬地位丝毫无犯,而且还使社会关系中的公平性虚构得以维系。

为户外拨出资金与劳动的许多事件最好发生在减弱了差异的情况下。最普遍的、约定俗成的而且对大多数农户有重大意义的随礼场合是盖房、婚礼和丧葬仪式。期望和义务依具体的经济条件而定,每一户给予或借出的钱数或劳动量是一清二楚的,这些是每一户都会面临的问题。所以,只要所涉及的各户有平衡的人口,而每户能够并且事实上又很重视的话,人们期望有父系继嗣关系的这个圈子内的各户或多或少有均衡的互惠活动。街坊邻里在同样的场合,也在较低程度上提供帮助。在这个方面,均衡的互惠活动大致是可以做到的。槐里的居民特别指出,这种持之以恒的互惠活动为村内弥散性的团结奠定了基础。

---

① 合作与帮助是截然不同的范畴,尽管对它们的态度在某些方面很相似。合作意味着人们有时一致承认的互惠关系,尽管这意味着对家庭独立之理想的某种冒犯。出于同样的原因,帮助是个更成问题的范畴,因为它意味着弱势或依赖,并表明不对称性。在庆典和生活危机的情境下提供义不容辞的帮助,在某种程度上是可以被接受的,因为此时依赖性与不对称性的方面被减弱了。即便如此,只有当笼统而论或在为他人提供时,帮助才是最能为人们所接受的。

同样重要的场合也是某种不对称的礼物馈赠发生之时,后者较难预测,但依然很风行。已婚女性及其成婚之户,按理要为她娘家人的同样场合随礼,尽管履行这种义务的范围只限于她的直系娘家人。人们可能将这视为一般性互惠活动的一种形式,尽管它出现在这样一个大而分散的婚姻领域之中。这与其说是社会团结的一个媒介,还不如说是农户在面临重大花销时可能利用的一项额外资源。某些家庭拒绝提供任何这类援助。在另一些情况下,所提供的礼金或投劳可能纯粹是象征性的。女性生养之家与成婚之家的相对财富被明确当做一个制约性因素,虽然人们并没有在与之平衡的父系继嗣的语境下提到它,即便这事实上是一个因素。

户际关系更有问题的方面,涉及超出习惯性义务或大致对称之义务的合作。尽管许多家庭在某些时候需要得到其他人的某种援助,并且可能总是企盼这种现成的保障,但每户宁愿不要援助,或者更喜欢以某种合理的方式抵消这种援助。结果导致了一套纷繁复杂的户与户之间的义务,其中最有意义的涉及可以被宽泛称为稀缺资源[①]的东西及其不同的获取机会。

我在这里所指的关系,并不是那些正规的和人们所期待的经济合作形式。例如,槐里土地匮乏,分得土地的农户一般都充分地加以利用。某一户假如不用地的话,村里存在着收回这种地的机制,因此,将农田包出去的情况非常罕见。所以,当一户将土地包给另一户时,这是值得特别加以考虑的。不过,这并不是一件不可提及的事务,因为人们知道几乎每一户都喜欢有更多的土地,而包地户通常要以现金或谷物形式支付包地费。

[①] 这里使用的资源的概念是宽泛而非纯粹经济意义上的。它不仅包括获取生产资料,而且包括获得影响国家政治与行政过程的手段。这是对中国政治经济特色做出的一个必要调整。

然而，包土地并不是一宗纯粹的商业交易。土地稀缺意味着人们难以在市场上轻易获得它。把地包出去本身是一项特权性的事情。因此，它一般是包给有亲密关系的户的。人们通常通过父方继嗣关系，并且往往在本村内部进行。此外，槐里的某些户表明，它们以低于村里承包其少量处置地的标准价，将他们的一些土地包给亲戚，但没有任何户说它们收取了更多费用。农地在某种程度上被商品化了，但并没有完全脱离以亲属和以社区为取向的考虑。它的价格也不是根据供需关系来决定的。结果，获得剩余的农地成为强化非商业性联系的一种手段。

跨越户界限的非典型交换的另一个例子，涉及缺乏农业劳动力的各户，这通常是因为户中一个或更多成年人在外工作的缘故。最普遍的情形是丈夫缺席而由其妻小组成的一个单独的农户。① 妻子独自承担所有农活和家务劳动将会很困难，特别是当她的孩子们还幼小的时候。处于这种情况下的女性，在农业劳动上可能会从她丈夫的男性父系继嗣那里得到相当多的帮助，尤其是在农忙季节。这被视为帮助，具有户之间礼尚往来的性质，但这并不排除礼物的回赠。缺席的丈夫及其家庭将寻求回报的机会，例如，他在别处的工作可能使他有机会获取他所在村稀缺而宝贵的资源。特别是由于围绕农村社会关系不断商业化导致的暧昧状况，这类交换常常不被说成是交换，交换的双方都不会因此而感到尴尬。

人们总是易于只谈及这样一种交换的某一方，特别是某人自己的

---

① 除了为分家的父母之户提供这种帮助的例子外，我并未发现为无疑是依赖性的那些户长期投劳的例子。需要得到长期帮助的那些人必须诉诸社区，每个社区应有某种资源帮助不能自食其力的住户。所提供的这种帮助因地而异，现在可能比在集体化时代更靠不住了（王斯福，1987）。所研究的这三个村都有适当的财富和村级行政结构提供这种援助。张家车道和槐里分别报告有几个受援户，前儒林声称1987年没有一户要求扶助。

家庭是给予的这一方。没有任何其他资源的人们也有可能为其他户在农业或建房上慷慨地投入劳动。他们很乐意谈到这一点,当作他们对村里普遍的互惠网络做出的贡献,尽管他们往往不提该网络的其他方面。同样地,在商业上大获成功的人们很乐意谈到他们将钱借给亲戚和邻里以应对投资或家庭之需。

通过这些机制,富人和穷人都采取策略为了不同的目的并以不同方式来减弱和解决与改革伴生的、由日益经济分化与不平等引起的冲突。更能体现集体化时代特征的平等化的努力,业已被在一种更彻底而明确不平等和按等级制构筑的社会秩序之内操纵相对优势所取代。新富裕起来的户与贫困户之间的冲突被压制并管理起来了,而不是被利用起来去刺激政治上的变革。

以这些方式确立起来的户与户之间的重大关系,并非都是易于在作为单位的户之间表现出来或实际上得以发生的。更具有义务性的关系一般适用于整个户,但其他的更有选择性的关系则通常在不同家庭的个人之间存在。后者不可避免地影响到个人所属的户,但它们有别于涉及整个户的联系。在这里,社会性别方面的差异是很明显的。

女性和男性结成姻缘带来了一套亲属关系,但这些关系对于女性和男性的影响是不同的。这种差异在从夫居的日常联系中得到了巩固。① 亲属关系在集体解散之后已变得更具有意义了,但随之而来的亲属关系模式并不是根据宗族原则或受到人们偏爱的婚后住居方式就直接可以预测的。人们以有所选择的随意性的方式来利用亲属关

---

① 从妻居和村内通婚同这种模式是背道而驰的。简而言之,某些不同之处在于:在传统的从妻居婚姻中,女性有可能激活她可企及的更宽广的父系继嗣纽带,而她的丈夫则几乎完全割断了同他生养之家的联系。在村内通婚中,丈夫的父系继嗣纽带同从夫居婚姻中的是相同的,但妻子同她的娘家人则有可能保持更密切得多的联系,尤其是假如这桩婚姻是带着这一特定目标并且是作为对入赘婚的替代的。

系,而且往往是在有利之处才利用母方关系的。非亲属关系也被尽可能地利用起来,以帮助户在一个日益商品化且流动的不仅仅依赖商业关系的社会世界中求生存(见王思斌,1987)。尽管社会关系的商业化是一个普遍的趋势,但商业联系并不被认为是可靠的,因此,人们的目标是动用所有现存的社会联系与人情,以便在这个商业化的社会氛围中生存下来,并取得繁荣。

多数男性具有重要意义的日常联系是他们同其亲密的男性父系继嗣之间的联系。① 他们的妻子也被期望同这些男性的妻子有最密切的日常联系。在男性的关系不是父系继嗣之处——这通常是指同邻里的关系——其妻子又被期望在她丈夫朋友的妻子中寻找到她的朋友。通过这种不对称的形式,一个妻子的户外接触是归在她丈夫的关系之下的,不管这些交往是涉及这对夫妇双方的(比如丈夫帮人盖房子,妻子们则在一起为建房者做饭),还是涉及到夫妇个人的(如帮助缝被子或把犁借给别人)。

将女性的户外联系归在其丈夫终生生活的村落联系的保护伞之下,制约着妻子与丈夫之间冲突性的也许仅仅是旨趣不同的社会互动的实现。这强化了户界限维持过程所引起的分离效应。户的优先地位以及户拥有决定其成员福利的财产,钳制着有不同利益的成员能够在户界限之外独立行动以实现其特殊利益的程度。不管是明显还是潜在的,户内差异或冲突的程度是变化无常的,在某种程度上还受到个人的影响或控制。但是在户内运作的包含这些差异的限制性因素,是文化与社会结构中的共同因素。这并不是说这样的限制性的因素是绝对的,但它们的确有效地制约着女性追求有别于户中其他成员利

---

① 在一个男人有几个兄弟的极端情况下,他可能表明,他的所有意义重大的户外联系实际上都是同他兄弟的联系。

益的策略性手段。这种情况有利于被公认为在户内占主导地位的男性的利益,较之媳妇,这可能也有利于婆婆。

丈夫和妻子的户外联系也揭示了他们之间不同之处的不对称性。村内的工作很少为人们提供形成特别亲密联系的机会,特别是因为现在的许多工作都是以户为基础来组织的,但也存在着一些例外,尤其是对男性而言。在村外有工作的男性,特别是那些提供了良好政治或商业联系的工作,促进了这种接触。在村外当兵或从事一些通常有政治地位的工作也能建立村外联系。在村内,男性中间显示出最亲密的非亲属关系的是那些干部(通常也是党员),或者更为普遍的是从前在一起当干部的那些人(既然可填补的岗位较少)。这些男性不仅有将他们同其他村民区分开来的共同经历,而且可能也有使他们在困难事务上进行密切合作的共同经历。他们可能也有异常好的机会获得村外的资源。农村中最有利可图的某些商业交易,是前干部凭借他们当干部时获得的知识和联系来进行的。村外的政治联系也提供了其他任何途径无法办到的解决政治或行政事务的一个渠道,如改变户籍等。

女性很少通过村内的工作关系同其他女性建立起密切的联系。许多女性压根没有涉足将她们自己同户外的女性联系起来的工作。当她们这么做时,就像她们同男性打交道一样,这未必会导致她们建立特别密切的联系。然而,同男性的情形再一次相似的是,在她们的工作有些独特的地方,她们可能会建立这样的联系。这些村存在着两个最突出的例子,每个例子都很有特色。其一出现在投身于一宗小生意的两个女性之间。她们的生意显然是较为成功的。这使她们在某种程度上同村里的其他女性隔离开来了。这不仅由于她们的财富,而且也因为她们被牢牢拴在她们各自面对面在街上的店铺里。

其他这样的联系可能属于更通常出现的那一类,尽管它只在青年未婚女性中存在。槐里未婚女性积极投身于不需要进行长途旅行的小规模农村买卖之中。这一现象可以被人们接受的一个变异是，四个青年女性组成的一群人结伴到河北石家庄市去购买衣服，然后独自在当地市场上出售。她们组成一个小组来完成不可能仅靠自己就能独立完成的旅行和生意。这类女性工作组将随着构成小组的女性结婚而解散。

已婚青年女性在其成婚村庄的社会互动方面是受到许多限制的。正如婚礼之后的一个仪式所揭示的，新娘最好由嫁给她丈夫哥哥的已婚女性正式介绍给同她丈夫家庭相关的其他户中的女性。但由于缺乏机会和不主张"串门"的强大社会压力，她被阻止同那个范围之外的人有接触。

女性通常得不到某些男性通过工作和政治渠道获得的村外联系。农村女性很少有人入伍当兵，也很少有担任村干部的。假如她们在村外工作，这通常发生在结婚之前，许多人还以此作为告别农村的一个跳板。

相比之下，女性的村外联系主要是同她们娘家人的联系。男性的亲属联系主要位于他们居住的社区之内，而女性则有可能利用密切的村外亲属联系。这些联系是其街坊邻里和她丈夫的姊妹们所缺乏的。女性的娘家因而成为将有父系继嗣关系的家庭区分开来的一项资源。除了在很少的情况下，她的娘家人一般不会为她提供直接的经济援助，而娘家的富足程度将决定她及其成婚户是否不得不提供帮助，而这本身有一种间接的但有重大意义的区分性影响。女性娘家为已婚女儿提供的唯一重要的劳动形式可能是看护小孩。然而，这些因素并未穷尽她娘家人向她提供的资源。这方面的机遇范围并没有任何预先定下的限制，它可以包括当地可能存在的任何援助，其中一些可能是颇有价值的：一个女性从她娘家村了解到一种新的有利可图的经济作物之后,将它引入她婚嫁的村子;还有一个女性从嫁入另一个村的妹妹那里学会了养蜂技术。这在当地是一宗新兴的但有利可图的经济活动。

从娘家得到的一些最有意义的帮助往往从较年长的一代流向较年轻的一代,比如直接获得非农户口这一宝贵而且稀有的资源,或获得有可能间接导致非农户口的一项工作。官方居住身份上的这一变化,对于有保障地脱离农村是必不可少的。除了一些年长者因政治动荡,其非农身份失而复得,或者偶尔罕见的非农身份出现变化的情况外,户籍身份的更改一般出现在成年期之初。因此,农村成年居民改变户籍身份的渴望,往往采取希望并努力使其一个或更多子女获得非农户口的形式。对其子女的前途有所考虑的要退休的爷爷(奶奶)/姥爷(姥姥)(通常是爷爷和姥爷),可能会将他们的工作和户口转给他们所选中的一个(外)孙儿女(职业承袭是工厂和办公室工作中的惯常做法)。有的人可能处于足够高的位置以至于能将许多(外)孙儿女或其他不同亲戚安排到有可能获得非农户口的职业中。地位高的亲戚的社会地位与个人联系——母方及父方的——是决定农村青年人生活机遇的重要因素。

大多数村民都没有机会得到任何有前途的渠道;一些人可能因某个人悬而未决的退休而有微弱的希望。少数人则因有地位高的亲戚而有好得多的前景。父母往往为了其子女的利益动用所有这种他们可以加以利用的方法,其目标是将这种机遇扩展到最大可能的官方极限范围之内。因为这些限制是任意的而且可以改变的,因而人们获得这种关键性资源的机会是各不相同、不可预测的。父亲自然会首先照顾其儿子,但一个有影响力的人可以更广泛扩展的援助范围则是较不确定的。某些人甚至帮助其女儿的孩子们。从某种观点来看,这意味着地位高的人与家庭可以将它们的政治与经济优势扩展到他们的男性与女性的后嗣。这类承袭的男女对称程度,同权力或特权是息息相关的。从另一个视角来看,这意味着**某些**女性能够通过她的娘家人为其后代获得像受人偏爱的非农户口这样的宝贵资源。

第六章 女性与能动性

几年前有关中国女性生活的著述,从描述异常成功的故事转向了革命被延迟了或革命尚未完成之类的令人困惑的叙述(安多斯,1983;沃尔夫,1985)。当前的共识,既承认女性的状况变得更好了,也承认历久犹存的当代结构性的变革障碍。讨论的一个主要焦点是一系列官方政策和政治运动喜忧参半的影响。当这些研究的局限性变得越来越明显时,人们的注意力就部分转向了探究以家庭为本的父权制的重要性(约翰逊,1983;斯泰西,1983)。对 20 世纪 80 年代农村改革之影响的关切,促使人们朝这一方向发展。

我将通过叙述基于两个中心命题的观点为这一讨论做出贡献。

首先,我的第一个命题是,主要或甚至完全是靠自上而下的策略,要使中国农村女性地位发生革命性的变化,从本质上讲始终是不可能的。这种根本性变革的运动,自 20 世纪初以来一直非常重要,并很有影响力。有关女性地位的政策,自 20 年代以来始终是中国共产党革命斗争政策的组成部分。虽然我不想低估这些运动与政策的作用,但它们影响农村变革的能力是很有限的,并且在很大程度上是间接的。全国性的政治环境为农村女性提供了不同程度的支持,但也制约着农村女性有可能取得的发展,但变化最终取决于农村女性本身通过她们自身的积极能动性,获得支持性网络和实现可能性的机会。

第二，我并不认为父权制本质上或者甚至主要是立足于家庭或家内情境当中，尽管这是它有重要意义的一个表现领域。父权制在这里被视为中国更宽泛的等级制关系复合体中的一股势力。

官方政策及其局限性

自1949年以降，涉及女性问题的有效公共结构始终是党、政府和妇联的互为关联的结构，它们共同构成了国家在这个领域中的结构。中国共产党的领导最终决定了所有领域的政策，尽管它把权力的诸多方面都下放了，从而远非一个铁板一块的组织。各级政府在党的领导下运作，因而在领导成员上有相当多的重叠。妇联是一个从国家延伸到乡镇一级的网络，许多地方妇女组织都被囊括在它的势力范围之内。它既是党领导下的一个群众组织，又是负责女性问题、在一些省份还是负责儿童问题的一个准政府机构。党政领导班子中，女性寥寥无几。自1987年党的十三大和邓颖超退休以来，党的最高领导层中一直就没有任何女性。

妇联的结构用马克思列宁主义的术语来说是一个"群众组织"，是党联系女性群体的"纽带"。它的许多工作是动员女性支持党的现行政策，不管这些政策是否特别关切女性的利益。除了这种自上而下的工作外，它也通过影响官方政策、或在直接影响女性的问题上为女性提供支持，如贯彻执行1950年婚姻法的条款和1982年宪法中的男女平等条款，它也试图以自下而上的方式代表女性群体的利益。但妇联的工作并没有被普遍认为是卓有成效的。它们缺乏政治影响力，并且常常响应号召，将其人力与物力资源耗费在那些并非直接服务于女性特别利益的许多问题上。它们那么宽泛地为所有女性的利益而奋斗，从而常常不被认为是女权主义的。诚然，这一结构是一个面向女性的宽泛的伞状组织。

农村女性在这一构架内所经历的有组织的变化,在依然生活在中国农村的女性生命历程中经历了若干阶段。1949年以前,处于在共产党很活跃的解放区的女性,积极参与了支持性的工作,并常常在男性离家当兵时取而代之,包括顶替他们担任一些乡村领导角色。这可以被看做是为了并非特别针对女性但符合她们利益的事业而动员女性。1950年的婚姻法,如同随后的运动所宣传的,在反对传统的父权制家庭结构上更直接地注意到了女性的特定需求。这一立法为陷入特别困难的婚姻境地中的女性寻求和获取离婚,也为抵制强迫性的包办婚姻及采取其他类似步骤的青年人打开了通道,尽管对于个体女性而言有效地采取这种行动而又不招致沉重的社会代价绝非易事。虽然这一立法在文献中主要被当做是针对女性的法律,但它事实上是婚姻与家庭法的一个总体改革,因此它也直接旨在使儿童和青年男子受益。随后的运动同样是各种广泛的变革运动的混合物,间或带有同女性特别相关或对女性特别有利的因素。最近期的例子是"文革"后期的批林批孔运动。它于1974—1975年在农村地区铺开,主要包括向有损于女性利益的儒家传统的各个方面发起进攻。①

20世纪80年代不曾存在特别意在推进女性利益的任何运动,尽管某些法令确实包含着支持这种利益的条款。自1981年1月1日起生效的婚姻法(参见1981年《中华人民共和国婚姻法》,1982)在某些方面比先前的一个(1950年婚姻法,1975)更多地注意到了男女双方和社会性别的平衡。修改后的宪法(1982年《中华人民共和国宪法》,

---

① 对批林批孔运动的这种评论,是基于我在中国留学期间(1974—1977年)的观察与讨论,也依据与同期经历过这场运动的其他观察者的讨论。

1985)包含了男女平等的条款。1985年的继承法允许女儿和儿子继承其父母的财产(帕尔默,1988)。① 80年代的妇联网络在推动男女平等上也已变得更加活跃了。即便改革政策在很大程度上是间接的,或者说非刻意旨在改变社会性别关系的,但它们对农村女性生活的影响要比妇联的这些措施有更深刻的影响。

此项研究的三个村落的每一个都同官方的妇联网络有联系,尽管那种联系从最低限度和脆弱的(像张家车道和前儒林的情况)到相对活跃但依然脆弱的(像槐里的情形)不等。这种联系在这里或其他地方都不表现为妇联网络在村内的直接存在。虽然妇联的主要活动领域一直历史性地放在农村——工会是开展城市工作的主要渠道②——妇联网络并没有以组织形式出现于村内。该网络的工作人员只是在像乡镇这样的行政等级的最底层才能发现。但在每个村子里,通常至少有一个女性负责"妇女工作",妇联的工作因而是众所周知的。这个女性被叫做"妇代会主任"。这一称谓意味着她是村内有组织的女性机构的领导人,尽管那个机构可能几乎没有任何组织形式或实质。我所研究的所有三个村,在本研究期间的至少某段时间有一个指定的妇代会主任,虽然这个人的活动和妇代会主任之外的任何组织活动的范围是更加多变的。

张家车道1986年有一个能干的青年已婚女性担任妇代会主任。她曾在其娘家村担任过同样的职位,她又是这两个村子负责妇女生育健康的护理人员。在她当妇代会主任的角色中,她的大部分责任涉及促进和实施国家的计划生育政策,这一政治角色同她的护理工作直接

---

① 在广大农村,《继承法》中有关男女公平待遇的条款遭到公开的漠视。倘若认为这里提到的任何其他法律条款也都在那里得到有效的执行,那将是错误的。
② 在20世纪80年代末,通过组织女性上班族以及专业与政府部门的妇女,妇联开始向城市地区进一步拓展。

相连。在张家车道调查期间同她密切合作的过程中,我发现她对村里所有育龄期的女性都很熟悉,但几乎不了解其他年长女性。她本人非常坚定地说,作为妇代会主任,她的工作**只是**"计划生育",就当时的语境而言,这是指独生子女政策。尽管妇联正式认为计划生育政策是另一个官方组织的责任,但在广大农村由妇代会主任负责国家政策的这个要素却很普遍。

更进一步的讨论的确还让我得知她偶尔也涉入调解家庭事务,比如,劝说她自己娘家村的一个女性放弃反对女儿嫁入张家车道的主张。张家车道妇代会主任卷入此事,不只是因为她的正规职位,而且也为了建立她自己的网络,我猜想,这还由于她个人的素质。她在这个领域的非正规工作对于她卓有成效地开展正规工作或许是必不可少的,但她用标准化的官方话语的术语来表述说她自己有时借助于"教育"来帮助解决家庭问题。

当前家庭关系的官方理想非常接近于传统的理想,其中包括主要根据一个青年女性同婆婆维持良好关系上的顺从与成功来判断她。在这个方面,一个妇代会主任必须满足的传统、习惯性及非正规的期待,同她促进官方认可的社会规范之间虽然不存在任何对立。①然而,张家车道的妇代会主任显然把这两者当做截然不同的两码事。她不愿意将她的调解活动当做她工作的一部分——当她这么做时,她采用的明显是官方的术语——这表明她认为她从事的妇代会主任的工作是官方工作的一种形式。女性们通常寻求非正规渠道调解家庭问题,

---

① 习惯性的价值观同推动国家独生子女政策之间存在着冲突。这个妇代会主任谈到,这一冲突在她娘家村很难解决,那里的人们对这一政策有相当多的抵触,而在张家车道则不太费劲,这里的村民更自愿地予以遵从。这种顺从的程度可能同张村女性相对高的创收能力有关,也同村官员有关,后者极其明确地促进村内通婚作为解决照顾有女无儿的老年人的一种良策。

作为社区中的一员,她可能卷入其中,但她并不把这一点同她做官方的女性工作相提并论。

她提到的唯一其他正规的妇女工作,是从总体上协助村里党的工作。她本人并非党员,虽然她正在申请入党。她为党工作事实上是为党政合一的村一级国家在做事。这反映了在农村做女性工作的那些人的普遍情形。村妇代会主任和乡镇妇联干部定期抽出部分时间来从事一般性的政治工作。就张家车道妇代会主任来说,她为此投入的时间可能表明她获得了一定程度的政治信任以及她被纳入了当地政治工作当中。这种纳入最好采取在村委员中为妇代会主任增设一个位置的形式,这是妇联倡导的一项措施,而不是正式的国家政策。

在张家车道,只有这一个女性有从事女性工作的正式角色,这里并不存在任何支持性的委员会结构。村里的所有女性每年被召集起来开一次会议,但此会无甚明显的重要性。已婚育龄女性每月被召集起来开会,但这主要牵涉女性的生育健康和国家的计划生育政策。

1987年前儒林的妇代会主任也是一个年轻的已婚女性,从前在娘家村担任过同样的职位。她在村幼儿园当老师,这一岗位同她当妇代会主任的角色相关。她是村里的专职工作人员。她的工作可以被描述为2/3时间教书,1/3时间当妇代会主任及为村委会工作。她在娘家村入了党,是前儒林仅有的三个女党员之一,或许最为重要的是,她嫁入了在村政治生活中颇有影响力的一个家庭。

前儒林有一个五个成员组成的妇代会。其中,妇代会主任负责村里女性工作的各个方面。副主任负责学前教育(是村里另一名幼儿园老师)。① 一个女性负责村里老年女性的问题(她是前妇代会主任,已

---

① 尽管村一级并不是妇联网络的正规组成部分,但山东省妇联在学龄前教育的责任上却有别于其他许多妇联。根据我对该省不同地方的调查和讨论,山东省妇联很明显将相当一部分人力与物力资源投向学前教育。在其他某些省份,这一责任已重新划拨给了教育部门。

五十开外了)。一个女性负责村里的未婚青年女性(她本人就是其中一个)。一个女性负责年轻媳妇的事务(她自己也是其中之一)。所有这些领域的主要活动是抓政治学习,包括学习"五好家庭"的内容等。① 这个妇代会主任说她也做一些有关计划生育和某些家庭调解的工作。

这里描述的结构以及将妇代会主任纳入前儒林的村委会,代表了村一级女性工作一个完善的正规组织,非常接近于官方所倡导的东西。尽管有这一完备的正规结构,但前儒林并没有任何人说那里的女性工作特别活跃或有效。一些女性告诉我,这并不是该村的强项。前儒林完备的正规结构或许最好被看做是村里明显遵从官方规定之形式的一个例子。一个继续坚守集体组织的村庄对于来自村外的官方期待表现出了特别的敏感和关注。

槐里在女性工作方面要活跃得多。同另外两个村相比,它在这个方面是较没有代表性的,但也揭示了成为可能的事情的局限性。在我1988年第一次到槐里访问时,妇代会主任是个五十来岁精力充沛的女性,她刚刚恢复了非农户口,正准备到她丈夫工作的城里去。到1989年我再回去时她已离去。新的妇代会主任是一个在本村结婚受过良好教育的年轻女性。当我1990年再度回访时,这个女性已在附近的

---

① 倡导"五好家庭"是当前女性工作的一个重要因素。这是由全国妇联中央一级提出而往下一直到村一级来实施的。村里负责指定符合"五好家庭"甚至是更苛求的"文明家庭"标准的住户(在不同的村有不同的比例)。尽管它以非个人的、家庭的术语来表述,赢得这两种荣誉被认为是户中女性的责任。张家车道1986年宣布的五好家庭的标准是:(1)热爱社会主义,热爱集体,遵纪守法;(2)勇于改革,创新并履行职责;(3)善于发挥自己的特长,勤劳致富,并带头助人为乐;(4)实行计划生育,管教好孩子,举止文明,并讲究卫生;(5)尊老爱幼,促进民主与和谐的家庭关系,团结和帮助街坊邻里。这同妇联1956年倡导的五好家庭运动,在本质上是相同的。这也可以很容易被解读为是有关家庭关系的相当传统的提法,其中多数传统上一直为人们所接受,并得到提倡。讨论中强调的因素之一是婆媳之间的良好关系。这包含在第五点之内,但没有予以明确的阐述。

镇上得到了一份工作。虽然她不时回来,但已不再当妇代会主任了。继任者尚未指定,该村的女性组织停止了活动。党支部书记认为让某人填上这个岗位是义不容辞的,并说将由村党支部指定人选。他寻思着让村里一个从前没干过女性工作的青年妇女来担任此职。一个有婆婆大力支持的前小学老师也在被考虑之列。

槐里的妇代会主任在村里不兼任其他任何职责,得到的酬劳相当于像队长这样的村级低级官员。尽管不被认为是有利可图的,但它事实上是个只需投入部分时间的工作。它对于社区中致力于家庭企业的妇女来说并没有什么吸引力。从另一个意义上讲,报酬的因素也是很重要的:妇代会主任得到酬劳,而妇代会其他成员得不到报酬,这一事实强化了女性工作是一种官方劳动而不是一项义务性工作的观念(参见朱爱岚,待刊)。①

不像张家车道和前儒林,槐里的妇代会确实开展过一些活动。同妇代会主任的频繁更替相比,该委员会在构成上要更稳定一些。1988年,它由一个主任和四个其他女性构成,四人中的一个后来很快成为妇代会主任。她是一个年轻的高中毕业生,是退休村干部的女儿,在当地市场从事钟表修理工作。另一人是该村唯一的女党员,她被纳收到该组织同她的这一身份直接相关。但她的慢性病以及她年幼时因照顾家人而失去了受教育机会的劣势,制约了她在该组织中的活动。剩下的两个女性皆被认为在不同时期分别担任过妇代会主任,尽管人们还提到别的名字。其中之一是一名雄心勃勃的小企业家,靠她父亲和雇工的帮助,经营了一个小店铺和季节性的快餐店。她丈夫从前当过兵,也是个党员。她本人正被考虑成为预备党员。另一位女性连同

---

① 妇女工作是官方的工作,它很少是在自愿的基础上从事的。这就是为何村里的妇代会一般都不甚活跃,甚至是形同虚设的原因。

她丈夫最近一些年在小型批发业中获得了异乎寻常的成功。到我做田野考察时,他们放弃了那时正在走向衰退的那个商业领域。她丈夫进入了工厂管理者之列,这位妻子虽然只有三十来岁,却赋闲在家,过着颇为富足的生活。她是村里最引人注目的慈善家,靠慷慨大度连同一个保险箱和一条看家狗,来保护其家庭财富。

1988年,当妇代会主任离任时,她的继任者已被任命好了。妇代会的替补成员是槐里最成功的女企业家。她是经营村里主要饭馆的一个前小学教师。在下一个妇代会主任离任后应进一步增设成员时,她们却没有立即采取任何行动。到1990年夏天,该委员会缺少一个成员已有数月之久。在指定新的妇代会主任未决之际,那时的委员会从任何意义上讲都没有什么行动。

槐里的妇代会主任和妇代会同村里其他女性的沟通主要靠两个正规的途径:召开会议和组织活动。1989年,当我在槐里进行40户的户访时,我系统调查了这个样本中每个女性参与该村妇女活动的情况,结果发现54个成年女性同村里的女性组织有联系。[1] 这个样本中的活动水平当然高于该村的整体水平,因为我的样本中包括了村妇代会的所有成员以及女性在社区公共生活中很活跃的所有住户。这些女性中总共有23人报告没有参与过女性组织的任何活动。25人说她们按通知至少参加过某些会议,但仅此而已。在剩余的人当中,5人是妇代会成员(包括妇代会主任),一人是个训练有素的女裁缝,她在1988年开办过一个由妇代会组织的缝纫班。

妇女所谓的参加会议和参与其中的标准,是每当通知开会时,每户应派一个女性去参加。这些会议事实上是村一级的国家事务。代

---

[1] 槐里1989年40户的样本中,我缺乏另外12个妇女的信息。12人中的多数是我没有同她们直接交谈过的未婚女青年。我认为同我交谈的家庭成员没有谈到这一信息表明,这些妇女压根儿没有涉足妇女组织,但我在以下的讨论中并没有忽略她们。

表其户的成年女性应在一定程度上予以服从。青年未婚女性通常不被要求来参加会议,50岁以上的女性通常不仅不参加(除了一个54岁的女性之外),而且有些人还说,假如她们参加的话会成为村里的笑柄。

召集女性开会所采用的机制,说明了这些会议的目标群体:要召集这些会议的通知通常是在这个村的小学宣布的,学龄儿童被要求通知其母亲去开会。妇代会的成员正好是属于这同一年龄段的。1989年,这些女性正好处于27—41岁之间。样本中的女性没有人说去过村里的"妇女之家",我也不曾见过人们使用这个中心。①

槐里女性工作突出的活动重点,同改善该社区经济状况特别是女性的创收能力有关。这同国家政策、同槐里以户为本的商品经济取向以及地区与县妇联当前的优先事项是一致的。1987年,林县妇联副主席在长达六个月的时间里,几乎每天都要长途骑车来槐里,围绕庭院蔬菜生产和香椿树的种植将女性组织起来。她选择槐里作为她的重点是因为,就其经济取向和女性组织而言,这个村都很合适,尽管槐里的组织程度和活动水平同她的工作没有太大的关系。

妇联在为村妇创造创收机会上的作用,同20世纪80年代重新强调基层组织以及妇联某些人主张的促进妇女融入市场经济的出发点有关。妇联网络以前不曾以经济问题为中心,甚至到了80年代末,这么做的工作人员仍为数甚少。槐里受益于一个能干的组织者的频繁光临,她愿意在这个方面作一番努力。

1987年在槐里倡导的活动类型效仿了天津庭院种植的一个样板。这一短暂的活动在槐里相当一部分住户那里留下了集约化庭院种植

---

① 这一观察的一个例外,是我自己观看和记录的妇女活动中心展出的有关该村妇女工作与妇女经济活动的情况。

的足迹,并标志着该村朝这个方向有组织努力的开始。紧接着有缝纫和选种方面的培训班,以便为槐里缺乏其他改善经济状况渠道的女性找到进一步增强其创收能力的方法。村里的一些妇女和住户有所受益——除了没有靠妇联的帮助找到其他经济手段的那些人以外——但人们一致公认仍需要做更多的事情。

在 80 年代末经济机会普遍衰竭的情况下,为处境较不佳的女性设计可行的经济策略是很困难的。同槐里仍保持联系的乡妇联工作人员深受这个问题的困扰。槐里缺乏负责女性工作的人员加剧了这些困难,但该村取得的最大成功同先前一个县妇联组织者的暂时光临直接有关。即便她在 1989 年末没有前往南方,该县妇联也不可能继续将那么多注意力投向一个村。林县妇联的实力在此期间出现了波动,到 1990 年,全体工作人员还不到十人,而且,并非所有这些人都适宜从事农村组织工作。像 1987 年为槐里提供的这种援助,并不是每个村都可以有理由期望的,并且这仍不足以创造一个能够自己继续有效开展工作的村女性组织。

为女性在村里设立的正规组织,只是因国家正规结构的激励以及同国家正规结构的联系才存在的。这里是指村妇代会主任和(有时是)妇代会的机制以及它们同全国性的妇联网络的联系。女性的正规组织同国家特别是同村外之国家的各个方面复杂地缠绕在一起。这不仅表现在妇联组织者,而且也体现在妇代会主任偶尔进行的地方干预上。这种职位是由地方任命的,虽然设立这一政治角色却是一项全国性的政策。因此,处于国家渠道之外的村落中并不存在任何正规的针对女性的组织。在中华人民共和国历史上的大部分时间里,任何类型的自发组织在政治上都是有嫌疑的,自 1989 年以来事实上已变成非法的了。即便在 80 年代较宽松的一些年份里,自发的组织包括女性组织确实浮现出来了,但这只是一个城里的现象。这些村没有组建任何这种正规组织,而女性工作依然为国家所垄断。

国家授权的妇女工作旨在为总的社会目标而动员女性,只是在某些特定的情况下才是促进女性特殊利益的。在这些村的各类工作中,女性工作的这两个方面都是很明显的。然而,重要的是要指出,这些村的女性组织并不是为了可以被称为女性权利或男女公平待遇的任何目标而工作的。在每个村,所开展的工作的范围是很有限的,即便就那些方面而言,其成就也是平平的。

即便是为全国性政策的目标而工作,各个村的女性组织也没有充足的资源。女性工作未被各级政府列入优先考虑事项之列。大多数农村女性则认为女性组织在为她们的利益而工作上是无效的,它们仅仅是当地政治工作的又一个方面。涉及计划生育和组织政治学习之类的女性工作的内容是不受欢迎的。即便是旨在从经济上扶助女性的工作,在槐里也只有少数女性能够从中受益。

这并不是说女性在改变其生活上是被动或无效的。相反,这说明她们的能动性并不包容于针对女性的正规国家结构之中。

表述的能动性

这些村经常同我交谈的女性们在将她们自己展示为能动者方面显示了一种明确的模式。在她们谈及其行动与决定的多数语境下,她们都自发地将她们自己(个体)当做自主的行事者。在中国村庄人际关系紧密相连的情境下,其他人无疑也是要被考虑进去的,但她们在一般的交谈过程中没有显示出任何被动感。当然,也存在着一些相反的例子,在户访期间,我也遇到过几乎不说话的女性,只有当我将她们引入访谈时她们才说话。这些情形总是出现在访问期间有若干男性在场而一个特定女性只同我见过一次面的情形下。

第六章 女性与能动性

当我们在更为熟悉而较少受到限制的情境下交谈时,女性们以十足的确信谈到她们的日常生活以及她们在生活中的自主权,但与这种自信相伴的也有沉默、成问题的方面,因为一般而言(假如说并非总是如此),这是同根本不提男性及其能动性是相联的。当这样一种讨论因我的某种询问涉及男性时,其语调常常(尽管并非总是)转向至少表明对女性能动感的不确定性以及女性能动感的明显局限性。

关键性的一点不只是中国农村女性将自己视为并展示为积极的能动者。只有当男性既不参与讨论、也不是讨论的主题时,她们这样做时才最为有效。下面的几页描绘了各种情境下女性能动性的差异。在中国农村行使能动性的一个主要的结构性因素是不同活动领域的分离,其中一些是特别按社会性别划分的。我试图追溯这些不同领域中能动性方面社会性别差异的一些影响。我的论点是同斯科特(1985)针对亚洲农民社会提出的"弱者的武器"的分析要点是相关的,但有所调整,以适应社会性别差异的分析。

一个有用的出发点是张家车道显然更有能耐的两个女性分别在1986年做出的评论。该村妇代会主任和村纺织印染厂的一个女会计分别断言"男的更有本事"。村里的男性领导否认任何这种解释,并宣称更多女领导应得到提拔,而且,这样做也是他们的意图。当我进一步追问时,他们没有说出这样做的任何具体措施,但该村的确有许多间接嘉惠于女性的政策,比如要求纺织印染厂的工人达到初中文化程度。① 这种明显的矛盾只是由于太平常和日常生活化,从而有可能被人们所忽略。在这里,我想确切探究有关社会性别与能动性的这种一般性与日常生活化的观点以及与之相伴生的矛盾之处,并探究它们所

---

① 这并没有产生否则会出现的排斥或降低所雇佣的女性人数的影响。适宜的社会性别劳动分工的观念为女性保留了特别像照看织布机之类的岗位。因此,这一政策同当时限制农村女性受教育机会的趋势是背道而驰的。

揭示的中国农村社会性别社会与文化建构的微观动态。

业已在公共领域立足的女性,当她们非常谦逊地谈到自己的位置与成就并认为男性更有本事时,她们的陈述比表面的内容含有更多的东西。她们所指说的本事是不可以推论的,也就是说,这并没有男性在一切事情上都更好的任何含义。相反,男性的高强能力被视为特别限于公共领域——即在当前和前现代的中国特别受到高度重视的政治与商业领域。中国政治领导权的公认价值几乎是无需强调的。自80年代以来,不管是企业管理还是更独立的商业方面的领导,一直得到高度、公开的重视。自1949年以来,商业的确曾一度得不到重视。同样真实的是,它在正规的儒家专业声望等级中也没有被放在较高的位置上。然而,从传统上讲,商业一直被承认是具有重大意义的财富与权力的源泉。在当前实现现代化的驱动中,它重新获得了这种地位。村里人在谈起显露出企业管理能力的那些人时带有明显的敬意。

和我谈话宣称男性更有本事的女性所指的正是这些特定的领域。政治和商业不仅是通向权力与声望的两个最重要渠道,鉴于女性被有效排除在外的男性网络的存在,这也使女性几乎不可能在这些领域有效地施展身手。我确信,尽管女性可能能够管理一个乡村工业企业,但对于供销至关重要的外界协调则必须由男性去做。一个有效率的女企业家或者在非常小的规模上经营,因为在这里这种需求没有构成为一个障碍,或者,她需要一个负责处理外面事务的男性合作者——鉴于"声名"的压力,这一合作者必须是个相关的男性。以户为本的企业给开夫妻店的人们提供了这样一种机会,所以,处于有利的家庭境遇中的女性在家庭企业中所受到限制可能比在集体企业中要少得多。

从政和经商方面这种受人钦佩的才能,在某种程度上同某些男性通过村内的领导身份,抑或通过村外的活动在公共领域取得的较高地位有关。这似乎极易使我们想起我们自己社会中公共与私人领域分割的文化模式(罗萨尔多,1980),当前并不存在将女性排除在公共领域之外的任何要求,尽管这系前现代中国文化的一个特点。中国农村女性在村经济中有完好确立的公共角色,特别是在那些有资源实现充分就业或者在劳动力短缺的村子里(否则女性可能被当做剩余劳动力遭到排斥或被边缘化)。然而,在正常的条件下,女性只有在同其他女性而不是同男性打交道的领域担任领导或管理的角色才是在文化上可以接受的。①

当前的现象是,女性是积极能动者,并认为她们自己的确如此,但只是在假如这样做不会使她们对男性构成竞争时,她们才能表述和激活这种能动性。某些领域,比如妇女组织像缝纫小组之类的主要由女性劳动力构成的小企业,可能被界定为不会出现男女竞争问题的女性保留地。

这种潜在的无声竞争,是在女性关于男性有本事的陈述中以及村里女领导就她们自己的资格与工作所做的谦逊的表述中揭示出来的另一个层面。作为一个女性,她应当谦让和谦逊才是恰如其分的,事实上这也是规定了的,但得体的谦逊只是这一更复杂现象的一个组成部分(布兰多尔,1977)。表达任何可以被解释为同男性特权竞争的见解都是受到强烈制止的。这特别影响到在村里担任领导角色的少数女性。她们作为领导者的地位与成效取决于不要犯忌。

在家庭层面上存在着一个相应的模式,女性一般在家庭中拥有实质性的权威,而且至少被默认为如此,正如"男主外,女主内"这一众所

---

① 这一模式的一个明显例外是在大量男性缺席之处担当起领导角色的女性。这在过去主要出现在战时。例如,张村像其他许多村庄一样,在20世纪40年代内战末期有一个女性短期出任过村长。这一现象在最近的复兴可能正出现在大量男性在别处工作而女性承担起越来越多农业责任的一些村子里。然而,在所研究的各村及就当时总的情况来看,相当多男性依然住在村里填满了村务职位。

周知的表述所反映的。这一想像还再一次表现为女性会普遍而自发地谈到她自己管理家庭并做出主要决策的事实,比如为孩子寻找佳偶,但是当问及她丈夫的角色时,她也一般会对他的决策权力显示出顺从。同样地,家庭冲突(只要提到的话),往往是指女性之间,一般是婆媳之间而不是男女之间存在的冲突。男人们注意到一些丈夫是"惧内的"——人们特别会对娶了女领导的男性做出这样一种判断——我是从男性而不是女性那里听到关于这种情况的玩笑的。

不管女性在户内行使的真正权威是什么,这种权威通常具有实质性的内容,但公开地表述出来则是不能为人们所接受的,除非男性户主实际上是缺席的。这一限定反映了农村人口中相当一部分人的情况。许多农村男性有长期或短期的工作,这使他们离开较长一段时间,或使他们不能每天都回家。这种情形造就了大量女户主,并使一些女性取代了男性在村里占据的位置,因为后者在别处得到了更好的职位。就农村增加了的机会而言,这可能被认为给女性带来了部分好处,尽管这是以破碎的家庭生活为代价的。

劳动分工

通过按年龄与性别范畴划分的相对严格的劳动分工模式,女性积极参与到公共领域中来了(参见朱爱岚,1990)。在先赋或部分先赋地位(ascribed status)的基础上做出的工作安排,可以被看做是降低小社区内部冲突、并减少劳动管理困难的一个策略。① 事实上的社会劳

---

① 我用"部分先赋地位"这个术语指已婚与未婚妇女之间的区分。结婚对于农村妇女实际上是很普遍的,离婚很罕见,婚龄相当一致地是在妇女二十岁出头之时。已婚身份因而在很大程度上是由年龄与性别决定的。它对于决定就业、定居及流动机会等通常很重要。人口不平衡使结婚对男性来说不如妇女普遍,他们的婚龄也略微多变一些。

动分工然则似乎成为自然的劳动分工,并可以被说成是自然的劳动分工。这确实是中国关于这一主题的话语中通常使用的词汇。①

这并不是说这种劳动分工是不可以改变的。在以往数十年,它的变迁是显而易见的。例如,20世纪20年代初在张家车道一带,纺织是作为家庭手工业由男性干的活计,但如今织布在村里则成了女性的工作。这沿循了纺织厂里女性负责织布而男性负责机械、销售及管理工作的当今标准模式。

在50年代中叶以前以户为基础的前集体化的农村经济中,也存在着按年龄和性别划分的习惯性的劳动分工模式。它们因阶层、地区及户的构成而不同。集体化适应了这些模式,并在某种程度上降低了差异。这主要是通过两个途径来实现的:将女性吸收到公共的农业劳动当中;对她们的工作分配做出决定。男女分开的劳动小组以及多少有些不同的劳动任务,使冲突与含糊之处最小化了。集体化时期也是农村人口压倒性地致力于农业生产的时期。那时几乎没有什么替代性的职业。自80年代初以来,集体解体意味着有更加复杂的机遇。与此同时,正式分配工作的公共权威,总的来说削弱了。当前的情形是极其不固定而且变化无常的——取决于个人为他们自己找到或创造的机会以及每个地方存在的各种机遇。劳动分工模式因而比前些年复杂得多了。

在所研究的三个村落,前儒林同以前的模型最为接近,因为它保留了集体时代典型的在结构方面实质上是相同的集体经济。该村及

---

① 在中国知识界,"自然劳动分工"这一术语用来指男女之间习惯性工作差异的假定的生物缘由。我从男性经济学家、女性妇联领导等不同渠道听到过对这些术语的解释,尽管所强调的重点略有不同,比如有的放在禁止女性从事繁重或危险的劳动上,或者放在对生育与养育孩子分别提出的要求上。又见霍尼格和贺萧(1988)。以日常生活的术语所表述的类似论点在各村子也有所闻。

其三个农业队对其成员的劳动分配行使权威。前儒林的劳动分工是村里政治管理的事务，带有自然劳动分工的当地习俗和观念。现在仍有效的这种安排表明了以下主要特征：除了在城镇找到合同制工作的少数人（女性和男性）和更小数目的（皆为男性）[①]参军者之外，村里要给刚离校的青年男女安排工作。充分就业事实上是面向青年人的，只有年纪稍大的人，主要是女性，才会在公共领域处于就业不充分或失业状态。青年女性多半在该村大型毡席厂就业，这里也雇佣了周边村庄的许多未婚女青年。少量青年女性也在其他村办企业中劳动，像家具厂、小型服装厂及农业，但在农业机械与运输队中却没有任何女性。青年男性有更宽泛的各种机遇：他们有可能被安排到任何村办企业中，在所有领域为他们嗣后走上领导岗位而培训他们似乎是村一级的计划。较年轻的已婚女性往往被安排去干农活，或在某些村办企业中劳动，如毡席厂、服装厂或在为非本地劳动者开设的餐厅里当厨师。

前儒林目前从公共领域的劳动中告退的女性，由她们的女儿或媳妇取而代之。她们在户内依然很活跃，不但做饭、照料孙子（女），而且通过饲养家畜对家庭收入做出贡献。但从本质上讲，她们已从公共领域告退，而此时已得到领导机会的男性却承担起了越来越多的公共责任。这不必被看做是对女性完全不利的，因为它使女性摆脱了沉重的双重负担（女性对此作过许多评论）。男性没有早早退出的同等机会，但他们有可能上升到有公共声望与权力的岗位，或至少继续工作到更

---

① 从农村招去当兵的绝大多数是男性。入伍当兵人数有限，竞争激烈，只有少数年轻健康的男性才能如愿以偿。从军生涯对于在农村担任领导职位是具有重大影响的，因为当兵时通常包括专门化的培训，特别是假如成功地得以提干，这将使男性同具有同样部队领导经验的战友建立起宝贵的政治网络。这是农村向上流动的渠道之一，但女性很少有人能获得这样的机会，因为女性很少能有机会去当兵。

大年龄是有保证的。尽管有些年长男性对饲养家畜和偶尔照料孙子（女）做出了显著的贡献,但他们对家务劳动的贡献却不明显,而且,这个村的文化模式还强烈阻止他们这样做。

男性(而不是女性)往往在晚上定期回到他们的工作场所聚会。许多人还在那里放了轻便小床经常睡在那里,只是吃饭时才回家。这种现象使人联想起许多其他文化的民族志文献中所发现的男人之屋。尽管还没有达到分离的程度,这种男性公共领域同女性家庭领域的区分在前儒林是特别明显的。在所研究的三个村落,前儒林也是妇代会主任最不活跃、女性的公共参与最少的一个村。

1987年,前儒林最有知名度的女性是一个稍年长的妇女。她在50年代初年轻时曾是村妇代会主任并接受过当接生员的培训。这个女性的突出之处在于,她在一个男性明确被排斥在外的重要而有价值的领域中具有出众的能力。尽管现任妇代会主任明显是个能人,也是村里三个女党员之一,但她并不出众。而且,作为幼儿园教师,她在社区中并没有处于担任领导角色的有利位置。① 两个三十出头、并嫁给了担任主要领导职务之男性的女性(其中一个是党员),确实在她们工作的厂里负有某些责任,但她们的能力似乎没有被充分调动起来。这些女性中的一人认为,就女性工作而言,这个村是"一般化的"。

女党员较少,是限制女性在公共生活特别是在农村中发挥作用的一个重要因素。党员身份对于有重大意义的参政实际上是必不可少的,尽管最近的改革已使它不再是一个正规的必要条件。女性在婚后居住的流行习俗上处于特别不利的境地。这通常要求女性结婚时或婚后不久就住到她丈夫的社区中。吸收一个新党员需要经过较长时

---

① 这个女性当幼儿园教师的职位,使她仅对另一名幼儿园女教师和学龄前儿童们行使权威。这并没有给予她在村里做出政治或经济决策的角色。

间的观察与考虑,女性遭到拒斥因而司空见惯。人们在入党之前通常是共青团员,团组织较少有排斥性,但是假如没有入党,一个人的团员资格可能就将终止。

女性中最近出现的两股趋势在此处是相关的。在 80 年代,女性的婚龄下降了,到 80 年代末已接近于 20 岁的法定最低年限。这使女性在婚前入党变得愈加困难了。她的生养社区可能会对于鼓励不久将离开的人缺乏兴趣。一个人可以在 18 岁正式入党,但入党的实际年龄普遍更高一些。假如一个女性在婚前没有成为党员,除非在她嫁入的社区住上若干年,变得妇孺皆知并受到尊重,否则一般是不会再得到正式考虑的。而在这些年中,她有可能成为一个母亲,因此,很少有时间参与公共事务。假如当她迁入成婚的村庄时是个团员的话,团员身份将在 25—28 岁之间终止。前儒林的妇代会主任是三个村妇代会主任中唯一的一个党员。她在接近 30 岁时才结婚,这是很不寻常的晚婚年龄。在反方向上起作用的一个因素,是正在浮现的村内通婚的趋势。这在张家车道正在实行。最近一些年在中国各地均有报道。

在张家车道,劳动分配与其说是孤立的契约性的决定(尽管这是当前的明显形式),毋宁说是村里政治决策的事务。村里土地的管理表明了这一情形:每人约一亩地被分配到户,取决于户的构成与就业等各种复杂因素,家庭成员共同致力于农业劳动,但也存在着主要的农业劳动者是已婚女性的趋势,她因没有年长女性帮她照料小孩而不能在家外就业。

这一情况的两个方面同前儒林形成了有趣的对照。其一,在张家车道,已婚女性假如符合初中毕业的就业要求,就会成为村纺织印染厂受欢迎的工人。在村领导的眼里,在这里或在其中一个较小的村办企业,如它的服装厂就业,是受人们青睐的选择。当然,村领导更偏向否认农业机械队成员之外的任何人是专职的农业劳动者,尽管女性们的确注意到有处于这种情形的女性。村里的政策可以有助于扩大或降低社会性别劳动分工的这一特性。

其二,两个村都对住户之间的不平等表示了明确的关切,并试图降低不平等。尽管两个村都有某些住户仅仅或主要致力于农业,但它们都尽量避免这种安排。手工的农业劳动是农村职业中最不受欢迎的。它无利可图,体力劳动量大,而且声望较低。通过降低农业在村经济中的作用,并通过在各户之间分配农业,两个村都已达到了某些人致力于农业劳动的必要之举(以便为村里提供食物,并完成国家定额)。在这两个村,降低住户之间不平等的这一策略,都是以增强女性在最不受欢迎的经济部门中的作用为代价的。① 就张家车道而言,村里现行的政策旨在更均匀地分配这一工作,但它不能够在任何情形下都不顾育儿或教育的因素。

张家车道劳动分工的其他方面比较缺乏创新性。女性在纺织印染厂一般负责织布和检验布,而男性则从事机器维护与修理、运输与买卖以及几乎所有管理性的工作。在小型服装厂,除了其男厂长之外,员工都是由女性构成的。就业上的代际差异同前儒林很相似,但在程度上要低一些。主要的差异在于工厂劳动中既有较年轻的女性,也有年届中年的女性,而且年纪稍大的女性退出劳动的现象不甚明显。男性也把持了张家车道的公共领导职位,但较之前儒林,公共领域的分离和男性化倾向并不那么明显。

张家车道的女领导们意识到了这些现象,但不愿意谈及。有一个女性为我在村里搞入户调查。她最初表现得相当犹豫,而且缺乏信

---

① 在农业劳动几乎没有什么替代性选择的地区,妇女在农业中集中的程度比这三个村子更高。在较贫困地区最恶劣的情形下,甚至连这一工作可能也很有限。

心,但很快就获得了有关新技能,也不再被这项工作所震慑了。① 另一个人坚定地认为她担任厂会计一职并没有什么特殊能力,但她的确承认这项工作比她早先预想的困难要少一些。当我以假设性的术语提问时,她赞同这种情况可能也适用于厂里的其他岗位,并认为她或其他女性假如得到任命甚至可以担当起厂长一职。这些例子既表明了农村围绕男性领导角色的困惑,又揭示了迄今闯入了有限领域中的女性眼中困惑的解除,尽管公开谈论这点抑或表达自信是不适宜的。"男人更有本事"这一宣称的另一个方面是,它防止了反挫(blacklash)的出现。村级女领导人(总处于较低的地位)是特别孤立和脆弱的。

张家车道的女性比前儒林的女性在公共领域发挥了更大的作用。这部分可以从女领导人的角色中看出来。该村妇代会主任因其作为女性护理员和计划生育工作者的角色而处于更佳的位置上,她比在幼儿园工作的前儒林的妇代会主任更易于涉足现时公共政策问题。她在张家车道开展这项工作也具备了优势,因为这里的人们遵从官方政策的程度较高。她在社区中扮演了重要的角色,尽管这并不要求她领导或监督男性。村里负起职责的其他女性亦然。女会计拥有一个需要技能并承担责任的职位,但她是若干会计之一,并无任何直接的下属。然而,她确实同时兼任了村共青团副书记一职,这意味着她在同男女都有关的领域中担任了次要的领导角色。纺织印染厂厂长之妻管理着该厂的餐厅,并对为数不多的员工拥有某些权威,但这可以被看做是她管家技能的延伸以及借助了她丈夫的地位。第四位女性非正式地担任服装厂副厂长一职,但这只要求她负责厂房和另外一些

---

① 由于我提出要在张家车道雇佣一个男助手和一个女助手,这个女性于是入选。村领导选择她取代了已选中的两个男性中的一个。在中国农村,对外代表其户或社区的一般都是男性,这是社会性别劳动分工的一部分。我的要求因而出乎意料地促成了这个村妇代会主任进入了她不曾涉足过的角色。

女工。

尽管不如前儒林严格,张家车道女性涉入公共领域,受到了对男性领导的特权不加质疑之要求的影响。更重要的是张家车道不担任领导角色的其他成年女性,她们拥有有助于提高其地位的技术性的而且报酬较好的工厂工作,她们所在的家庭也受益于这些女性做出的贡献。

在槐里,村一级对于劳动分配几乎没有什么控制权,也几乎没有什么公共领导职位要填补的。由女性担任的唯一正规的村领导岗位是妇代会主任的职位,但村里一些更为成功的家庭企业家也是女性,如经营饭馆生意的是一个前小学女教师,曾在部队里受过厨师培训的她的文盲丈夫则负责烹调。其他女性也卷入了人人都参与进来的家庭努力之中,比如以商业性的规模生产干面条。

1987年,县妇联领导下的村女性组织,开始在槐里鼓励女性更积极地投入"商品生产"。特别是,女性们被组织起来利用庭院中的空地种蔬菜或香椿树(其叶子是可食用的美味)。妇女组织成功鼓励一些女性作了这种尝试,并在第一年就有了颇丰厚的收成。这一尝试使80年代的经济政策合法延伸到特别的一类未充分就业的生产者之中。

这种情形,就其使用妇联网络动员女性为了自己的利益而致力于经济生产而言,是独树一帜的。这一转变旨在使妇联同国家现行的经济发展政策同步,从而使它们能更有效地解决女性经济地位的问题。这一策略确认了未得到充分利用的资源,并朝着既增加家庭收入又不引起竞争或冲突的方向发展。

这一策略也是完全建立在农户和农村销售体系基础之上的。这一策略得到村领导的认可,但它绕过了村一级的社会与经济组织。特别是,它完全避开了涉足乡村工业。尽管境外对集体解体后女性在以户为基础的经济中的劣势表示关切,但是各种迹象表明,较之更大规模的生产单位,户对中国农村女性构成的问题要少一些。西方女权主义者所推崇的中国女性在集体经济中参与清一色女性劳动小组的好处,似乎并没有得到中国农村女性的高度评价。她们并不认为参加这些劳动小组必然是支持性或有助于提高地位的。

"家庭主妇"

中国村落的公共领域在很大程度上是由亲属纽带构筑的,村落之内几乎没有什么不受到户组织互为关联的诸方面的不同影响。这可以从业已描述的劳动分工的安排上看出来。数十年来,除了在户内做出的间接的但必不可少的贡献外,女性对村经济做出了重大而直接的贡献。然而,同我交谈的一个(男性)村领导始终将前儒林处于劳动大军中的已婚女性描述为"家庭妇女":不管她们在公共领域做什么事情,至少在男性的眼里,从家庭方面对女性进行的更为根本性的界定总是凌驾于公共领域之上的。女性们谈及其家庭的重要性,但她们并不认为自己是家庭主妇。相反,这只是被不属于同一类别的某种人所采用的一个客体化的术语。一言以蔽之,在家外劳动并没有使中国农村女性置身于一个截然不同的公共领域,或者在那个领域取得了地位。一个必然的后果是,倘使她们在户内有类似的或更好的创收机遇,她们使自己游离于公共劳动大军之外,几乎也不会有什么损失的。可见,收入而非工作是得到人们关注和重视的东西。

尽管户与户之间的日常关系一般由女性来管理,但户与户之间的关系本质上却是根据亲属关系和相关男性的相对辈分来定格的,在单一家族的社区中尤其如此。社会性别差异在构成户与户之间姻亲纽带的过程中特别明显。尽管强制性的包办婚姻早就是非法的了,包办的程度亦逐渐减弱,但一对未来夫妻的父母——父亲和母亲——在决定婚配上仍起着重要的作用。特别有趣的是现在被称为"介绍人"的媒人所起的作用。这些媒人仍很普遍地为人们穿针引线,即便未来夫妇本质上是自由恋爱的,也总是找他们来协调,并使之正规化。在少数男性扮演介绍人的情形下,这样的婚配可能是对农户有利的联盟。它可能牵涉到使男性在自己的村外建立联系,或者是促成一桩在村内得动用广泛网络的特别困难的婚配,或是为了化解令人尴尬的局面。

然而,当介绍人的通常都是女性。女性往往嫁到自己生长的社区之外,因而对不止一个村的住户有详尽的了解。然而,做媒的女性否认信息灵通是使她们成为更受青睐的介绍人的原因。相反,她们宣称男性缺乏对成功扮演这一角色所必不可少的社会关系的理解。这并不是一个女性认为男性更有本事的领域。

具有意义的是,女性作为介绍人在促成姻亲纽带上的作用(它们是主要由亲属与婚姻构筑的农村世界中的重要事务),并没有给予她们任何公认的好处。介绍人并不是专业人员,即便有任何直接的物质好处,她们却几乎从中得不到什么。倘使她们将其娘家村的一个熟悉的女性介绍到她们嫁入的村中,就如时常发生的情况那样,她们可能会赢得某种友谊,但介绍人否认这是一个压倒一切的动机,并宣称每个女性各自的家庭联系是至关重要的。

重要的例外是姑表兄妹婚。这在文献中被当做传统上受偏爱的一种婚姻形式,其理由是一个父亲会对其姐妹成为他女儿的好婆婆有信心。在张家车道这样的一宗婚姻中,我遇见了婆婆和媳妇。婆婆坚定地说这桩婚姻是她牵线搭桥的,因为她了解这个年轻女子,并认为她将会是个好媳妇。然而,1981年生效的婚姻法对姑表/姨表兄妹婚规定了更多双向的禁令,从而堵死了女性主动促成这种婚姻的渠道。年轻人自己决定的更为自主的婚配在将来可能会降低介绍人的作用,尽管农村年轻人通常缺乏机会碰到其他社区的潜在配偶。使人们建立起姻亲关系是女性发挥有效能动性的一个主要领域,但这却不是她们能够从中获益的领域。

在户内,家长是强大的主宰者是一个普遍的家庭模型。这一模型已引起了西方女权主义学者的很多关切,因为自集体解体以来,户在中国农村变得越来越重要了。然而,这一模型因若干原因是很成问题的。它最符合中国社会关系的正规意识形态,但同社会存在的日常现实明显不符。正如玛杰里·沃尔夫(1972)指出的,女性具有各种她们能够并的确采用的非正规策略来使她们在户中的位置最佳化。当然,悍妇也被连篇累牍地描绘成中国家庭生活的一个特色。

更为重要的是父权制在户中能够盛行不衰的情境。这与其说是一个独立的现象,或者说是家庭社会关系的一个特征,毋宁说是建立在超越户本身界限的一种机制。这一机制的中心支柱是:(1)一个充当户主的地位较高的男性控制了各户的经济资源;(2)男性控制了公共领域。这两者应被看做是有问题的。户主独占性的经济控制权最早在土改期间就受到了挑战,但这在某种程度上一直延续到集体化时代。那时集体一般将农户所有成员的收入归在一起,再分配到户。现在由一户不同成员所挣得的个人工资有可能还集中在一起,但至少是由挣得工资的个人收取的。

这一转变以有利于较年轻的男女成员的方式削弱了家庭中家长的权力,并导致了更大数目核心家庭的诞生,因为年轻夫妇赢得了经济独立,得以在结婚时或婚后不久建立自己的户。在所研究的三个村子里,没有一个户在扩大家庭。主干家庭很普遍,并有可能继续保存下去,以便满足照料老年人的文化与实际需求,但如今年轻的成年人一般各自都有好几个兄弟姐妹,因此,主干与核心家庭的并存将成为发展趋势。在主干家庭内,青年人包括年轻的媳妇比过去有了更大的自主权。这一增长的自主权在很大程度上源于代际之间权力的转换,而不是主要因为社会性别关系的变化。然而,其后果对于青年已婚女性是特别明显的,就社会性别关系而言,这可能还有进一步的影响,因为这些女性是在迥然不同于其母亲和婆婆面临的环境下成长起来的。

男性控制公共领域是男人在家庭中拥有权力的另一个源泉,但这也是引起论争的主题。伊丽莎白·克罗尔(1981)发现,广大农村的集体利用它们正规与非正规的权威加强传统的父权制规范,而这在前儒林依然很明显。当前更一般化的问题是控制农村经济发展的媒介物。更成功且更大规模的村办企业,通过它们的雇佣决策及其后果,可以起到类似于集体曾经扮演过的在工作场所和农户中强化父权制的角色。女性在80年代有组织地转向以户为基础的企业,这可以被看做甚至比在报酬相对好的乡村工业企业中就业对她们更为有利(妇联的一些人也是这么说的)。这一含蓄的陈述是说男性在户外的控制权比在户内的更为强大。在缺乏村一级更强大的妇女组织与网络的情况下,这种说法似乎是很准确的。

自由与素质

在80年代的中国农村,女性话语与策略的主旋律是自由的概念。① 农村女性本身总是以直接而实际的术语谈到自由同她们具有或不具有的选择相关的东西,比如同结婚与离婚有关的选择。妇联工作人员或干部也使用同样的概念,但通常采用更理论化与政治化的话语形式。在改革时代政治与经济开放的情境下,妇联赋予了女性更多的自由。妇联也公开欢迎有益于女性的改革,其理由是摆脱了从前羁

---

① 本书的这一部分旨在揭示所谈及的那个时期的大部分时间里女性采取的策略,我将继续研究更近期妇女运动的发展方向。

绊的女性将能够练就进取精神、展露才能,并且更易于取得成功。妇联采取这一立场的缘由是错综复杂的,但这一立场有可能仅仅因为对国家政策义不容辞的支持而被忽视。

到 80 年代末,这似乎是对到那时为止中国妇女运动史以及当下存在的各种可能性的一个合理的评估。这样一种立场并不意味着放弃女性的组织。然而,在 80 年代倡导的"自由"含有像西方一样的某些成问题的暧昧性。在西方,自由既代表了争取自主权的解放热望,又体现了限制自主权的机制与实践的困惑。

对这一观念的理解是建立在以往数十年改变女性地位的自上而下的运动之上的。这些运动的影响力是很有限的,而且,变化尽管很明显,但却是不平衡的。这种变化似乎归因于官方政策所提供的机会同个体女性异常的创造性。这些女性因而拓展了农村女性合法选择的范围。她们成为儒家传统与革命传统中为人们所熟知的、合法而且有效的被效仿的楷模。到 80 年代,这个问题是要找到办法制定没有给予优先关注的各项政策,而男女平等则充当这种进取精神的进一步发展的渠道。

这里报告的这项研究倾向于证实女领导人有关集体制束缚妇女的评论,尽管这些限制因素至少部分源于不同的村政策。甚至在集体化时代市场体系不甚活跃、替代性选择更受限制之时,女性(及其家庭)已诉诸家庭副业作为一种诱人的经济上的替代选择(沃尔夫,1985)。在更加公共化和由男性界定的经济领域逃避限制的策略,有利于通常由个体女性在户内开展的有更多自主权的活动,它可以被看做是农村女性自发想出的一种实际策略,嗣后才被妇联倡导为合法的。

就上文提到的那个有效结合的第二个因素,即各个女性的进取精神而言,这一策略同样是敏锐的。妇联网络人员不足,在农村最多只通达乡镇一级,而且常常只有一个干部。有赖于妇联组织化支持的针对女性问题的有组织行动,在城市地区可能是可行的,但在大多数中国女性生活的村落,则不是一种现实的替代性选择。

行文至此,能力的问题又回来了,但以不同的形式出现。自 80 年代以来,妇联一直积极倡导提高女性的"素质"(参见康克清,1987)。① 这在很大程度上是指女性较之男性在教育与经济上普遍面临的劣势,但它也指政治与个人素质方面。妇联系统全国性的宣传活动之一是促进它所提出的"四自":自尊、自信、自立、自强,其目标在于表明女性同男性一样有能力。这至少为农村女性提供了精神上的鼓励。她们的能动意识对于农村变革的前景是至关重要的。

提高女性"素质"的这一政策,并没有直接向性别歧视的问题发难。相反,它含蓄地接受这样的命题:即在某些方面,比如像在正规教育和经济上有用的知识上,同男性相比,女性处于劣势。这一政策的重点,与其说是消除歧视,不如说是将女性置于改善其生活的更牢固的位置上。鉴于农村公共领域根深蒂固的父权制和女性在组织上的势弱,这是一种很现实的探讨。"素质"之所以是个问题,是因为那么多东西有赖于各自为战的女性及其有效的能动性。②

因政策的影响在公共领域打开了一些机会窗口,是 80 年代中国

---

① 从全国来讲,比起同农村社会与妇联农村工作关联的角度来严格审视的那些政策,提高女性"素质"的这一政策有更加错综复杂的影响。对素质的强调在改革时代是得到承认的,这部分是因为这是一个拒斥平均主义,愿意接受甚至鼓励个人与群体之间的不公平待遇的时代。在这个方面,妇联同改革时代中国的更大潮流是合拍的。在城市某些政府与专业圈子内,这使妇联同精英女性有了更多的联系,从而有可能为精英主义的因素敞开大门。但在农村强调素质的影响不甚明显。当然,人们还有可能提出相反的论点:通过提高农村女性的受教育机会和创收技能,特别是针对得不到其他教育或经济上有用知识的人,这一政策和活动系列有效地降低了由改革时代的经济政策导致的不公平待遇。
② 这使人们想起了延安时期(1937—1945)利用意识形态的手段,确保因战区相互分割而散布于各解放区的干部执行统一的政策。

社会的特点。这既是政策转变本身间接而令人不安的后果，也是由改革政策本身的特定性质决定的，这些政策至少在不确定的官方限制范围内推动并使分散性的开创性活动合法化了。改革项目对女性的旨趣产生了喜忧参半的影响，许多女性包括官方妇联的至少某些人已对新形势做出了积极的反应。

就中国审视妇女运动的长久标准而言，这一回应可以部分被看做是贯彻执行同样的改革政策就像社会和经济上总体追求的政策。通过使女性参与家外的生产劳动来改善女性地位的策略，长期以来就一直是共产主义正统思想和中国共产党政策的一个原则。既然妇女如今在公共经济中已有了立足之地，所以，问题自然就转向了改善她们的相对位置，而关于这一主题的话语则强调增强女性的创收能力而不是促成结构性的变化。这提供了使所有家庭成员都增加收入的希望，从而制止了潜在的对抗意见。

对男女平等缺乏优先关注，加上官方倡导男女平等的合法性，有益于导致静悄悄的变革。女性及其正规组织的相对弱势要求她们对公开的挑战备加警惕；但在有利的条件下，这也不时使隐蔽的挑战产生效应。尽管农村女性采取的行动可以被看做是部分自卫性的和有限的，但在人们中间也存在女性是颠覆农村父权制最有效手段的意识。

第七章　中国北方村落的社会性别与权力

20世纪80年代的农村改革开创性地启动了对中国农村生活各个方面的重新塑造。中国农村社会的现状,既同多重的过去——集体与前集体的历史——有着静悄悄的连续性,又带有新增的活力和对一个成问题之未来的令人不安的关切。

集体时代受到限制的农村社会生活诸方面的复兴,伴随着官方对农村社会组织多元化的日渐宽容。这极大地增加了农村经济机会与社会表达的潜在范围。即使就农村社会生活的正规结构做出推论,现在都要比在集体时代化时代困难得多。本研究试图避开,或者不过分强调所研究的三个村落中的特质性因素,而将重点放在其他村可能也共有的那些因素上。然而,对一个省份三个村落的研究只不过是就中国农村生活的比较研究提供了无数出发点之一罢了。前面几章的经验材料和论点,仅是作了提供这类东西的一种尝试。在这基础之上,我也有可能冒昧地提出几个对未来调查或许有用的几个命题。

行文至此讨论中贯穿着两条中心线索。这些关注点之一是社会性别在农村社会生活中的中心位置及其在当代的转变过程。在本研究的这个方面,我试图勾勒正脱颖而出的正规与非正规结构、习俗及实践活动。中国农村社会性别的许多重要特征都深嵌于人类学家惯常称作"亲属制"的各种关系之中。这显然是有问题的,因为我们正在谈论的诸个关系同时也是亲属、经济、政治的以及实际上每一种其他类型的社会关系。此外,中国农村社会关系的习惯性用语在很大程度上是亲属关系的习语;亲属关系在本研究中占据了相当大的篇幅。这里对中国农村社会性别的梳理也密切关注社会性别在权力关系特别是在国家权力运作中的位置。

本研究贯穿的第二条线索涉及中国农村的权力关系。我主要通过社会性别的若干特定方面,特别是同中国女性的实践与观点有关的方面,来探究这些关系。此研究的这个方面牵涉重新评估国家权力的性质以及对社会性别在其中处于中心位置的农村权力关系的重新定义。

社会性别与国家权力

本研究的历史出发点是农村经济改革,换句话说即**远离村落生活的国家组织的各个层面**在农村经济与政治组织上开启的一系列根本性变革。不管村一级发生了什么变化——这些涉及当地的进取精神以及朝多元化方向的发展——国家的决策使前者得以实现,并给予不同的鼓励。诚然,没有"文革"后国家政策上的转变,这些变迁是不可能发生的。这并不是说地方各级是在机械地或简单化贯彻这一政策。假如是这样的话,就无需做地方性的研究了,而中国社会与政体的形态也将全然不同。正如农村经济改革转型具体得以实现的方式,本研究关注的这些问题悉由村一级社会生活同远近国家权力之关系的这个问题从本质上界定的。

这一改革项目中最富有戏剧性的变化,是80年代初出台的"包产到户"。这使某些国家方针政策范围内的地方性创造活动得以发生,并导致了各种集体解体形式。我所研究的三个村落中的任何一个,都不存在村内解散集体的巨大压力。各个村特别的地方反应,既是为了保存集体生活的因素,又为了重新界定每个村内在的国家权力的运作。这些反应也涉及农户以及像槐里非正规的无名"土地组"这样的中间的、非正式的社会群集不断增多的角色。基于小家庭的户和包括亲属关系在内的其他纽带的重要性,相应地增加了以亲属为本或似乎以亲属为本的地方纽带的重要性(见裴宜理,1985;王思斌,1987)。这里所研究的各种变异均落入黄宗智(1990:220)所描述的"混合性集体-家庭制"的架构之内。

中国农村政治经济的长久基础向来是农业生产,农业的重组是整个改革项目的根基所在。尽管国家较高层对集体结构的支持或鼓励撤销了,但前儒林在延续这一形式上提供了一个有趣的例子。村(以前大队级的核算单位)成为社区内部给予集体的正规组织以内在形式与权威的桥梁或枢纽。它还将集体的正规组织整合到一个更宽阔的非集体化的混合性的政治经济当中。农户依然被分配到农业队(以前的生产队)之中。较之集体组织是全国标准的那些岁月,农户同农业生产仍有许多相同的关系。

不过,同这一历史不同的主要有两点。第一,前儒林在乡村工业中的成功,已使它的多数劳动力摆脱了农业,因此,先前农业占优势的特征已不再对它适用。第二,女性已成为一般农活的主力军。这一倾向在早先存在着其他就业机会的集体中也可以发现。它同集体与集体解体的区分并无直接的关系,而是改革时代农村经济更加多样化之特征上的一个变化。前儒林也经历了这一变化,尽管它有非典型性的特性。前儒林在依然正式分配工作方面是独树一帜的。因此,它的社会性别劳动分工既是政治—行政性的事务,也是文化规范的一种表达以及对市场力量与住户要求的一个反应。

张家车道正式解散了集体,但村(以前的大队,人们依然这么称呼)凭借村办乡村工业企业的成功与规模而占据了主导地位。村里的政治领导班子使这一新近的增长和繁荣得以实现。在由村级领导决定的一连串实验中,该村对农业生产的组织包含着大为不同的各种安排。在我做田野考察时,这一安排是,土地在各户之间公平分配,并由各户来管理。各户在劳动力管理上的权衡导致了成年女性在某种程度上集中于农业劳动,尽管村领导并没有鼓励这么做。张家车道的内部社会组织围绕着村与户组织这两大支柱,几乎不存在什么中间的社会组织。

在我所研究的三个村落中,槐里算是最农业化的一个村子。它可能最广泛地揭示了改革时代农业方面的社会组织。该村不情愿地解散了集体,这比大多数村落都做得晚一些。当它开始行动时,它在村一级确定了影响集体农业资源划分的机构与标准。这些机构吸纳了村里得到公认的男性领导,并提出了评估前生产队资产差异的方法,以便就源于这些资产清理的货币收入的划分达成一致意见,并为村(以前的大队)提供适度的经济基础。在槐里解散集体之前,村在经济上一直是比较空虚的一级。

集体解体的过程也涉及为土地的分配设定标准。这些标准着眼于若干有争议的因素——不同地块土质的差异、公平性、为确保(或至少鼓励)水控制项目落实公共劳动力的机制、允许非正规土地组抽签将土地集中在一起的机制以及保留一些土地以备随后一些年的自由调节等。槐里土地分配上特别引起关注的方面是男女不公平待遇的明显因素。这表现在基本土地分额上的社会性别差异,只给男性分配从事公益劳动的补偿地以及对婚入或婚出女性的土地分配缺乏调节性的规定等等。

全国性的政策加速了当地政治经济的根本性转变,但这是通过当地以男性为中心的政治组织来实现的。集体解体以稍稍改变了的形式继续巩固并融合了中国先前也存在的有父系继嗣关系的男性群体聚居的传统。在南方，这同在集体化时期以前就已存在的单一家族社区中强大的地方化社团宗族有关。在这里所研究的各个社区以及在整个中国，在尚未远逝的集体化的历史上，农村集体政治经济的结构使集体成为类似的社团单位，尽管它们不必是单一家族的单位，而家族的成员身份也不是官方允许的成员标准。然而，普遍奉行从夫居和宗族（或姓氏或村）外婚制的规范，缔造了建立在有父系继嗣关系男性的一个或更多核心之上的社区。出生于这些社区和嫁到其他社区中去的女性，都沿循同样的准则。

集体化使这些社区成为在共同体内共享财产和拥有分配劳动与福利之权利的社团性单位。社区彼此之间有明晰的界限，并同村以上的各级政治组织有正规的联系与义务。我们正在讨论的这些社团社区可能是村内的街坊邻里或者就是村庄本身。在集体化时代和集体解体的过程中，其界限和层面不时发生转变，但以男性为中心的社区的根本特性却历经了政治经济特征的若干转变而保存下来。

就槐里而言，在正规的村政府、非正规的土地组以及户组织当中，都有可能看到这种男性中心主义以相对明确而复杂的形式在运作，但在所研究的其他村落这也是一个很明显的现象。在那些地方，它主要是在村一级被机构化。男性中心主义的组织形式在每个村都是国家之地方一级的组成部分，它们是通过按男性中心主义思路构筑的社区中生活与工作的日常关系来运作的。

这种男性中心主义并不意味着女性在这些社区内部被边缘化。她们在次要的意义上被充分融合到当地政治经济当中。女性在公共的劳动场所和在家庭副业与企业中都对社区的生产性劳动做出了重大贡献。女性承担了维持家庭、再生产人类社区（特别是但不仅仅就是儿童的早期养育）以及照料病人与老年人的大部分无酬劳但却是必不可少的工作。然而，就获得或管理资源而言，女性在她们社区中并不拥有类似于男性的权利,也没有占据当地的政治领导职位。

中国农村国家权力的地方性结构部分取决于政治经济内部社会性别等级的这种基础。这同君臣、夫妇之间关系明确对应的中国传统政治模式并同为女性规定"三从"是完全合拍的。假如说近期的中国政体并不赞成同样的意识形态,但它们也没有摒弃与此相符的这种意识形态或社会关系。这是以国家为中心的等级制权威从中国社会秩序根基之处的不对称社会关系中汲取支持并向纵深发展的一个重要方面。

类似的模式在乡村工业的动态领域中可能也被发现了。乡村工业和农村经济的多样化在中国有漫长的历史。它们对于塑造农村经济的重要性已使之成为国家经济决策的一个目标和国家农村发展规划的主要手段之一。中国许多村庄都有类似于前儒林的历史,也就是说在集体化时代就开始朝乡村工业的方向迈进。这就为该部门嗣后尤其是在20世纪80年代初的迅猛发展奠定了基础。其他村子如张家车道则获益于国家在异常贫困的农业弱势村落促进乡村工业的努力。

中国促进乡村工业的所有努力都是在国家继续扮演了主要角色的混合经济的环境之下运行的,即便国家的作用在80年代不如以往直接了。许多乡村工业包括这里讨论的所有例子都是通过包括村一级在内的国家不同层面的行动发展起来的。村办与乡镇企业是整个改革时代经济发展中最为朝气蓬勃的。它们构成为地方各级国家组织规划乡村经济生活的一个主要途径。与此同时,村构成为广大农村正规国家组织的基本层面。它也是以男性为中心的社区生活的一个正规而有效的媒介物。它所扮演的角色是由它**既**作为国家的一个方面又作为当地社区的一个方面的特性所决定的。

女性和男性在乡村工业中的角色是明显不对称的。在其生养之村或在其他村庄作为临时工劳作的女性,极大程度上是青年未婚女性,在乡村工业的劳动大军中占有相当大的比例。然而,她们主要集中在相对无技能、无出路的工作上,很少有人担任负责任的职务。与此形成对照的是,男性可能也处于类似无技能的岗位上,并有可能也是其他村庄工厂里的临时工,但是,当乡村工业中出现了有技能的岗位时,他们也有机会进入其中,并走上管理与购销岗位。换句话讲,尽管没有处于相同的环境下,女性和男性都对工作做出了贡献,但是只有一部分男性和极少数女性管理和控制这些企业。

乡村企业处于地方政府控制之下以及男性几乎完全主宰了地方各级政府的现象,强化了这种社会性别不对称。这种不对称的最重要方面之一因为它是间接的从而被部分掩盖了。乡村工业中得来的利润只是部分采取了对企业员工给予直接酬报的形式。一个主要益处是这些企业对地方一级公积金做出的贡献。由乡村企业创造的资金为公共服务事业和当地政府的花销提供了支持,并为进一步的经济增长提供了投资。就这里所讨论的村办企业而言,这些资金归村里所有。在本村企业中劳动的男性,既能得到酬报的直接好处,又可获得通过企业对村里的贡献而得到的被延迟的与间接的益处。除了在其嫁入之村的乡村工业企业中工作的少数人而外,女性将享受不到她们自己在乡村工业的劳动中创造的大量被延迟的好处。传统的社会组织模式同当地国家组织的男性中心主义交织在一起,并强化了当地国家组织的男性中心主义。

社会主义商品生产也是国家级政权的一项政策创新。它旨在以被官方描述为最新社会主义的东西来利用市场的力量。使这一混合经济运作的那些实践活动,是以适应某种版本的国家计划与社会责任以及 80 年代在中国存在的各种市场形式的运作为基础的。

国家特别是其较高层面在 80 年代初部分撤出了生产与分配的直

接管理,为国家较低各级及私有企业(包括以户为基础)的企业家进入这些领域,或在这些领域变得更加活跃创造了有限的机会。然而,地方国家和私有企业家必须总是在由国家部门依然占主导地位的混合经济的范围之内这么做。各级国家部门(直至中央一级)负责制定有关私有部门角色的经济政策,确立管理机构与实践活动,征税,制定财政与货币政策,并监督国家的经济部门。本研究探究的许多很小型的以户为本的活动只是在国家经济的边缘和缝隙中运作的,尽管如此,它并未摆脱无数国家政策与经济干预的影响。除了在80年代允许私有部门复兴的创举外,其中最明显的干预是伴随80年代末期经济滑坡和1989年以来市场导向的部分撤退而来的那些。

国家的地方各级在有所转变的农村市场体制中也扮演了角色。正如这里所研究的三个村落揭示的,它们的相当一部分角色涉及同国家部门的较高层打交道,以获得信贷、原材料、投资或市场。村里也同私有部门发生关系。当然,最近一些年中国农村的大部分经济活动,既不只是受国家、也不只是受私有部门的制约,而是由对这两者之间关系的管理来调节的。当地国家在决定私有部门活动上的作用在下列这些村的每一个都很明显:前儒林禁止村内的私有企业;在张家车道,私有企业是得到允许的,但因村办企业的成功而相形见绌,并且还因此而受到阻碍;槐里则在村内积极促进小型的家庭企业。

在本研究探究的以户为本的小型私有部门中,社会性别的不对称比起这里探讨的其他经济领域显得有些更微妙而复杂。这里不存在劳动力的直接分配,户内的社会性别劳动分工可能是相当有弹性的。受过技能培训或获得非农户口与职业的男性,可能努力将这些有利条件传给他们的女儿和儿子,从而将经济分化与政治分层的复杂性添加到社会性别差异的问题之中。在户内和其他几乎没有或根本没有雇佣劳动力的地方,比如像大部分家庭企业那样,社会性别劳动分工可能不像使用了雇工的较大企业被界定得那么清楚。户内现有的年龄与性别构成限制了潜在的安排,并偏向于弹性的劳动分工及最大限度地利用女性的劳动力,除非户中的某些或所有女性可以由雇佣劳动力来取代。

这些环境有利于女性施展其才能。本研究连同研究过程中受访女性的评论均表明,家庭企业比家外工作场所包括乡村企业,为成年女性提供了更有利的条件。女性在管理户外的供应来源及其产品的销售市场上似乎处于持续的劣势境地。该领域依然几乎完全是男性独占鳌头的领地。但女性可以有效地管理当地商业,比如在本村经营小店铺等。与户外对女性的限制相比,女性通常处于相对有利的位置来管理家庭所属的企业。

中国农户是国家权力体现在日常生活当中的一个异常明晰的例子。正如我在第五章较详尽地讨论过的,户是由全国户籍制的管理与实施而内在建构的。按这种官方与行政意义建构起来的户,并不是任意抑或人为的,尽管它在某些细节上确实有别于非正规的户。特别是,它是按略微不同于非正规户的思路建构起来的,并有更清晰的界限。这对于在他们户籍所在地以外的地方至少生活过一些时间的那些人来说最为明显。这主要是指在同家里其他人分居的另一地有工作与正式户口但又同家里人在一起度过相当多时间的那些人。还有就是那些在他们正规居住地之外的地方由亲戚照料的依赖者(主要是学龄前儿童和一些老年人)。

在日常生活过程中层出不穷的这些现象及其他的含糊性以及亲属纽带的复杂交涉,都因要求毫不含糊地将人们登记在一户或另一户而化解了。但是,在通常的构成上,正规户同非正规户非常接近。这也意味着它非常接近于狭隘意义上的家庭。家庭是一个有弹性得多的概念,但构成中国家庭的核心,比如像有共同经济与联合财产的多代聚居的亲属群集，就为户的存在奠定了基础，并且通常是同后者相连的。这一关联的关键性影响在于，国家对于户的建构进入了日常生活的关键性社会单位——家庭之中。这个单位也是每个人生活中最隐私化的各个方面的核心所在。

国家通过户籍制从本质上界定并或多或少微妙地调节着户与家庭生活的若干方面。人口控制的那些机制，从其最广泛的意义上讲，要求对通常通过正式指定的户主(户主一般是户中地位较高且能干的男性)来运作的农户建立联系或进行干预。但这方面也有一些例外，比如儿子正好处于开始承担变老了的父亲之角色的过渡时期。这也是户籍制对一般模棱两可状况无力从正规角度做出调适的另一个方面。其他的例外还包括，拥有非农户口从而没有被指定为户主的男性，他们因而不是正规户的成员。其结果是，他的妻子被正式认定为户主，假如他就在附近工作，他和他的农村家人平常就住在一起，那么，这一认定有可能相对而言是空的，但在她们的丈夫很少在家的情况下，这一认定可能也正式承认有效掌管各户的妇女的实际作用。不管每一特殊户的具体情况如何，指定一户之主——户通过这个人同地方当局正式打交道——有助于强化户内以及扩大之家庭内部的不对称，并将这些不对称同国家的等级制联系起来。

国家进入户动态同社会性别与代际的不对称是交织在一起的。这是户内和户外主要的建构原则。中国农户明显的社会性别不对称，不能只归因于国家通过相对近期的户籍制进行的干预。值得思考的是，是否有可能存在着通过一系列历史性的特定机制来运作的社会性别不对称的长久结构以及它是否处于将家庭与国家连接起来的一种意识形态与实践的架构之内。这同黄宗智最近提出来的见解是相符的，即国家在影响中国社会鼓励生育的价值观上所起的历史性作用(黄宗智，1990：225—234)。

社会性别不对称因国家与家庭不对称之间的一致性而强化。以国家为中心的较大的社会等级制，从它同亲密家庭生活之不对称的联系中汲取力量与权威。通过户界限管理、户际关系以及户之上组织动态之中的正规与非正规的社会性别和代际不对称，这些家庭不对称被带入了更宽阔的社会领域之中。在所有这些方面，日常生活中非正规的生产性的权力关系，同渗入户中的国家权力的微妙运作交织在一起，并使国家权力更为弥散而且更有功效。**这些权力关系毫无例外具有深刻的社会性别化的影响。**

扎根的国家权力（grounded state power）

国家在中国农村和"文革"后整个中国的角色，是近年来一直得到关注的一个重要主题（参见萧凤霞，1989；弗里德曼等，1991）。部分原因出自于中国最高层国家领导对重构国家的关心，以图恢复它在大众心目中的合法性，并设计出一种更适合中国经济改革的国家形式。1989年以前，国家似乎朝前迈进的方向包括：撤出对生活许多方面的直接控制，越来越依赖市场力量来指导经济，政府一定程度的权力下放，至少有限地倡导国家党政部门之间更为有效的分离以及对民众进取活动与组织更大的容忍。这使我们有可能对苏联同时发生的动态作些对照，并使我们能进行将国家与公民社会分离的西方模型应用到中国的学术实验。这并不是现成可应用到中国的一个模型。它提出了分析与经验上的许多困难。有证据表明，国家的势力范围并未取消，但通过采取较之改革前更不直接的手段正变得更为有效了（切夫里尔，1988；舒，1988）。

前面数章的一些分析同以这些术语表达的探讨是一致的，特别是这包括对当地国家结构之转变的分析。地方国家结构的转变在这些村里导致了对前大队的投资以及现在的行政村有了增长的权力。我对乡村企业和以户为基础的商品生产发展中当地国家与市场力量彼此交融的探讨,就是更进一步的一个例子。

尽管本研究包括了这些方面,我对主要根据直接或间接的管理机制,抑或甚至根据这里最初采用的对国家的更宽泛理解——包括政府、党、军队、群众组织以及以国家政体为中心的整个统治机构——来探讨国家权力在中国农村重构所得出的结论,还是很不满意。假如我们就本研究中浮现出来的国家在日常乡土生活许多方面的存在进行研究的话,那么,将国家概念化为仅仅是对乡村社会的渗透是不够的。正如从正规角度所理解的,这表明了村内党员与党组织,同更高层的国家组织相联的地方政府的结构以及户籍制的正规运作等各种机制。所有这些都是存在的,但也存在着比这更多的东西。我建议重新思索国家权力,不再将它定义为来自"外面的"和"上面的"然后延伸到农村社区中的某种东西,而看做社会生活的一个方面。**在日常社会关系中。国家权力既是弥散性存在的,又是富有成效的,并以公开、集中的形式出现在为人们熟知的"国家"机构之中。**对国家权力的这一理解更接近于渗透这个隐语,也更接近于本研究中出现的社会模式。

这里提到的两个方面,对于给国家下这种定义是必不可少的。前者突出国家的效用与生产力。这些方面由于被视为社会生活不可分割的组成部分,一般不被认为整合到国家过程中去从而被掩盖了。但是,只观察到这种效用和生产力,而未看到它们同公开、集中的国家诸方面的联系,将只能得出"个人的事务是政治的事务"("the personal is political")这种思路上的一般性结论。尽管这是事实,但仅靠它是不足以描述中国农村的权力关系的。正如我们传统上所理解的,这里所描述的家庭与社区的个人政治(personal politics),从它们同国家机构的联系上汲取了许多力量。相反,它们也是作为国家权力的功效、合

第七章 中国北方村落的社会性别与权力

法性源泉而运作的。

国家权力的内在性是阐释社会生活动态的关键所在。尽管社会生活依旧是个较大且更有包容性的领域,国家可以被看做是在社会生活的各个领域无所不在的。在像户与村之类的农村社会生活根本要素的界定中,国家权力是固有的。户与村因国家权力的存在而在内在构筑的结构中被创造和再创造。这种结构性的存在绝不是惰性的,而是户与村在社会生活中运作的动态变迁中的活跃成分。这不是由外面强加的一个被动的限制性因素,而是源于日常生活构成因素的一股生产性力量。国家权力的这个方面可以被看做是**扎根的国家权力**。

正如从这里探讨的材料中显露出来的,扎根的国家权力导致了两个主要影响。其一是朝着等级制和等级性融合的方向发展。这一点在本书的每个方面皆很明显:获取和使用土地资源,乡村社区与村办企业的结构中男性中心主义的不对称性,家庭企业被融入混合性的国家—市场经济之中,农户的结构,甚至从主观角度讲,表现在有组织的女性与个体女性的能动性之中。这些特性在许多方面表明了中国政体的持久连续性,但每一特性也都揭示了同全国性政权的首创精神相关的中国农村清晰可辨的运动或过程。改革时代的国家沿循了增加对农村社会干预的以往政策,但这样做时采取了较之集体时代更为微妙且更有影响的方式。

扎根的国家权力的第二个影响是朝官方话语、显性控制及清晰界定界限的方向发展。这些在本研究的所有领域同样显而易见。它们也是全国性政权在其从中央重新界定农村社会与文化的努力中发挥积极(假如说是间接的)作用所产生的重大效应。但这些影响并不是由国家法令,或者因更包容性的政策及其实施导致的。相反,它们是通过乡土社会生活中媒介性的习惯性方面发挥作用的。这些影响在一种更大的社会动态中持续了下来。在这种动态中,等级制并不是唯一的组织原则,而且,许多社会生活以隐蔽且含糊的面目出现。这种概念化几乎没有要求扎根的国家权力应以完全一致的方式来运作。同社会生活的所有其他方面(其中包括国家公开部门的显性运行)一样,在扎根的国家权力运行中存在着不连贯性、矛盾性以及冲突。将国家权力定义为扎根有助于创立宜于解释社会生活中脱节与断裂问题的许多社会思想。扎根的国家权力的运行导致了社会领域内部的内在断裂。后者使最大限度的秩序成为泡影,但同时也提供了无序与反秩序得以兴盛和人们实际日常生活得以进行的缝隙。

社会性别与权力

对中国农村社会性别与权力动态的理解,要求注意社会性别与权力被建构起来的媒介性的、习惯性的机制。正如我在其他地方提出的(朱爱岚,1989),中国农村的社会性别动态可以为结构、习俗与实践的更一般性问题提供洞见。这可以通过回到本书开篇时涉及到的问题来予以说明。

在20世纪80年代关于中国农村转型的官方政策或话语中,与男性不同的是,女性几乎是不被考虑进去的。改革项目有双重的着眼点:重构乡土生活的公共方面和改变户在农村政治经济中的位置。改革及其话语,对于女性在这些政策中的作用以及关于社会性别的因素,明显是沉默的。当人们制定、讨论和思考这些政策时,**好像它们是社会性别中立的**(gender-neutral)。在整个以往十年,这在中国农村具有压倒性重要意义的项目中皆很普遍。它还具有重要意义地重塑了广大农村的生活状况。

对本研究中探究的各个领域的回顾使这一点变得非常清楚。解散集体以及将农业的主要责任转到农户,是基于在集体组织的问题之上做出的一项政策决定。它并没有特别提到女性。同样,促进乡村工业是广大农村转向多元化经济增长的一项政策,它同女性的利益也不明确关联。当然,诉诸市场是中央计划难以为继以及关心提高经济增长率的产物。它再一次未考虑到女性或社会性别问题。诚然,女性在当代中国农村中的作用依然是那么隐而不见,以至于她们只不过是缺乏能力,因而同农村的政治经济是不相干的有"德行"的女性(见第一章)。

同这种沉默一致的是一系列明显不一致的实践。女性和男性以男女有别的方式都深深地卷入了农业,在所研究的三个社区以及在整个中国农村都存在着一种清晰可见的农业劳动女性化的趋势。同样,在乡村工业中,也存在着明确无误的男女活动模式,而这同样是男女有别和不对称的。在以户为基础的商品生产中,女性和男性以男女有别的方式都积极投身其中,而女性的工作对于家庭投资事业的生存通常是必不可少的。在这些共性的下面,在这些部门的每一个,都存在着社会性别之政治经济的重大差异(前面的数章主要致力于追溯那些特性),但是假如"有德行"的女性作为一种社会现实而存在的话,那么,每个部门看上去将会是全然不同的。

普遍贬低妇女,在日常生活的实践中经常否认她们的作用,是中国农村文化的特点。中国农村人既表述了这种贬抑,又有时隐含有时明确地承认女性在农村政治经济与社会关系中的实际作用。换句话说,贬抑是存在而且有效的,例如,这有效地将女性排除在多数公共责任角色之外。与此同时,人们也采取女性的能力与行动是重要构成因素的日常生活的实践策略。文化领域沿着社会性别的思路出现了深刻而普遍的断裂。

官方社会结构模型同实践策略的部分脱节促进了这种断裂。这种脱节可能是社会领域中的一个普遍化的结构性特征。本研究被定格在实践理论(practice theory)的术语之内。就这项研究对那种理论取向有所贡献的一些方面进行评述可能是值得的。社会性别始终是个出发点,而在重新思考社会性别的过程中,有必要重新思考结构与实践的概念,以确定社会性别的实践政治在一个断裂的社会秩序中得以被理解的空间。

正如布迪厄(1977,1990)提出的,实践理论以人们在日常生活过程中采用的实践策略(practical strategy)为优先关注事项。实践理论将实践当做社会结构与无意识的惯习癖性之间的关键性术语。习惯是既作为一个已建构的又作为一种正在建构的因素在运作的。我在其他地方(朱爱岚,1989)已提到应使用可以被确定为习俗的一个概念领域。这是反思其自身社会现象的一般中国人话语中很常用的一个术语。与布迪厄勾勒的实践理论中类似的概念不同的是,这个习俗的概念比(无意识的)习惯或(在很大程度上得到默认的)习俗或称为前法律(pre-law)得到了更清楚、明确、自觉的系统阐述。

中国农村社会由习俗占据的空间,位于官方的社会结构模型同惯习机制这两者之间。习俗是有意识地阐明并表述的,尽管它比官方模型不正规且有弹性得多。一定文化领域中的所有人也未必都同质性地予以采用。将习俗确定为一个独特领域的诸因素隐含于布迪厄对官方模型的阐述之中,但在实践理论核心之内那些因素可能得到更有利的应用。结构、惯习与实践这三位一体在一个同质性的社会领域中是最为有效的——但那只是一个抽象化。在社会领域较不同质化的地方,特别是在当它们因权力的运作而支离破碎的地方,习俗似乎是位于恒久结构与人们有意识和无意识创造和追求的策略之间的一个有用术语。

习俗具有允许和促进官方结构模型同实际实践之间脱节的弹性。通过习俗,人们创造和再创策略和调适方法,并凭借习俗在社会秩序的断裂中变通其为人处世之道。通过习俗,官方社会秩序中的冲突性要求,不管以多么不断变换或矛盾性的方式,都在日常生活的要求得到表述。例如,在官方模型之内,男人是中国农村主要的经济供养者,他们在农村政治经济中享有的优越位置意味着这一观念是具有某些实质性内容的。在有关女性经济贡献的官方模型中,这种几近沉默的状况是更有问题的,这同习俗领域中类似的沉默是不相符的。广大农村存在着大量而明确的有关社会性别劳动分工的习俗,尽管它们在官方模型之内没有得到阐述。这种习俗的确为女性做出的贡献提供了强有力的证据。甚至在正规的劳动分配终止之后,按社会性别与年龄进行的相对清晰的劳动分工模式仍是这一重要领域中习俗势力的一个清楚的指标。

习俗可以调和有关当事人共有的和有分歧的观点。比如,男性领导人可能轻蔑地将在公共劳动大军行列中很活跃的已婚妇女称为"家庭主妇",而女性们却清楚地谈到她们的家务劳动负担,而且从来就不用同样轻蔑的术语来指称她们自己或其他女性。有歧义的见解可以并且确实在同一文化领域内并存,但它们是在习俗与实践的诸层面而不是在官方模型或结构的那些层面如此运作的。习俗可以在变动不居的情境下和支离破碎的社会秩序的夹缝中有效地发挥作用。官方持久模型在同样环境下在提供连贯性或明显连贯性方面可能也具有效用(或责任),但它们不能够充当日常生活的实际指南。惯习的机制受到类似的制约,它们意味着稳定性和同质性的程度,以便无意识地创造结构性的影响。习俗和实践的有效采用未必需要同质性。

我认为,有可能替代性地被归入惯习的许多工作实际上是通过有意识且临时性的习俗来完成的。在近代和当代中国,生活的破碎性和变动性要求人们具有一种弹性的生活艺术。这种艺术可以为应对变化与不确定性提供技能。在相当长的时期内中国社会既存在着官方的社会凝聚力,又有持久的变动与断裂。这使中国成为一个很突显的社会个案。习俗和习惯性实践活动为在这样一种社会有序与无序的夹缝之中过生活提供了文化资源。

习俗制约着面向个人的机会、农户的经济资源与机遇、公共劳动大军的结构以及当地政治经济的社会性别化方面。它也是有弹性的,因为它在官方模型之内并没有得到阐述,从而可以随形势的变动或变迁而作出调整。例如,乡村工业更喜欢劳动大军中的未婚女青年,这未必会阻止村里也开始雇佣已婚妇女,特别是,假如这一替代选择靠的是来自其他村工人们的更广泛就业。

最重要的是,习俗是国家权力以其扎根与弥散形式出现的一个特权场所。在这里,国家权力同日常生活中的社会性别政治非强制且静悄悄地相遇并交织在一起。也是在这里,扎根的国家权力获得了其社会性别化的方面。以其更公开且正规的形式存在的国家权力,往往缺乏构筑日常生活的功效,但当它作为扎根的国家权力通过习俗与习惯性实践的细节运作时,就变得极其有功效的了。在分配村里的土地和组织大田劳动的机制中,对农村政治经济中基本资源的控制,是受习惯性的男性中心主义势力与实践影响的。在组织和控制村级乡村工业劳动与资本的习惯性实践活动中,社会性别差异是村一级的国家进行资本积累和公共投资的一个重要因素。在中国农村,由官方促进的商品生产的广泛复兴,利用了农村商务与家庭活动中某些既有的习惯性实践,而且也有助于新的习惯性实践脱颖而出,比如使专业户中的成年女性参与其中的那些。户的建构和管制或许是中国农村扎根的国家权力中最明显社会性别化的方面。

虽然农村日常生活中社会性别与权力关系的某些方面往往没有被人们提及,它们或隐而不见,或被视作自然而然的,但某些方面则成为女性生活的政治边缘中潜在颠覆性行动的隐蔽场所。在整个农村生活中,国家权力被创造和再创造为具有社会性别化影响的,而社会性别又产生了正规国家权力只是最集中表述的影响。

中国人的生活中没有任何其他的分化性特征比社会性别更深刻、持久且不对称。不管是在习惯之中、结构之内,还是在习俗与实践活动之中,抑或更准确地讲,是在所有这些方面,社会性别是个主要的生产性差异,而且这一差异是根本不对称的。中国农村正在进行的国家权力的重新配置,正从它在社会性别政治与权力无所不在的存在中汲取力量与合法性。

表　格

2.1　1989年槐里每个农业土地组包含的户数(原书第36页,以下皆指原书的页码)

3.1　1978—1987年前儒林的集体收入(67页)

3.2　1978—1987年前儒林在册居民中的劳动力(87页)

3.3　1987年前儒林的就业与社会性别(88页)

3.4　1986年张家车道纺织印染厂的社会性别劳动分工(97页)

4.1　1989年槐里按户分类的香椿和庭院蔬菜生产(133页)

4.2　1989年槐里国定与自定专业户土地占有和雇工情况对照(138页)

4.3　1989年槐里40户核心成年夫妇达到的最高文化程度(149页)

4.4　1989年槐里40户的家庭规模和劳动力情况(150页)

4.5　1989年槐里40户的家庭类型(151页)

4.6　1989年槐里40户核心成年夫妇的劳动强度估算(151页)

4.7　1989年槐里专业户核心成年夫妇每个成员的相对贡献(153页)

5.1　张家车道(1986)、前儒林(1987)和槐里(1989)家庭类型的样本分布(178页)

5.2　1989年槐里39个兄弟姊妹报告的女性照看孩子的情况(195页)

有关量度与家庭术语的解释

量度标准

斤　1斤＝1/2公斤

里　1里＝1/2公里

亩　1亩＝1/6英亩

人民币　1美元＝3.5元人民币(1986年)，到1990年为4.8元人民币

家庭术语

主干与扩大家庭的区分在中国农村社会是个很重要的划分。主干家庭由一个核心家庭(丈夫、妻子及孩子们)，外加丈夫或妻子至少一个父母构成。在中国，最一般的情形是包括丈夫的父/母亲，但在从妻居婚姻中则包括妻子的父/母亲。

中国的扩大家庭只有在从夫居的情形下才有。扩大家庭至少由两个已婚兄弟和他们的妻儿及至少一个父母组成。扩大家庭的理想是，所有儿子成婚后都继续留在家里，当父母一方仍健在时无人分家

出去,但这种家庭形式在中国从未盛行过。在它确实存在的地方,这种家庭是建立在由家庭中地位较高的男性控制共同财产的基础之上的。它可能涉及家庭中成年男性之间的经济合作和劳动分工(参见沃尔夫,1972)。更为普遍的情形是,儿子成婚后从户中分家出去,但父/母亲并没有被单独留下,因为最小的儿子通常在婚后还留在家里。

中国农村家庭形式的分布,因而既有主干家庭,又有核心家庭。扩大家庭只是偶尔、通常也只是暂时存在的而已。

有人提议用集积家庭(aggregate family)这一术语来特指中国家庭形态的新近发展趋势。正如克罗尔(1987a)最初提出的,集积家庭指分成了不止一户、但仍维持了密切经济合作与社会政治关系的家庭。分家后仍保持密切的联系是乡土社会生活中一个重要而普遍的现象。在本研究中,我保留了集积户这个术语以指这种关系异常亲密、并含有单户家庭(single-household families)之联系特征(比如将收入合在一起)的那些情形。在这些情形下,家庭成员认为自己已分家但又不很"清楚"的现象,是司空见惯的[参见第175页]。

引用文献

安多斯(1981):"'四个现代化'与中国的妇女政策",《关心社会的亚洲学者会刊》,第 13 卷,第 2 期,第 44—56 页(Andors, Phyllis. 1981. "The 'Four Modernization' and Chinese Policy on Women." *Bulletin of Concerned Asian Scholars* 13(2): 44—56)。

——(1983):《中国妇女未完成的解放,1949—1980》,布卢明顿:印第安纳大学出版社(—1983. *The Unfinished Liberation of Chinese Women*, 1949—1980. Bloomington: Indiana University Press)。

奥伯特(1990):"20 世纪 80 年代末中国的农业危机",收入 J.德尔曼,C. S.奥斯特加德及 F.克里斯琴森编:《改造农民的中国:20 世纪 90 年代伊始农村发展与制度的问题》,第 16—37 页,奥胡斯:奥胡斯大学出版社(Aubert, Claude. 1990. "The Agricultural Crisis in China at the End of the 1980s." in J. Delman, C. S. Ostergaard, and F. Christiansen, eds., *Remaking Peasant China: Problems of Rural Development and Institutions at the Start of the* 1990s, pp. 16—37. Aarhus: Aarhus University Press)。

巴布(1984):"市场中的妇女:秘鲁的小商业",《激进政治经济学评论》,第 16 卷,第 1 期,第 45—59 页(Babb, Florence E. 1984. "Women in the Market-place: Petty Commerce in Peru." *Review of Radical Political Economics* 16(1): 45—59)。

巴尔罗(1978):《东欧的替代性抉择》,大卫·弗恩巴赫译,伦敦:新左派书籍(Bahro, Rudolf. 1978. *The Alternative in Eastern Europe*. Trans. David Fernbach. London: New Left Books)。

巴利特(1980):"农民在农业生产中的适应性策略",《人类学评论年刊》,第 9 卷,第 545—573 页(Barlett, Peggy F. 1980. "Adaptive Strategies in Peasant Agricultural Production". *Annual Review of Anthropology* 9: 545—573)。

博塞鲁普(1970):《妇女在经济发展中的作用》,纽约:圣马丁出版社(Boserup, Ester. 1970. *Women's Role in Economic Development*. New York: St. Martin's

Press)。

布迪厄(1977):《实践理论概览》,剑桥,英国:剑桥大学出版社(Bourdieu, Pierre. 1977. *Outline of a Theory of Practice*. Cambridge, Eng: Cambridge University Press)。

——(1988):"社会科学中的异端邪说",《理论与社会》,第 17 卷,第 773—787 页 (—1988. "Vive La Crise! For Heterodoxy in Social Science." *Theory and Society* 17: 773—787)。

——(1990):《实践的逻辑》,斯坦福,加利福尼亚:斯坦福大学出版社(—1990. *The Logic of Practice*. Stanford, Calif: Stanford University Press)。

布兰多尔(1977):"Ching-hua Yan 的妇女:接近于儒家理想的解放",《亚洲研究杂志》,第 36 卷,第 4 期,第 647—660 页(Brandauer, Frederick P. 1977. "Women in Ching-hua Yan: Emancipation Toward a Confucian Ideal." *Journal of Asian Studies* 36(4): 647—660)。

巴克(1964):《中国土地的利用》,纽约:Paragon 1937 年初版(Buck, John Lossing. 1964. *Land Utilization in China*. New York: Paragon. Orig. pub. 1937)。

伯奇:(1979):"户与家庭的人口学:带提要的论文",《人口索引》,第 45 卷,第 2 期,第 173—195 页(Burch, Thomas K. 1979. "Household and Family Demography: A Bibliographic Essay." *Population Index* 45(2): 173—195)。

伯德和林青松(音译)编(1990):《中国的乡村工业:结构、发展与改革》,牛津:牛津大学出版社(Byrd, William A., Lin Qingsong, eds. 1990. *China's Rural Industry: Structure, Development and Reform*. Oxford: Oxford University Press)。

珀金斯和尤舒夫(1984):《中国的农村发展》,巴尔的摩,马里兰:约翰·霍普金斯大学出版社(Perkins, Dwight, and Shahid Yusuf. 1984. *Rural Development in China*. Baltimore, Md.: Johns Hopkins University Press)。

波特和波特(1990):《中国的农民:革命的人类学》,剑桥,英国:剑桥大学出版社(Potter, Sulamith Heins, and Jack M. Potter. 1990. *China's Peasants: The Anthropology of a Revolution*. Cambridge, Eng: Cambridge University Press)。

陈儿金(音译)(1984):《中国:处于重大转折时期的社会主义,无产阶级民主的一个非官方宣言》,罗宾·芒罗译,伦敦:Verso(Chen, Erjin. 1984. *China: Crossroads Socialism, an Unofficial Manifesto for Proletarian Democracy*. Trans. Robin Munro. London: Verso)。

戴蒙德(1975):"中国农村的集体化、亲属关系与妇女的地位",雷纳·赖特编《妇女的人类学》,第 372—395 页,纽约:每月评论出版社(Diamond, Norma. 1975. "Collectivization, Kinship, and the Status of Women in Rural China." In Rayna R. Reiter, ed., *Toward an Anthropology of Women*. pp. 372—395. New York: Monthly Review Press)。

——(1979):"台湾的妇女与工业",《现代中国》,第 5 卷,第 3 期,第 317—340 页 (—1979. "Women and Industry in Taiwan." *Modern China* 5(3): 317—340)。

——(1983a):"山东省台头村的户、亲属关系与妇女",伦道夫·巴克和贝思·罗斯编:《中国今日的农业与农村发展》,第 78—96 页,伊萨卡,纽约:康奈尔国际农业油印品 102 卷(—1983a. "Household, Kinship and Women in Taitou Village, Shandong Province." In Randolph Barker and Beth Rose, eds., *Agricultural and Rural Development in China Today*, pp. 78—96. Ithaca, N. Y.: Cornell International Agricultural Mimeograph 102)。

——(1983b):"模范村与村庄现实",《现代中国》,第 9 卷,第 2 期,第 163—181 页(—1983b. "Model Villages and Village Realities." *Modern China* 9(2): 163—181)。

德里克(1989):"后社会主义?'对有中国特色的社会主义'的思索",《关心社会的亚洲学者会刊》,第 22 期,第 1 卷,第 33—44 页(Dirlik, Arif. 1989. "Postsocialism? Reflections on 'Socialism with Chinese Characteristics.'" *Bulletin of Concerned Asian Scholars* 21(1): 33—44)。

杜赞奇(1988):《文化、权力与国家:1900—1942 年的华北农村》,斯坦福,加利福尼亚:斯坦福大学出版社(Duara, Prasenjit. 1988. *Culture, Power, and the State: Rural North China*, 1900—1942. Stanford, Calif.: Stanford University Press)。

戴慕珍(1989):《当代中国的国家与农民:村政府的政治经济学》,伯克利:加利福尼亚大学出版社(Oi, Jean C. 1989. *State and Peasant in Contemporary China: The Political Economy of Village Government*. Berkeley: University of California Press)。

迪莉娅·达文(1976):《妇女工作:中国革命时代的妇女与党》,牛津:牛津大学出版社(Davin, Delia. 1976. *Woman-work: Women and the Party in Revolutionary China*. Oxford: Oxford University Press)。

——(1988):"承包性的农业对中国农村妇女就业与地位的影响",收入斯蒂芬·福伊希特万、阿萨·赫塞恩、蒂赖·佩劳尔特编:《转变 80 年代的中国经济(第一卷):乡村部分、福利与就业》,第 137—146 页,博尔德,科罗拉多:Westview;伦敦:Zed (—1988. "The Implications of Contrast Agriculture for the Employment and Status of Chinese Peasant Women." In Stephen Feuchtwang,

Athar Hussain, and Thierry Pairault, eds., *Transforming China's Economy in the Eighties*, vol.1: *The Rural Sector, Welfare and Employment*, pp. 137—146. Boulder, Colo.: Westview; London: Zed)。

王斯福(1987):"1979年以来农村基本社会保障体系的变化",阿什万迈·赛思编《中国农民的再度崛起:农村集体解体面面观》,第173—210页,伦敦:Croom Helm (Feuchtwang, Stephen. 1987. "Changes in the System of Basic Social Security in the Countryside since 1979." In Ashwani Saith, ed., *The Reemergence of the Chinese Peasantry: Aspects of Rural Decollectivisation*, pp. 173—210. London: Croom Helm)。

福克斯-吉诺维斯和吉诺维斯(1983):"家庭经济的思想基础",伊丽莎白·福克斯-吉诺维斯和尤金·D.吉诺维斯编:《商人资本的成果》,第299—336页,纽约:牛津大学出版社(Fox-Genovese, Elizabeth, and Eugene D. Genovese. 1983. "The Ideological bases of Domestic Economy." In E. Fox-Genovese and E. D. Genovese, eds., *Fruits of Merchant Capital*, pp. 299—336. New York: Oxford University Press)。

弗里德曼、匹克奥维兹、谢尔登、约翰逊(1991):《中国的村庄,社会主义的国家》,纽黑文,康涅狄格,耶鲁大学出版社(Friedman, Edward, Paul G. Pickowicz, and Mark Selden, with Kay Ann Johnson. 1991. *Chinese Village, Socialist State*. New Haven, Conn.: Yale University Press)。

弗里德曼(1978):"世界市场,国家与家庭农场:工资劳动时代家庭生产的社会基础",《社会与历史比较研究》,第20卷,第545—586页(Friedmann, Harriet. 1978. "World Market, State. and Family Farm: Social Bases of Household Production in the Era of Wage Labor." *Comparative Studies in Society and History* 20: 545—586)。

——(1980):"家庭生产与全国经济:分析农业构成的概念",《农民研究杂志》,第7卷,第158—184页(——1980. "Household Production and the National Economy: Concepts for the Analysis of Agrarian Formations." *Journal of Peasant Studies* 7: 158—184)。

费孝通(1968):《中国的绅士:城乡关系的论文选》,芝加哥:Phoenix 最初出版于1953年(Fei, Hsiao-tung. 1968. *China's Gentry: Essays on Rural-Urban Relations*. Chicago: Pheonix. Orig. pub. 1953)。

——(1983):《中国村庄特写》,北京:新世界出版社(——1983. *Chinese Village Close-up*. Beijing: New World Press)。

加林(1984):"台湾的妇女,家庭与政治经济",《农民研究杂志》,第12卷,第1期,第76—92页(Gallin, Rita S. 1984. "Women, Family and the Political Economy of Taiwan." *Journal of Peasant Studies* 12(1): 76—92)。

哈勒尔(1982):《犁尾村:台湾的文化与语境》,西雅图:华盛顿大学出版社(Harrell, Stevan. 1982. *Ploughshare Village: Culture and Context in Taiwan*. Seattle: University of Washington Press)。

——(1985):"中国人为何那么卖力地劳作?对企业伦理的思索",《现代中国》,第11卷,第2期,第203—226页(—1985. "Why Do the Chinese Work So Hard? Reflections on an Entrepreneurial Ethic." *Modern China* 11(2): 203—226)。

霍尼格和贺萧(1988):《个人的声音:20世纪80年代的中国妇女》,斯坦福,加利福尼亚:斯坦福大学出版社(Honig, Emily, and Gail Hershatter. 1988. *Personal Voices: Chinese Women in the 1980s*. Stanford, Calif.: Stanford University Press)。

霍华德(1988):《打破铁饭碗:中国农村社会主义的前景》,阿蒙克,纽约:M. E. Sharpe(Howard, Pat. 1988. *Breaking the Iron Rice Bowl: Prospects for Socialism in China's Countryside*. Armonk, N. Y.: M. E. Sharpe)。

黄宗智(1985):《华北的小农经济与社会变迁》,斯坦福,加利福尼亚:斯坦福大学出版社(Huang, Philip C. C. 1985. *The Peasant Economy and Social Change in North China*. Stanford, Calif.: Stanford University Press)。

——(1990):《长江三角洲小农家庭与农村发展,1350—1988》,斯坦福,加利福尼亚:斯坦福大学出版社(—1990. *The Peasant Family and Rural Development in the Yangzi Delta*, 1350—1988. Stanford, Calif.: Stanford University Press)。

黄树民(1989):《螺旋式的道路:一个共产党领导人眼中中国村庄的变化》,博尔德,科罗拉多:Westview(Huang, Shumin. 1989. *The Spiral Road: Change in a Chinese Village Through the Eyes of a Communist Party Leader*. Boulder, Colo: Westview)。

沃森(1984):"农业寻求'适足之履':包产到户及其影响",内维尔·马克斯韦尔和布鲁斯·麦克法兰编:《中国改变了的发展道路》,第83—108页,牛津:Pergamon(Watson, Andrew. 1984. "Agriculture Looks for 'Shoes That Fit': The Production Responsibility System and Its Implications." In Neville Marxwell, and Bruce McFarlane, eds. 1984. *China's Changed Road to Development*. Oxford: Pergamon)。

——(1989):"中国农村的投资问题",《澳大利亚中国事务杂志》,第22卷,第85—126页(—1989. "Investment Issues in the Chinese Countryside." *Australian Journal of Chinese Affairs* 22: 85—126)。

怀特(1987):"中国农村经济改革的影响:通向社会资本主义的政治",《现代中国》,第13卷,第4册,第411—440页(White, Gordon. 1987. "The Impact of

Economic Reforms in the Chinese Countryside: Towards the Politics of Social Capitalism." *Modern China* 13(4): 411—440)

江泽民(1989):"江泽民同志的讲话,1989年9月29日",《光明日报》,9月30日(Jiang Zemin. 1989. "Comrade Jiang Zemin's Speech. Sept. 29, 1989." *Guangming ribao*, Sept. 30)。

孔迈隆(1976):《合在一起的家;分开的家:台湾的中国家庭》,纽约:哥伦比亚大学出版社(Cohen, Myron L. 1976. *House United, House Divided: The Chinese Family in Taiwan*. New York: Columbia University Press)。

——(1990):"华北的宗族组织",《亚洲研究杂志》,第49卷,第3期,第509—534页(—1990. "Lineage Organization in North China." *Journal of Asian Studies* 49(3): 509—534)。

科利尔和亚纳吉萨科编(1987):《社会性别与亲属关系:采用一元化分析的文选》,斯坦福,加利福尼亚:斯坦福大学出版社(Collier, Jane F., and Sylvia J. Yanagisako, eds. 1987. *Gender and Kinship: Essays Toward a Unified Analysis*. Stanford, Calif: Stanford University Press)。

柯林斯(1986):"秘鲁南部的户与生产关系",《社会与历史的比较研究》,第28卷,第4期,第651—671页(Collins, Jane L. 1986. "The Household and Relations of Production in Southern Peru." *Comparative Studies in Society and History* 28(4): 651—671)。

康罗伊(1984):"自由放任社会主义?富裕的农民与中国当前的农村发展战略",《澳大利亚中国事务杂志》,第12卷,第1—34页(Conroy, Richard. 1984. "Laissez-faire Socialism? Prosperous Peasants and China's Current Rural Development Strategy." *Australian Journal of Chinese Affairs* 12: 1—34)。

——(1985):《中华人民共和国宪法(1982)》,《现代立法制度百科全书(第9卷):亚洲》,布法罗,纽约:威廉·海因公司(—1985. *Constitution of the People's Republic of China* (1982). *Modern Legal Systems Encyclopedia*, vol. 9: Asia. Buffalo, N. Y.: William, Hein and Co)。

康克清(1987):"节日谈心",《新华文摘》,1987年4月,第3—5页(Kang Keqing. 1987. "Holiday heart-to-heart talk." *Xinhua wenzhai*, April 1987: 3—5)。

——康氏族谱(1965)4卷(只有蜡纸版的)(Kang surname genealogy. 1965. 4 vols.)(stencil only)

库克和宾福德(1986):"小商品生产,资本积累与农民分化:从墨西哥农村比较列宁与恰亚诺夫的观点",《激进政治经济学评论》,第18卷,第4期,第1—31页(Cook, Scott, and Leigh Binford. 1986. "Petty Commodity Production, Capital Accumulation, and Peasant Differentiation: Lenin vs. Chayanov in Rural

Mexico." *Review of Radical Political Economics* 18(4): 1—31).

克罗尔(1978):《中国的女权主义与社会主义》,伦敦:Routledge and Kegan Paul(Croll, Elisabeth. 1978. *Feminism and Socialism in China*. London: Routledge and Kegan Paul)。

——(1979):《农村发展中的妇女:中华人民共和国》,日内瓦:国际劳工局(—1979. *Women in Rural Development: The People's Republic of China*. Geneva: International Labor Office)。

——(1981):《当代中国的婚姻政治》,剑桥,英国:剑桥大学出版社(—1981. *The Politics of Marriage in Contemporary China*. Cambridge, Eng.: Cambridge University Press)。

——(1982):"中国农村促进家庭副业生产,1978—1979",载入 J. 格雷和 G. 怀特编:《中国新的发展战略》,第 235—254 页,伦敦:Academic(—1982. "The Promotion of Domestic Sideline Production in Rural China, 1978—1979." In J. Gray and G. White, eds., *China's New Development Strategy*, pp. 235—254. London: Academic)。

——(1987a):"中国农村新的农民家庭形式",《农民研究杂志》,第 14 卷,第 4 期,第 469—499 页 (—1987a. "New Peasant Family Forms in Rural China." *Journal of Peasant Studies* 14(4): 469—499)。

——(1987b)"农村经济改革对中国农户的某些影响",阿什万迈·赛思编:《中国农民的再度崛起:农村集体解体的面面观》,第 105—136 页,伦敦:Croom Helm(—1987b. "Some Implications of Rural Economic Reforms for the Chinese Peasant Household." In Ashwani Saith, ed., *The Re-emergence of the Chinese Peasantry: Aspects of Rural Decollectivisation*, pp. 105—136. London: Croom Helm)。

——(1988):"中国新的农民经济",收入王斯福、阿萨·赫塞恩、蒂赖·佩劳尔特编:《转变 80 年代的中国经济(第一卷):乡村部门、福利与就业》,第 77—100 页,博尔德,科罗拉多:Westview;伦敦:Zed(—1988. "The New Peasant Economy in China." In Stephen Feuchtwang, Athar Hussain, and Thierry Pairault, eds., *Transforming China's Economy in the Eighties*, vol. 1: *The Rural Sector, Welfare and Employment*, pp. 77—100. Boulder, Colo.: Westview; London: Zed)。

克鲁克(1986):"公社制的改革与乡镇-集体-农户制",《2000 年中国经济展望(第一卷):四个现代化》,华盛顿特区:美国政府出版署,第 354—375 页(Crook Frederick W. 1986. "The Reform of the Commune System and the Rise of the Township-Collective-Household System." *In China's Economy Looks Toward* *the Year* 2000, *vol.* 1: *The Four Modernizations*. Washington, D. C.: U. S. Government Printing Office, pp. 354—375)。

克鲁克(无日期):《繁荣的乡镇:战时四川的农村社区》,(正在撰写之中)1987年草稿(Crook, Isabel. n. d. *Prosperity Township: A Rural Community in Sichuan in Wartime*. Work in progress,1987 draft)。

坎迪约蒂(1990):"妇女与农村发展政策:正在变化的议程",《发展与变迁》,第21卷,第1期,第5—22页(Kandiyoti, Deniz. 1990. Women and Rural Development Policies: The Changing Agenda." *Development and Change* 21(1): 5—22)。

兰菲尔(1974):"家庭群体中妇女之间的策略,合作与冲突",米歇尔·津巴利斯特·罗萨尔多和路易丝·兰菲尔编:《妇女、文化与社会》,第97—112页,斯坦福,加利福尼亚:斯坦福大学出版社(Lamphere, Louise. 1974. "Strategies, Cooperation, and Conflict among Women in Domestic Groups." In Michelle Zimbalist Rosaldo and Louise Lamphere, eds. *Women, Culture and Society*, pp. 97—112. Stanford, Calif: Stanford University Press)。

李云河(1985):"农村'户学'初探",《新华文摘》,第77卷,第5期,第58—61页(Li Yunhe. 1985. "A prologue to the study of rural households". *Xinhua wenzhai* 77(5): 58—61)。

梁微玲(1988):"关于妇联改革的构想",《中国妇女》,第1期,第14—17页(Liang Weiling. 1988. "Thoughts on the Reform of the Women's Federation." *Zhongguo funü* 1: 14—17)。

梁旭光等(1989):《妇女成才论》,济南:山东人民出版社(Laing Xuguang, Dong Xiangju, et al. 1989. *On nurturing female talent*. Jinan: Shandong renmin)。

林立(1988):"深化农村经济改革问题的讨论",《经济研究》,第6期,第16,74—78页(Lin li. 1988. "A discussion on the question of deepening the rural economic reform." *JingJi yanjiu* 6: 74—78,16)。

——(1989):"我国农业的困境与出路问题讨论综述",《经济研究》,第4期,第73,74—77页(—1989. "A summary of discussion on the question of the difficulties and prospects of our country's agriculture." *Jingji yanjiu* 4: 74—77,73)。

刘书臻(1988):"山东省人口多与耕地少的矛盾越来越尖锐",《人口研究》,第2期,第50—52页(Liu Shuzhen. 1988. "The contradiction between the increase in population and decrease in arable land in Shandong Province becomes more and more acute." *Renkou yanjiu* 2: 50—52)。

罗晓鹏(1989):"中国乡村企业的等级结构与所有制",《中国经济研究》,第23卷,第1期,第89—99页(Luo Xiaoping. 1989. "The Hierarchical Structure and the

System of Ownership in China's Rural Enterprises." *Chinese Economics Studies* 23(1): 89—99)。

《中华人民共和国婚姻法(1950)》1975年,北京:外国语出版社(*Marriage Law of the People's Republic of China* [1950]. 1975. Beijing Foreign Language Press)。

《中华人民共和国婚姻法(1981)》1982年,北京:外国语出版社(*Marriage Law of the People's Republic of China* [1981]. 1982. Beijing Foreign Language Press)。

罗杰斯(1980):《将妇女禁锢在家:发展中社会的歧视》,伦敦:Tavistock (Rogers, Barbara. 1980. *The Domestication of Women: Discrimination in Developing Societies*. London: Tavistock)。

罗萨尔多(1980):"人类学的使用与滥用:对女权主义与跨文化理解的思考",《标志》,第5卷,第3期,第389—417页(Rosaldo, M. Z. 1980. "The Use and Abuse of Anthropology: Reflections on Feminism and Cross-cultural Understanding." *Signs* 5(3): 389—417)。

马克斯韦尔和麦克法兰(1984)编:《中国改变了的发展道路》,牛津:Pergamon (Marxwell, Neville, and Bruce McFarlane, eds. 1984. *China's Changed Road to Development*. Oxford: Pergamon)。

米斯(1986):《世界范围内的父权制与积累:国际劳动分工中的妇女》,伦敦:Zed (Mies, Maria. 1986. *Patriarchy and Accumulation on a World Scale: Women in the International Division of Labor*. London: Zed)。

倪(1985):"农户个人主义",威廉·L.帕里什编:《中国农村发展:巨大的转变》,第164—190页,纽约:M. E. Sharpe(Nee, Victor. 1985. "Peasant Household Individualism." In William L. Parish, ed., *Chinese Rural Development: The Gteat Transformation*, pp. 164—190. Armonk, N. Y.: M. E. Sharpe)。

尼霍夫(1987):"作为工厂主的村民:台湾农村家庭制造业的思想",《现代中国》,第13卷,第3期,第278—309页(Niehoff, Justin D. 1987. "The Villager as Industrialist: Ideologies of Household Manufacturing in Rural Taiwan." *Modern China* 13(3): 278—309)。

诺兰和怀特(1979)"社会主义发展与农村不平等:1970年的中国农村",《农民研究杂志》,第7卷,第1期,第3—48页(Nolan, Peter, and Gordon White. 1979. "Socialist Development and Rural Inequality: The Chinese Countryside in the 1970's." *Journal of Peasant Studies* 7(1): 3—48)。

帕尔默(1988):"中国新的《继承法》:某些初步观察",收入王斯福、阿萨·赫塞恩、蒂赖·佩劳尔特编:《转变80年代的中国经济(第一卷):乡村部门、福利与就业》,第169—197页,博尔德,科罗拉多:Westview;伦敦:Zed(Palmer, Michael. 1988. "China's New Inheritance Law: Some Preliminary

Observations." In Stephen Feuchtwang, Athar Hussain, and Thierry Pairault, eds., *Transforming China's Economy in the Eighties*, vol. 1: *The Rural Sector, Welfare and Employment*, pp. 169—197. Boulder, Colo.: Westview; London: Zed)。

帕里什编(1985):《中国农村发展:巨大的转变》,纽约:M. E. Sharpe(Parish, William L., ed. 1985. *Chinese Rural Development: The Great Transformation*. Armonk, N. Y.: M. E. Sharpe)。

帕里什和怀特(1978):《当代中国的村庄与家庭》,芝加哥:芝加哥大学出版社(Parish, William L., and Martin King Whyte. 1978. *Village and Family in Contemporary China*. Chicago: University of Chicago Press)。

裴宜理(1985):"社会主义中国的农村暴力",《中国季刊》,第103卷,第414—440页(Perry, Elizabeth J. 1985. "Rural Violence in Socialist China." *China Quarterly* 103: 414—440)。

帕特曼(1989)"中国北方进入后集体时代——大和乡",《现代中国》,第15卷,第3期,275—320页(Putterman, Louis. 1989. "Entering the Post-Collective Era in North China: Dahe Township." *Modern China* 15(3): 275—320)。

——"季度记事与文件(1990年7—9月)"《中国季刊》,1990年,第124卷,第760—781页(Quarterly Chronicle and Ducumentation (July — Sept. 1990)" *China Quarterly* 124: 760—781)。

切夫里尔(1988):"NEP及其他:中国向'现代化'过渡,1978—1985",收入王斯福、阿萨·赫塞恩、蒂赖·佩劳尔特编:《转变80年代的中国经济(第一卷):乡村部门、福利与就业》,第7—35页,博尔德,科罗拉多:Westview;伦敦:Zed(Chevrier, Yves. 1988. "NEP and Beyond: The Transition to 'Modernization' in China(1978—1985)." In Stephen Feuchtwang, Athar Hussain, and Thierry Pairault, eds., *Transforming China's Economy in the Eighties*, vol. 1: *The Rural Sector, Welfare and Employment*, pp. 7—35. Boulder, Colo.: Westview; London: Zed)。

亚纳吉萨科(1979):"家庭与户:对家庭群体的分析,"《人类学评论年刊》,第8期,第161—205页(Yanagisako, Sylvia Junko. 1979. "Family and House-hold: The Analysis of Domestic Groups." *Annual Review of Anthropology* 8: 161—205)。

塞拉夫(1981):《香港的劳动女儿们:家庭中的孝道或权力》,剑桥,英国:剑桥大学出版社(Salaff, Janet W. 1981. *Working Daughters of Hong Kong: Filial Piety or Power in the Family*. Cambridge, Eng.: Cambridge University Press)。

斯科特(1985):《弱者的武器:农民日常的抵抗形式》,纽黑文,康涅狄格,耶鲁大学出版社(Scott, James C. 1985. *Weapons of the Weak: Everyday Forms of Peasant Resistance*. New Haven, Conn.: Yale University Press)。

(1990)"1989年山东经济成就",《世界广播摘要(第三部分):远东每周经济报告》(4月25日),伦敦:英国广播公司(—1990 "Shandong's Economic Performance in 1989." *Summary of World Broadcasts*, Part 3: *The Far East, Weekly Economic Report* (25 April) FE/W0125. London: British Broadcasting Corporation)。

(1987)"1986年山东经济",《世界广播摘要(第三部分):远东每周经济报告》(5月6日),伦敦:英国广播公司。(—1987 "Shandong's Economy in 1986." *Summary of World Broadcasts*, Part 3: *The Far East, Weekly Economic Report* (6 May) FE/W1439. London: British Broadcasting Corporation)。

(1989)"1988年山东经济",《世界广播摘要(第三部分):远东每周经济报告》(5月10日),伦敦:英国广播公司(—1989. "Shandong's Economy in 1988." *Summary of World Broadcasts*, Part 3: *The Far East, Weekly Economic Report* (10 May) FE/W0076. London: British Broadcasting Corporation)。

——(1988)"1987山东成就",《世界广播摘要(第三部分):远东每周经济报告》(6月22日),伦敦:英国广播公司(—1988 "Shandong's Performance in 1987." *Summary of World Broadcasts*, Part 3: *The Far East, Weekly Economic Report* (22 June) FE/W0031. London: British Broadcasting Corporation)。

舒(1984):"公社的命运",《现代中国》,第10卷,第3期,第259—283页(Shue, Vivienne. 1984. "The Fate of Commune." *Modern China* 10(3): 259—283)。

——(1988):《国家的势力范围:中国国家概略》,斯坦福,加利福尼亚:斯坦福大学出版社(—1988. *The Reach of the State: Sketches of the Chinese Body Politics*. Stanford, Calif.: Stanford University Press)。

索林杰(1984):"商业:80年代初小私有部门与三条路线",多箩西·索林杰编:《中国社会主义的三种设想》,第73—112页,博尔德,科罗拉多:Westview (Solinger, Dorothy. 1984. "Commerce: The Petty Private Sector and the Three Lines in Early 1980's" in Dorothy Solinger, ed. *Three Visions of Chinese Socialism*, pp. 73—112. Boulder, Colo.: Westview)。

宋林飞(1984):"中国农村专业户的现状与未来出路",《中国社会科学》,第5卷,第4期,第107—130页(Song Lifei. 1984. "The Present State and Future Prospects of Specialized Households in Rural China." *Social Sciences in China* 5(4): 107—130)。

斯泰西(1983):《中国父权制与社会主义革命》,伯克利:加利福尼亚大学出版社

(Stacey, Judith. 1983. *Patriarchy and Socialist Revolution in China*. Berkeley: University of California Press)。

索伯格(1978):"1949—1978中国特别强调妇女参与农业生产的就业政策",美国国会联合经济委员会编:《毛泽东之后的中国经济(第一卷):政策与成就》,第535—604页,华盛顿特区:美国政府出版署(Thorborg, Marina. 1987. "Chinese Employment Policy in 1949—1978 With Special Emphasis on Women in Rural Production." In Joint Economic Committee of the U. S. Congress, ed., *Chinese Economy Post-Mao*, vol. 1: *Policy and Performance*, pp. 535—604. Washington, D. C.: U. S. Government Printing Office)。

"充分结合兴工带农亦工亦农——张家车道村探索农业生产再上新阶梯的路子的调查":《潍坊日报》,1986年5月17日("Thoroughly unite using industry to help agriculture and being both worker and peasant — An investigation of Zhangjiachedao Village's explorations in putting agricultural production on the road to reaching a still higher level." *Weifang ribao* May 17, 1986)。

西丘拉(1986):"近期农产品价格政策及其影响:山东的情况",《2000年中国经济展望(第1卷):四个现代化:提交给美国国会联合经济委员会的文选》,华盛顿特区,美国政府出版署,第407—430页(Sicular, Terry. 1986. "Recent Agricultural Price Policies and Their Effects: The Case of Shandong." In *China's Economy Looks Toward the Year 2000*, vol. 1: *The Four Modernizations: Selected Papets Submitted to the Joint Economic Committee of the Congress of the U. S.* Washington, D. C.: U S. Government Printing Office, pp. 407—430)。

泰勒(1988):"农村就业趋势与剩余劳动力的遗产,1978—1986",《中国季刊》,第116卷,第736—766页(Taylor, Jeffrey R. 1988. "Rural Development Trends and the Legacy of Surplus Labour, 1978—1986." *China Quarterly* 116: 736—766)。

屠南(音译)(1986):"乡村工业—中国发展的新引擎",《世界粮农组织评论》,第19卷,第6期,第32—38页(Tu Nan. 1986. "Rural Industry — China's New Engine for Development." *FAO Review* 19(6): 32—38)。

魏昂德(1983):"中国工业中有组织的依赖性与权威文化",《亚洲研究杂志》,第43卷,第1期,第51—76页(Walder, Andrew G. 1983. "Organized Dependency and Cultures of Authority in Chinese Industry." *Journal of Asian Studies* 43(1): 51—76)。

沃克(1989):"四十年来:中国农村经济发展的省份对比",《中国季刊》,第119卷,第448—480页(Walker, Kenneth R. 1989. "Forty Years On: Provincial

Contrasts in China's Rural Economic Development." *China Quarterly* 119：448—480)。

王琪(1988)："第六届全国妇代会上的三个热潮",《中国妇女》,第 11 期,第 8—11 页(Wang qi. 1988. "Three upsurges at the Sixth National Congress of Women's Representatives." *Zhongguo funü* 11：8—11)。

王思斌(1987)："经济体制改革对农村社会关系的影响",《北京大学学报》第 3 期,第 26—34 页(Wang Sibin. 1987. "The influence of the reform of the economic system on rural society relations." *Beijing daxue xuebao* 3：26—34)。

武雅士(1978)："神、鬼与祖先",武雅士编《中国社会研究》,第 131—182 页,斯坦福,加利福尼亚：斯坦福大学出版社(Wolf, Arthur P. 1978. "Gods, Ghosts, and Ancestors." In Arthur P. Wolf, ed., *Studies in Chinese Society*, pp. 131—182. Stanford, Calif.：Stanford University Press)。

——(1986)"政府干预在中国家庭革命中的显著作用",《人口与发展评论》,第 12 卷,第 1 期,第 101—116 页(—1986. "The Preeminent Role of Government Intervention in China's Family Revolution." *Population and Development Review* 12(1)：101—116)。

沃尔夫(1983)：《没有历史的欧洲与人民》,伯克利：加利福尼亚大学出版社(Wolf, Eric R. 1983. *Europe and the Population Without History*. Berkeley：University of California Press)。

沃尔夫(1968)：《Lim 之屋：一个中国农家的研究》,纽约：Appleton-Century-Crofts(Wolf, Margery. 1968. *The House of Lim：A Study of a Chinese Farm Family*. New York：Appleton-Century-Crofts)。

——(1972)：《台湾农村的妇女与家庭》,斯坦福,加利福尼亚：斯坦福大学出版社(—1972. *Women and the Family in Rural Taiwan*. Stanford, Calif.：Stanford University Press)。

——(1985)：《延迟的革命：当代中国的妇女》,斯坦福,加利福尼亚：斯坦福大学出版社(—1985. *Revolution Postponed：Women in Contemporary China*. Stanford, Calif.：Stanford University Press)。

旺格(1988)："对毛泽东之后时期农村工业增长的解释",《现代中国》,第 14 卷,第 1 期,第 3—30 页(Wong, Christine P. W. 1988. "Interpreting Rural Industrial Growth in the Post-Mao Period." *Modern China* 14(1)：3—30)。

萧凤霞(1989)：《华南的能动者与受害者：农村革命中的同盟军》,纽黑文,康涅狄格：耶鲁大学出版社(Siu, Helen F. 1989. *Agents and Victims in South China：Accomplices in Rural Revolution*. New Haven, Conn.：Yale University Press)。

谢德辉(1989)："钱—疯狂的困兽",《人民日报》2 月 27 日(Xie Dehui. 1989.

"Money — a frenzied, cornered beast". *Renmin ribao*, Febuary 27)。

徐(1985):"毛泽东之后中国市场的概念",《现代中国》,第 11 卷,第 4 期,第 436—460 页(Hsu, Robert C. 1985. "Concepts of the Market in Post-Mao China." *Modern China* 11(4):436—460)。

伊布雷和**华生**编(1986):《中华帝国晚期的宗族组织,(1000—1940)》,伯克利:加利福尼亚大学出版社(Ebrey, Patricia Buckley, and James L. Watson, eds. 1986. *Kinship Organization in Late Imperial China*, 1000—1940. Berkeley: University of California Press)。

发展研究所综合课题组(1987):"农民,市场和制度创新——包产到户八年后农村发展面临的深层改革",《经济研究》,第 1 期,第 3—16 页(Development Research Institute Integrated Task Group. 1987. "Peasants, markets, and institutional innovation: Deep reforms facing rural development eight years after contracting production to the household." *Jingji yanjiu* 1:3—16)。

约翰逊(1983):《中国的妇女、家庭与农民革命》,芝加哥:芝加哥大学出版社(Johnson, Kay Ann. 1983. *Women, the Family and Peasant Revolution in China*. Chicago: University of Chicago Press)。

亚纳吉萨科和**科利尔**(1987):"对社会性别与亲属关系的一元化分析",简·菲什伯恩·科利尔和西尔维亚·琼科·亚纳吉萨科编《社会性别与亲属关系:一元化分析的文选》,第 14—50 页,斯坦福,加利福尼亚:斯坦福大学出版社(Yanagisako, Sylvia Junko, and Jane Fishburne Collier. 1987. "Toward a Unified Analysis of Gender and Kinship." In Jane F. Collier and Sylvia Junko Yanagisako, eds., *Gender and Kinship: Essays Toward a Unified Analysis*, pp. 14—50. Stanford, Calif.: Stanford University Press)。

杨懋春(1945):《一个中国村庄:山东台头》,纽约:哥伦比亚大学出版社(Yang, Martin. 1945. *A Chinese Village: Taitou, Shandong Province*. New York: Columbia University Press)。

杨衍银(1989):"全省妇女团结起来为建设山东,振兴山东而努力奋斗",《妇女工作》,第 5 期,第 7—16 页(Yang Yanyin. 1989. "Let all women of the province unite to build Shandong and struggle hard to develop Shandong". *Funü gongzuo* 5:7—16)。

朱爱岚(1989):"娘家:中国妇女和她们的生养之家",《亚洲研究杂志》,第 48 卷,第 3 期,第 525—544 页(Judd. Ellen R. 1989. "Niangjia: Chinese Women and Their Natal Familes." *Journal of Asian Studies* 48(3):525—544)。

——(1990):"中国农村妇女的替代性发展策略",《发展与变迁》,第 21 卷,第 1 期,第 23—42 页(—1990. "Alternative Development Strategies for Women in

Rural China." *Development and Change*, 21(1): 23—42)。

——(待刊):"从远处来的女权主义或女权主义来到中国又回归老家",S. 科尔和 L. 菲利普编:《民族志女权主义:人类学文选》,渥太华:卡莱顿大学出版社(—In press. "Feminism From Afar or to China and Home Again." In S. Cole and L. Philips eds., *Ethnographic Feminism (s): Essays in Anthropology*. Ottawa: Carleton University Press)。

张娟和**马文荣**(1988):"大丘庄'妇女回家'的思索",《中国妇女》,第1期,第8—10页(Zhang Juan and Ma Wenrong. 1988. "Thoughts on DaqiuZhuang's 'women returning to the home,". *Zhongguo funv* 1: 8—10)。

中共山东省委及农村工作部体制政策处(1985):《专业户政策法规咨询手册》,济南,山东人民出版社(The Chinese Communist Party Shandong Provincial Committee's and Rural Work Department's Constitution and Policy Office. 1985. *Advisory handbook on regulations and laws regarding specialized households*. Jinan: Shandong renmin)。

周清(1988):"我国现代化过程中农村家庭规模与类型结构—对山东省胶县508户农民家庭的调查",《人口研究》,第2期,第17—21页(Zhou Qing. 1988. "Rural family size and composition in our country's process of modernization—An investigation of 508 households in Jiao County, Shandong." *Renkou Yanjiu* 2: 17—21)。

周其仁等(1984):"专业户:一项初步调查",《中国社会科学》,第1期,第50—72页(ZhouQiren and Du Ying. 1984. "Specialized Households: A Preliminary Study." *Social Sciences in China* 1: 50—72)。

索 引

（索引中的页码为英文原书页码）

在本索引中，数字之后的"f"表示在下一页单独提到，而"ff"表示此后两页另外提及。两页或更多页的连续讨论则以跨越的各个数字来表示。散见各处（Passim）指紧挨着但不连贯地提到。

Accounting unit 核算单位，5，25，65，242，265 注［20］

Affinal ties 姻亲纽带，56，179，187—191，234f，277 注［6］. See also Family，又见家庭；Kinship，亲属关系；Women：in family relations，家庭关系中的妇女

Agency, and women, 能动性与妇女，222—226，234—235，238，252

Agriculture，农业，55，200—201；in Zhangjiachedao，张家车道的农业，10，71，96—97，200，229—230，243；in Huaili，槐里的农业，12，23ff，30—32，35—50，55，74，205f，243，262 注［1］，264 注［11］，注［16］；and gender，农业与社会性别，41—50，90，226—227，242—243，254，264 注［12］，注［14］，注［17］，275 注［25］，279 注［16］；in Qianrulin，前儒林的农业，64，242，275 注［26］. See also Collective system 也见集体制；Decolleetivization，集体解体；and see under Cooperation；Women，并见合作与妇女条目下面的内容

Androcentry，男性中心主义，56—59，244f. 。See also Gender, 也见社会性别；Men，男人；Patriarchy，父权制；Village：leadership of 村领导

Animal husbandry，畜牧业，129—131 passim，散见各处，156，196，199，270 注［18］

Autonomy, personal, 个人自主权，125—126，157，162，179，183，223，235—239 passim, 散见各处

Birth limitation policy, 计划生育政策，11，83，99，167f，171，177，215，217，222，231，265 注［19］，274 注［18］，注［19］，277 注［4］. See also Policy, government, 又见政府政策

Bourdieu, Pierre, 皮埃尔·布迪厄, 2, 57, 121, 255

Brigades, production, 大队, 5—6, 8—9, 23—26 passim, 散见各处, 57, 61—66 passim, 散见各处, 70—77 passim, 散见各处, 112, 251, 265 注[3], 注[20]。see also Collective system, 也见集体制; village: organization of, 村组织

Buck, John Lossing, 约翰·洛辛·巴克, 199

Cadres, 干部, 11, 26, 147, 271 注[28], 273 注[9]

Campaign to Criticize Lin Biao and Confucius, 批林批孔运动, 214, 277 注[1]

Capital formation, 资本形成, 60, 63, 95, 102, 105f, 257

Capitalism, 资本主义, 115—120 passim, 散见各处, 140f, 165, 269 注[3]。See also Market, private, 又见私有市场; Production, commodity, 商品生产

Childcare, 照看孩子, 43, 99, 179, 186, 191—199, 203, 210—211, 230, 266 注[9], 268 注[25], 275 注[22]。See also Labor: domestic, 又见家务劳动

Class, socioeconomic, 社会经济阶级, 106, 113, 118, 123, 126, 157—159 passim, 散见各处, 162, 276 注[28]

Cohen, Myron, 孔迈隆, 57

Collective system, 集体制, 5—10, 61, 111—112, 162, 169, 185, 188, 200, 226—227, 235—237, 244, 265 注[20]; in Qianrulin, 前儒林的集体制, 12, 63—69, 128, 227—229, 242, 265 注[5], 266 注[14], 275 注[26]; in Huaili, 槐里的集体制, 25, 57, 59, see also Brigades, 又见大队; Commune, people's 人民公社; Production teams, 生产队

Collier, Jane 简·科利尔, 261 注[1]

Collins, Jane 简·柯林斯, 181

Commerce, 商业, 109f, 113, 124—129 passim, 散见各处, 207, 248, 269 注[7]; in Huaili, 槐里的商业, 33, 133f, 139, 144—148, 161, 194, 209, 270 注[15] 注[17]。See also Enterprise, 又见企业; Market, private, 私有市场

Commune, people's, 人民公社, 1, 5—8, 57, 61, 64, 77, See also Collective system, 又见集体制

Communist Party, 共产党, 78—81. 95, 109, 136, 165, 190, 250f, 266 注[8], 267 注[21]; Third Plenum of Eleventh Central Committee, 党的第十一届三中全会, 7, 24, 69; Policy regarding women, 党有关妇女的政策, 212—219, 238; women in, 入党的妇女, 228—229. See also Policy, government 又见政府政策; State, 国家

Confucius, 孔子, 1, 124, 166, 214, 224, 237

Conroy, Richard, 理查德·康罗伊

Cooperation: in agriculture, 农业中的合作, 35—41, 47—50, 55, 205f, 264

293

注[11],注[16];and kinship,合作与亲属关系,36—41; between households,户际合作,161,184,186f,202—207,264 注[11],注[16],276 注[27],注[32]

Croll, Elisabeth,伊丽莎白·克罗尔,15,187,191,236

Crook, Isabel,伊莎贝尔·克鲁克,274 注[13]

Cultural Revolution,文化大革命,1,7,18,84,122,214,241,250

Davin, Delia,迪莉娅·达文,15,153

Decollectivization,集体解体,1—2,9—10,188,227,265 注[5]; in Huaili,槐里的集体解体,23—35,57,59,74—77,243; and state power,解散集体与国家权力,61—62,242—244;in Zhangjiachedao,张家车道的集体解体,69—74,180,243

Deng Yingchao,邓颖超,213

Diamond, Norma,诺玛·戴蒙德,15,58

Economic growth,经济增长,2,86,105,109,114,120f,133—135 passim,散见各处,157,193,254,269 注[3],注[11]

Economic inequity,经济上的不公平待遇,136,207

Economy: mixed,混合经济,1,9,120,145,147,158,245ff; household-based,以户为基础的经济,2,8,25,105,116—118,130—132,158,164—166,185f,232—236,247—250,272 注[2],274 注[16]. See also Market, private,又见私有市场;Political economy,政治经济学;Production, commodity,商品生产;and Socialism,社会主义

Education,教育,98,100,149,230,266 注[9],267 注[23],274 注[16],277 注[5]

Elderly, care for,对老年人的照料,11,100,169,177,180f,204,235,266 注[9],276 注[30]

Employment: in Zhangjiachedao,张家车道的就业,10—11,96—102; in Huaili,槐里的就业,12,23,30—31,41—50,75—77,103—104,142—143,268 注[29];in Quianrulin,前儒林的就业,12,63—69,87—94;and marriage,就业与婚姻,45,90,99,160—62,201—202,233,266 注[13],268 注[25],275 注[21],278 注[12];urban,城市就业,104,199,277 注[3]. See also Labour,又见劳动,and see under women,见妇女条目下的内容

Enterprises: rural,乡村企业,9,60—61,122—124,246,263 注[6],271 注[23],272 注[29];village,村办企业,11—13,51,63,66—77 passim,散见各处,94—103,112,127f,143,185,227,230,236,243,246f,265 注[4],270 注[16],271 注[28]; household,家庭企业,77,104,224,236,248,252,271 注[23],注[26]. See also Commerce,又见商业;

Industry, rural, 乡村工业; Production, commodity, 商品生产; Village: industry in, 村办工业

Family, 家庭, 185, 214, 277 注[6]; and household, 家庭与户, 117, 165—169 passim, 散见各处, 173—174, 203—211 passim, 散见各处, 249f, 272 注[1]; Uterine, 母亲中心家庭, 121, 187—192. 196—202 passim, 散见各处; extended, 扩大家庭, 150, 175—181 passim, 散见各处, 189, 201, 235, 273 注[10], 276 注[27]; stem, 主干家庭, 175—180 passim, 散见各处, 189, 192, 201f, 235, 273 注[10], See also Affinal ties, 又见姻亲纽带; Childcare, 照看孩子; Grandparents, 爷爷/奶奶（姥姥/姥爷）; Households, 户; Kinship, 亲属关系; Marriage, 婚姻; Niangjia, 娘家; Patriarchy, 父系制; Weddings, 婚礼; and see under women, 又见妇女条目下的内容

Fei, Xiaotong, 费孝通, 60, 126

Fieldwork, conditions of, 田野考察的环境, 16—22

Fox-Genovese, Elizabeth, 伊丽莎白·福克斯-吉诺维斯, 116f

Funerals, 葬礼, 55, 84f, 204

Gang of Four, "四人帮", 65

Gender: in government policies, 政府政策中的社会性别, 2, 14, 34, 114, 153—154, 212—215, 220—222, 236—239, 241—250, 253—257, 279 注[19]; and social relations, 社会性别与社会关系, 41, 166, 207—211, 223—226, 233—236; and agriculture, 社会性别与农业, 41—50, 90, 226—227, 242—243, 254, 264 注[12], 注[14], 注[17], 275 注[25], 279 注[16]; and kinship, 社会性别与亲属关系, 50—59, 187f, 197, 233—234, 241, 261 注[1], 276 注[35]; and household registration system, 社会性别与户籍制, 170—171, 249—250; and law, 社会性别与法律, 214, 264 注[9], 277 注[2]; and military service, 社会性别与当兵, 279 注[14]. See also Labor, gender division of, 社会性别劳动分工; Marriage, 婚姻; Men, 男人; Women, 妇女; and See under household; Political economy, 又见户和政治经济学条目之下的内容

Genovese, Eugene, 尤金·吉诺维斯 116f

Government, 政府, see Communist Party, 见共产党; Household registration, 户籍; Policy, government, 政府政策; State, 国家; Village: organization of, 村级组织

Grandparents, 爷爷/奶奶（姥姥/姥爷）, 99, 195, 198, 203, 210—211, 276 注[30]; matrilateral and patrilateral grandmothers 姥姥与奶奶, 179, 186f, 191—192, 195—197; see also Childcare, 又见照看孩子; Family; 家庭; Household, 户; Kinship, 亲属关系

Great Leap Forward,大跃进,5,11,65

Habitus,习惯,255ff
Harrell,Stevan,史蒂芬·哈利尔,121
Hong Kong,香港,3,105,167
Household：division of,分家,27,174—181,188f,192,264注[10];and land allocation,户与土地分配,34—35;and social relations,户与社会关系,116—117,207—211;compared to family,同家庭对比,117,165—169,passim,散见各处,173—174,203—211 passim,散见各处,249f,272注[1];and gender,户与社会性别,117—118,223—226,235—236,247—250,254;cooperation between,户际合作,161,184,186f,202—207,264注[11],注[16],276注[27],注[32];concept of,户的概念,167—168;composition of,户的构成,173—176,271注[21],273注[8];boundaries of,户的界限,181—187,202—204. See also under 也见以下条目,Economy,经济;Enterprises,企业;Family,家庭;Production,commodity,商品生产;Women,妇女

Household registration,户籍,61,68,81,159,168f,181,203,248—251 passim,散见各处,272注[1],注[3],273注[4],注[5],注[6],267注[17];agricultural versus nonagricultural,农业与非农户籍,43,170—173 passim,散见各处,210f,273注[7]

Household, nonspecialized,非专业户,129—134 passim,散见各处,155—159,268注[29]

Household, Specialized,专业户,13,123,129,132f,137—153,157f,164,201,270注[20],271注[23],注[26];state recognition of,国家对专业户的认可,135—137,159

Housing,住房,13,96,176—177,180,274注[12]

Huaili,槐里：12—13,173,242,262注[1],264注[13],265注[18],271注[25];and marriage in,婚姻,13,32—35,55f,85,176,180f,263注[8],276注[31];and land allocation in,土地分配,23—35,59,139,243,262注[2],注[3],注[4],263注[7],273注[4];labor allocation in,劳动分配,28—30,232,243,262注[4],267注[15],注[16],276注[34];commerce in,商业,33,133f,139,144—148,161,194,209,270注[15],注[17];agricultural cooperation,农业合作,35—41,47—50,55,205f,264注[11],注[16];gender division of labor in,社会性别劳动分工,41—47,49—50,59,244;patriliny in,父系制,50—59;enterprises in,企业,74—77,102—104,200f,263注[6],271注[23],注[28];household commodity production,家庭商品生产,127—134,137—153,155—159,185f,194,247,268注[29],270注[16];women in,

妇女,193ff,209,218—222,264注[9],278注[8]

Huang, Philip,黄宗智,242,250

Huang, Shumin 黄树民,265注[5]

Income, per capita,人均收入,24,72,109,181,276注[31]

Individualism, bourgeois,资产阶级个人主义,116,123,126,165

Industry, rural,乡村工业,1,11—13,60,63,69—74 passim,散见各处,85—86,94—97,102—104,194,268注[29],271注[23]; and government policy,乡村工业与政府政策,65—66,245—247,253—254,267注[22]; and gender division of labor in,乡村工业中的社会性别劳动分工,87—94,97—102,105—107,198,227,242,245—246,266n注[14]. See also Enterprises, rural,又见乡村企业; Production, commodity,商品生产; Village: industry,乡村工业; see under individual villages by name,见各个村名下的条目

Kinship: and cooperation,亲属关系与合作,36—41; and gender,亲属关系与社会性别,50—59,187f,197,233—234,241,261注[1],276注[35]; and social relations,亲属关系与社会关系,117,167f,185,207—211,244,249—250,265注[18]; matrilateral,母方亲属,169,203f,211,234. See also,又见以下条目,

Affinal ties,姻亲纽带; Family,家庭; Grandparents,爷爷/奶奶(姥姥/姥爷); Marriage,婚姻; Niangjia,娘家; Patriliny,父系制; Weddings,婚礼, Yuan,元

Labor: hiring of,劳动力的雇佣,1,7,115,139—142,149—150,267注[18],268注[29]; remuneration for,劳动报酬,6,67—68,92—94,269注[9]; domestic,家务劳动,43—46,99,191,194—202 passim,散见各处,206,256,264注[15],274注[16],275注[20],注[22]; age division of,按年龄的劳动分工,91,226,256; skilled versus unskilled,技术与非技术性的劳动,92—94,98—101,147—148,246,266注[11]; intensity of,劳动强度,150—153,; women's,妇女的劳动,161,193—194,226—233,242—248,268注[29],272注[32],274注[17],275注[21],278注[10]. See also Childcare,又见照看孩子; Employment,就业; and see under Women,见妇女条目下的内容

Labor, allocation of,劳动分配,82,112—113,172,248—249,276注[34]; in Huaili,槐里的劳动分配28—30,232,243,262注[4],267注[15],注[16],276注[34]; in Qianrulin,前儒林,68—69,87,91,227—229,242, in Zhangjiachedao,张家车道,72,100—102,229—232,243

Labour, gender division of, 社会性别劳动分工, 27—28, 59, 114, 126, 160—162, 191, 193, 200f, 226—233, 244, 256, 266 注 [7], 267 注 [14], 275 注 [20], 278 注 [10], 279 注 [13], 注 [17]; in agriculture, 农业中的社会性别劳动分工, 41—50, 90, 226—227, 242—243, 254, 264 注 [12], 注 [14], 注 [17], 275 注 [25], 279 注 [16]; in rural industry, 乡村工业中, 87—94, 97—102, 105—107, 198, 227, 242, 245—246, 266 注 [14]; in commodity production, 商品生产中, 117—118, 140, 150—155, 159—163, 247—248. See also gender, 又见社会性别; labor: domestic; 家务劳动; women, 妇女, and see under Huaili, 并见槐里下的内容

Land, allocation of, 土地分配, 23—35, 59, 139, 243, 262 注 [2], 注 [3], 注 [4], 263 注 [7], 273 注 [4]

Law, and gender, 法律与社会性别, 214, 264 注 [9], 277 注 [2]. see also Marriage Law, 又见《婚姻法》

Leninism, 列宁主义, 115, 213

Li Yunhe, 李云河, 166

Market, private, 私有市场, 112ff, 118—125 passim, 散见各处, 129f, 145, 147, 246, 250—254 passim, 散见各处, 269 注 [7], 270 注 [17]; state control of, 国家对私有市场的控制, 1, 7, 9, 62, 109—111, 115, 119, 247. See also Capitalism, 又见资本主义; Commerce, 商业; Economy: mixed, 混合经济; production, commodity, 商品生产

Marriage, 婚姻, 189, 203, 229, 233—234, 261 注 [5]; intravillage, 村内通婚, 11, 56, 100, 181, 263 注 [8], 266 注 [12], 276 注 [35]; in Zhangjiachedao, 张家车道的婚姻, 11, 84, 100, 177, 180f, 234; cross-cousin, 堂表/姑表兄妹婚, 11, 234, 261 注 [4]; small daughter-in-law, 童养媳, 11, 261 注 [4]; in Qianrulin, 前儒林的婚姻, 12, 176—177, 266 注 [12]; in Huaili 槐里的婚姻, 13, 32—35, 55f, 85, 176, 180f, 263 注 [8], 276 注 [31]; small son-in law, 小女婿, 38; uxorilocal, "倒插门", 38, 40, 84, 170, 181, 263 注 [8], 272 注 [3], 276 注 [35]; and employment, 婚姻与就业, 45, 90, 99, 160—162, 201—202, 233, 266 注 [13], 268 注 [25], 275 注 [21], 278 注 [12]; and household registration, 婚姻与户籍, 170, 272 注 [3]. See also, 又见以下条目, Affinal ties, 姻亲纽带; Family, 家庭; Household: division of, 分家; Kinship, 亲属关系; Niangjia, 娘家; Patriliny, 父系制; Patrilocality, 从夫居; Weddings, 婚礼

Marriage Law: of 1950, 1950 年《婚姻法》, 84, 167, 213f; of 1981, 1981 年《婚姻法》, 84, 181, 198, 214, 234. See also Law, and gender, 又见法律与社会性别

Marxism,马克思主义,115,213

Men,男性,37—38,50,52—59,106,166,170,186—188 passim,散见各处,207—211 passim,散见各处,224—226,See also Androcentry,又见男性中心主义;Cadres,干部;Gender,社会性别;Labor, gender division of,社会性别劳动分工;Patriliny,父系制;Patriarchy,父权制;Patrilocality,从夫居;Yuan,元

Mies, Maria,玛丽娅·米斯,106

Migration, of People's within China,中国境内人口迁徙,7,59,61,127,171—172,185,267 注[16],注[20],273 注[3]

Niangjia,娘家(Married woman's natal family,已婚妇女的生养之家)197,204f,210,275 注[24]. Seel also Family,又见家庭;Gender,社会性别;Kinship,亲属关系;Marriage,婚姻;Women,妇女

Patriarchy,父权制,105—107,114,162,168,187f,212ff,235—239 passim,散见各处. See also Androcentry,又见男性中心主义;Gender,社会性别;Household,户;Men,男性;Women,妇女

Patriliny,父系制,50—59,see also Kinship,又见亲属关系;Yuan,元

Patrilocality,从夫居,51,176,187,207,244,261 注[5],263 注[8],see also Marriage,又见婚姻;Weddings,婚礼

Policy, government：and gender,政府政策与社会性别,2,14,34,114,153—154,212—215,220—222,236—239,241—250,253—257,279 注[19];and rural industry,政府政策与乡村工业,65—66,245—247,253—254,267 注[22];and social relations,政府政策与社会关系,83—85,164—165,167—168,171. See also Communist Party,也见共产党;State,国家

Political economy,政治经济学,2,10,118—122,242,244,276 注[33],279 注[18];and Gender,政治经济学与社会性别 14—15,41,245,254—257,passim,散见各处,See also Policy,government 又见政府政策

Practice theory,实践理论,2—3,254—255

Production,commodity,商品生产,2,102,270 注[15],注[17];in household,家庭商品生产,12—13,113,115—118,123—130,134,137—153,155—159,194,220,247,268 注[29],269 注[11],270 注[12],注[16];and socialism,商品生产与社会主义,109—114,118—120,147,246;Compared to petty capitalist production,同小资本主义生产作比较,114—118,123,129,140,142,158;Role of women in,妇女在商品生产中的作用,117—118,126,137,151—163 passim,散见各处,232—233,254;role of class in,阶级在商品生产中的作用,157—159. See also Capitalism,又见资本

主义；Enterprises，企业；Household，户；Industry，工业；Socialism，社会主义；and see under labor,并见劳动条目下的内容,Gender division of labor,社会性别劳动分工；women,妇女

Production teams,生产队,5—6,9,25,57,61,64f,77. see also Collective system,又见集体制

Profits：of household — based economy,以户为基础之经济的利润,8,130—32,158；of village industry,乡村工业的利润,95,103；of commerce,商业利润

Qianrulin,前儒林,51f,130,179f,266注[11],267注[15],注[20],271注[28],273注[6],276注[34]；and collectivism,集体制,12,63—69,128,227—229,242,265注[3],注[5],266注[14],275注[26]；marriage in,婚姻,12,176—177,266注[12]；village organization in,村组织,79—80；rural industry in,乡村工业,87—94,194,245,268注[29]；village anterprises,村办企业,127,143,185,247；women in,妇女,191,194,217,231ff,236,242,266注[13],268注[23],275注[20]

Quality of women,妇女的素质,238,279注[19]

Responsibility system,包产到户,1,8,9,15,112,164,241,265注[20]

Rural reform program：summarized,关于农村改革的综述,1—10,studies of,对农村改革的研究,14—16。see also,又见以下条目,Decollectivization,集体解体；Economy：mixed,混合经济；Policy, government,政府政策；Political economy,政治经济学；Production, commodity,商品生产, and socialism,社会主义

Shandong Province,山东省,10,15ff,24,52f,171,262注[1],265注[3],267注[21],272注[2],274注[10],注[12]；rural economy in，乡村经济,61,85,127f,136,268注[29]；women in,山东妇女,197—200 passim,散见各处,264注[12],266注[10],277注[5]

Socialism,in China,中国的社会主义,5,110—116,118—120,122,126,269注[3]。See also Communist Party,又见共产党；and see under production,commodity,并见商品生产条目下的内容

Social Services,社会服务,169,171,185,204,246,266注[9],271注[25],276注[34]

Standards of living,生活水平,6,45,109,120,194,266注[9]

State：control of over private market,国家对私有市场的控制,1,7,9,62,109—111,115,119,247；Power of in countryside,国家在农村的权力,61—63,77,83—85,106—107,125,164—171 passim,散见各处,241—

257. See also Communist Party,又见共产党;Policy,government,政府政策;and see under village,并见各村条目下的内容

Taiwan,台湾,3,15,104f,150,167,189

Taxation,税,28,60,103,107,127,135,137,143,247,268 注[28],271 注[24]

Thorburg,Marina,玛丽娜·索博格,199

Underemployment,不充分就业,44,75—77,142,193—194。See also Employment,又见就业;Labor,劳动

Unemployment,失业,75—77,103—104,142。See also Employment,又见就业;Labor,劳动

Vegetable cultivation,种蔬菜,31,46—47,129,131—132,155—157,199,220f,232

Village:organization of,村组织,1,6,8f,55,73—74,77—83 passim,散见各处,112,265 注[1];women's head of,村妇女主任,11,81,86,99,215—223 passim,散见各处,226—232 passim,散见各处,275 注[23],277 注[4],279 注[17];leadership of,村领导,52,72f,79—80,83,98,100—103 passim,散见各处,143—144,175,180,266n 注[14],271 注[27],278 注[11];compared to state,村组织同国家对比,61,77—78,81—85,106—107,241—250,252,268 注[28];industry in,村里的工业,87—104,257。See also Industry,rural,又见乡村工业,individual villages by name,并见各个村条目之下的内容

Village administration,村政府,see Accounting unit,见核算单位;Brigade,production,大队;Village:organization,村组织

Wages,工资,see Labor:remuneration for,见劳动报酬

War of liberation,解放战争 176

Weddings,婚礼,55,84,176,179,185,203f,209,276 注[31];collective,集体婚礼,11—13,84f。see also,又见以下条目,Affinal ties,姻亲纽带;Family,家庭;Kinship,亲属关系;Marriage,婚姻;Marriage Law,《婚姻法》;patrilocality,从夫居

Wolf,Arthur,阿瑟·沃尔夫,167

Wolf,Margery,玛杰里·沃尔夫,15ff,57,150,162,188f,192,201,235

Woman — work,official,官方的妇女工作,12,15,78f,86,215—222,277 注[6],278 注[7],注[9]

Women:and government policy,妇女与政府政策,2—4,14,34,114,153—154,212—215,220—222,233,236—239,253—254,279 注[19];Studies of Chinese,对中国妇女的研究,15—16,212;and agriculture work,妇女与农业劳动,41—50,90,226—227,242—243,254,264 注[12],注[14],注[17],

275 注［25］,279 注［16］; and employment,妇女与就业,44—47,88—89,104—107,246,272 注[32],274 注[17],275 注[21],277 注[3],278 注[10]; and leadership,妇女与领导权,79,86—87,215—222,224—233 passim,散见各处,245,266 注［10］,278 注［11］; in management,妇女参与管理,88—89,98,246,266 注［14］; in commodity production,商品生产中的妇女,117—118,126,137,151—163 passim,散见各处,232—233 254; in family relations,家庭关系中的妇女,166,188—192,277 注[6]; and household boundaries,妇女与户界限,182—184,186f; in household—based economy,妇女在以户为基础的经济中,185f,232—236,247—250,274 注［16］; and agency,妇女与能动性,222—226,234—235,238,252; and division of labor,妇女与劳动分工,226—233,242—246,248,254,256; Quality of,妇女的素质,238,279n19. See also,又见以下条目,Affinal ties,姻亲纽带;Family,家庭;Gender,社会性别;Grandparents,爷爷/奶奶（姥姥/姥爷）;Household,户;Kinship,亲属关系;Niangjia,娘家,see under labor,见劳动;Marriage,婚姻;Village,村;and individual villages by name,各个村下的条目

Women's federation,妇联,13,17,86,114,132,137,154—157 passim,散见各处,162,213—216,220f,232,236—238,266 注[10],277 注[3],注[5],注[6],279 注[13],注[19]

Xiangchun trees,cultivation of,种香椿树,132,157,220,232

Yanagisako, Sylvia,西尔维亚·亚纳吉萨科,261 注[1]

Yang,Martin,杨懋春,96,200

Yao Wenyuan 姚文元,65

Yuan,元,37,52—56,265 注[19]. See also Kinship,又见亲属关系;Patriliny,父系制

Zhang Chunqiao 张春桥,65

Zhangjiachedao,张家车道,52,130,195,267 注[20],注[21],276 注[34]; agriculture in,农业,10,71,96—97,200,229—230,243; rural industry in,乡村工业,11,69—74,94—102,194,227,243—247 passim,散见各处;Marriage in,婚姻,11,84,100,177,180f,234; village enterprises,村办企业,51,127f,143,185,271 注[28], village organization in,村组织,78—79; women in,妇女,194,215—217,223—234,passim,散见各处,277 注[4],278 注[11],279 注[17]

"海外中国研究丛书"书目

1. 中国的现代化　［美］吉尔伯特·罗兹曼 主编　国家社会科学基金"比较现代化"课题组 译　沈宗美 校
2. 寻求富强：严复与西方　［美］本杰明·史华兹 著　叶凤美 译
3. 中国现代思想中的唯科学主义(1900—1950)　［美］郭颖颐 著　雷颐 译
4. 台湾：走向工业化社会　［美］吴元黎 著
5. 中国思想传统的现代诠释　余英时 著
6. 胡适与中国的文艺复兴：中国革命中的自由主义，1917—1937　［美］格里德 著　鲁奇 译
7. 德国思想家论中国　［德］夏瑞春 编　陈爱政 等译
8. 摆脱困境：新儒学与中国政治文化的演进　［美］墨子刻 著　颜世安 高华 黄东兰 译
9. 儒家思想新论：创造性转换的自我　［美］杜维明 著　曹幼华 单丁 译　周文彰 等校
10. 洪业：清朝开国史　［美］魏斐德 著　陈苏镇 薄小莹　包伟民 陈晓燕 牛朴 谭天星 译　阎步克 等校
11. 走向21世纪：中国经济的现状、问题和前景　［美］D.H.帕金斯 著　陈志标 编译
12. 中国：传统与变革　［美］费正清 赖肖尔 主编　陈仲丹 潘兴明 庞朝阳 译　吴世民 张子清 洪邮生 校
13. 中华帝国的法律　［美］D.布朗 C.莫里斯 著　朱勇 译　梁治平 校
14. 梁启超与中国思想的过渡(1890—1907)　［美］张灏 著　崔志海 葛夫平 译
15. 儒教与道教　［德］马克斯·韦伯 著　洪天富 译
16. 中国政治　［美］詹姆斯·R.汤森 布兰特利·沃马克 著　顾速 董方 译
17. 文化、权力与国家：1900—1942年的华北农村　［美］杜赞奇 著　王福明 译
18. 义和团运动的起源　［美］周锡瑞 著　张俊义 王栋 译
19. 在传统与现代性之间：王韬与晚清革命　［美］柯文 著　雷颐 罗检秋 译
20. 最后的儒家：梁漱溟与中国现代化的两难　［美］艾恺 著　王宗昱 冀建中 译
21. 蒙元入侵前夜的中国日常生活　［法］谢和耐 著　刘东 译
22. 东亚之锋　［美］小R.霍夫亨兹 K.E.柯德尔 著　黎鸣 译
23. 中国社会史　［法］谢和耐 著　黄建华 黄迅余 译
24. 从理学到朴学：中华帝国晚期思想与社会变化面面观　［美］艾尔曼 著　赵刚 译
25. 孔子哲学思微　［美］郝大维 安乐哲 著　蒋弋为 李志林 译
26. 北美中国古典文学研究名家十年文选　乐黛云 陈珏 编选
27. 东亚文明：五个阶段的对话　［美］狄百瑞 著　何兆武 何冰 译
28. 五四运动：现代中国的思想革命　［美］周策纵 著　周子平 等译
29. 近代中国与新世界：康有为变法与大同思想研究　［美］萧公权 著　汪荣祖 译
30. 功利主义儒家：陈亮对朱熹的挑战　［美］田浩 著　姜长苏 译
31. 莱布尼兹和儒学　［美］孟德卫 著　张学智 译
32. 佛教征服中国：佛教在中国中古早期的传播与适应　［荷兰］许理和 著　李四龙 裴勇 等译
33. 新政革命与日本：中国，1898—1912　［美］任达 著　李仲贤 译
34. 经学、政治和宗族：中华帝国晚期常州今文学派研究　［美］艾尔曼 著　赵刚 译
35. 中国制度史研究　［美］杨联陞 著　彭刚 程钢 译

36. 汉代农业:早期中国农业经济的形成　[美]许倬云 著　程农 张鸣 译　邓正来 校
37. 转变的中国:历史变迁与欧洲经验的局限　[美]王国斌 著　李伯重 连玲玲 译
38. 欧洲中国古典文学研究名家十年文选　乐黛云 陈珏 龚刚 编选
39. 中国农民经济:河北和山东的农民发展,1890—1949　[美]马若孟 著　史建云 译
40. 汉哲学思维的文化探源　[美]郝大维 安乐哲 著　施忠连 译
41. 近代中国之种族观念　[英]冯客 著　杨立华 译
42. 血路:革命中国中的沈定一(玄庐)传奇　[美]萧邦奇 著　周武彪 译
43. 历史三调:作为事件、经历和神话的义和团　[美]柯文 著　杜继东 译
44. 斯文:唐宋思想的转型　[美]包弼德 著　刘宁 译
45. 宋代江南经济史研究　[日]斯波义信 著　方健 何忠礼 译
46. 一个中国村庄:山东台头　杨懋春 著　张雄 沈炜 秦美珠 译
47. 现实主义的限制:革命时代的中国小说　[美]安敏成 著　姜涛 译
48. 上海罢工:中国工人政治研究　[美]裴宜理 著　刘平 译
49. 中国转向内在:两宋之际的文化转向　[美]刘子健 著　赵冬梅 译
50. 孔子:即凡而圣　[美]赫伯特·芬格莱特 著　彭国翔 张华 译
51. 18世纪中国的官僚制度与荒政　[法]魏丕信 著　徐建青 译
52. 他山的石头记:宇文所安自选集　[美]宇文所安 著　田晓菲 编译
53. 危险的愉悦:20世纪上海的娼妓问题与现代性　[美]贺萧 著　韩敏中 盛宁 译
54. 中国食物　[美]尤金·N.安德森 著　马孆 刘东 译　刘东 审校
55. 大分流:欧洲、中国及现代世界经济的发展　[美]彭慕兰 著　史建云 译
56. 古代中国的思想世界　[美]本杰明·史华兹 著　程钢 译　刘东 校
57. 内闱:宋代的婚姻和妇女生活　[美]伊沛霞 著　胡志宏 译
58. 中国北方村落的社会性别与权力　[加]朱爱岚 著　胡玉坤 译
59. 先贤的民主:杜威、孔子与中国民主之希望　[美]郝大维 安乐哲 著　何刚强 译
60. 向往心灵转化的庄子:内篇分析　[美]爱莲心 著　周炽成 译
61. 中国人的幸福观　[德]鲍吾刚 著　严蓓雯 韩雪临 吴德祖 译
62. 闺塾师:明末清初江南的才女文化　[美]高彦颐 著　李志生 译
63. 缀珍录:十八世纪及其前后的中国妇女　[美]曼素恩 著　定宜庄 颜宜葳 译
64. 革命与历史:中国马克思主义历史学的起源,1919—1937　[美]德里克 著　翁贺凯 译
65. 竞争的话语:明清小说中的正统性、本真性及所生成之意义　[美]艾梅兰 著　罗琳 译
66. 中国妇女与农村发展:云南禄村六十年的变迁　[加]宝森 著　胡玉坤 译
67. 中国近代思维的挫折　[日]岛田虔次 著　甘万萍 译
68. 中国的亚洲内陆边疆　[美]拉铁摩尔 著　唐晓峰 译
69. 为权力祈祷:佛教与晚明中国士绅社会的形成　[加]卜正民 著　张华 译
70. 天潢贵胄:宋代宗室史　[美]贾志扬 著　赵冬梅 译
71. 儒家之道:中国哲学之探讨　[美]倪德卫 著　[美]万白安 编 周炽成 译
72. 都市里的农家女:性别、流动与社会变迁　[澳]杰华 著　吴小英 译
73. 另类的现代性:改革开放时代中国性别化的渴望　[美]罗丽莎 著　黄新 译
74. 近代中国的知识分子与文明　[日]佐藤慎一 著　刘岳兵 译
75. 繁盛之阴:中国医学史中的性(960—1665)　[美]费侠莉 著　甄橙 主译　吴朝霞 主校
76. 中国大众宗教　[美]韦思谛 编 陈仲丹 译
77. 中国诗画语言研究　[法]程抱一 著　涂卫群 译
78. 中国的思维世界　[日]沟口雄三 小岛毅 著　孙歌 等译

79. 德国与中华民国　[美]柯伟林 著　陈谦平 陈红民 武菁 申晓云 译　钱乘旦 校
80. 中国近代经济史研究:清末海关财政与通商口岸市场圈　[日]滨下武志 著　高淑娟 孙彬 译
81. 回应革命与改革:皖北李村的社会变迁与延续　韩敏 著　陆益龙 徐新玉 译
82. 中国现代文学与电影中的城市:空间、时间与性别构形　[美]张英进 著　秦立彦 译
83. 现代的诱惑:书写半殖民地中国的现代主义(1917—1937)　[美]史书美 著　何恬 译
84. 开放的帝国:1600年前的中国历史　[美]芮乐伟·韩森 著　梁侃 邹劲风 译
85. 改良与革命:辛亥革命在两湖　[美]周锡瑞 著　杨慎之 译
86. 章学诚的生平及其思想　[美]倪德卫 著　杨立华 译
87. 卫生的现代性:中国通商口岸卫生与疾病的含义　[美]罗芙芸 著　向磊 译
88. 道与庶道:宋代以来的道教、民间信仰和神灵模式　[美]韩明士 著　皮庆生 译
89. 间谍王:戴笠与中国特工　[美]魏斐德 著　梁禾 译
90. 中国的女性与性相:1949年以来的性别话语　[英]艾华 著　施施 译
91. 近代中国的犯罪、惩罚与监狱　[荷]冯客 著　徐有威 等译　潘兴明 校
92. 帝国的隐喻:中国民间宗教　[英]王斯福 著　赵旭东 译
93. 王弼《老子注》研究　[德]瓦格纳 著　杨立华 译
94. 寻求正义:1905—1906年的抵制美货运动　[美]王冠华 著　刘甜甜 译
95. 传统中国日常生活中的协商:中古契约研究　[美]韩森 著　鲁西奇 译
96. 从民族国家拯救历史:民族主义话语与中国现代史研究　[美]杜赞奇 著　王宪明 高继美 李海燕 李点 译
97. 欧几里得在中国:汉译《几何原本》的源流与影响　[荷]安国风 著　纪志刚 郑诚 郑方磊 译
98. 十八世纪中国社会　[美]韩书瑞 罗友枝 著　陈仲丹 译
99. 中国与达尔文　[美]浦嘉珉 著　钟永强 译
100. 私人领域的变形:唐宋诗词中的园林与玩好　[美]杨晓山 著　文韬 译
101. 理解农民中国:社会科学哲学的案例研究　[美]李丹 著　张天虹 张洪云 张胜波 译
102. 山东叛乱:1774年的王伦起义　[美]韩书瑞 著　刘平 唐雁超 译
103. 毁灭的种子:战争与革命中的国民党中国(1937—1949)　[美]易劳逸 著　王建朗 王贤知 贾维 译
104. 缠足:"金莲崇拜"盛极而衰的演变　[美]高彦颐 著　苗延威 译
105. 饕餮之欲:当代中国的食与色　[美]冯珠娣 著　郭乙瑶 马磊 江素侠 译
106. 翻译的传说:中国新女性的形成(1898—1918)　胡缨 著　龙瑜宬 彭珊珊 译
107. 中国的经济革命:二十世纪的乡村工业　[日]顾琳 著　王玉茹 张玮 李进霞 译
108. 礼物、关系学与国家:中国人际关系与主体性建构　杨美惠 著　赵旭东 孙珉 译　张跃宏 译校
109. 朱熹的思维世界　[美]田浩 著
110. 皇帝和祖宗:华南的国家与宗族　[英]科大卫 著　卜永坚 译
111. 明清时代东亚海域的文化交流　[日]松浦章 著　郑洁西 等译
112. 中国美学问题　[美]苏源熙 著　卞东波 译　张强强 朱霞欢 校
113. 清代内河水运史研究　[日]松浦章 著　董科 译
114. 大萧条时期的中国:市场、国家与世界经济　[日]城山智子 著　孟凡礼 尚国敏 译　唐磊 校
115. 美国的中国形象(1931—1949)　[美]T.克里斯托弗·杰斯普森 著　姜智芹 译
116. 技术与性别:晚期帝制中国的权力经纬　[英]白馥兰 著　江湄 邓京力 译

117. 中国善书研究　[日]酒井忠夫 著　刘岳兵 何英莺 孙雪梅 译
118. 千年末世之乱:1813年八卦教起义　[美]韩书瑞 著　陈仲丹 译
119. 西学东渐与中国事情　[日]增田涉 著　由其民 周启乾 译
120. 六朝精神史研究　[日]吉川忠夫 著　王启发 译
121. 矢志不渝:明清时期的贞女现象　[美]卢苇菁 著　秦立彦 译
122. 明代乡村纠纷与秩序:以徽州文书为中心　[日]中岛乐章 著　郭万平 高飞 译
123. 中华帝国晚期的欲望与小说叙述　[美]黄卫总 著　张蕴爽 译
124. 虎、米、丝、泥:帝制晚期华南的环境与经济　[美]马立博 著　王玉茹 关永强 译
125. 一江黑水:中国未来的环境挑战　[美]易明 著　姜智芹 译
126. 《诗经》原意研究　[日]家井真 著　陆越 译
127. 施剑翘复仇案:民国时期公众同情的兴起与影响　[美]林郁沁 著　陈湘静 译
128. 华北的暴力和恐慌:义和团运动前夕基督教传播和社会冲突　[德]狄德满 著　崔华杰 译
129. 铁泪图:19世纪中国对于饥馑的文化反应　[美]艾志端 著　曹曦 译
130. 饶家驹安全区:战时上海的难民　[美]阮玛霞 著　白华山 译
131. 危险的边疆:游牧帝国与中国　[美]巴菲尔德 著　袁剑 译
132. 工程国家:民国时期(1927—1937)的淮河治理及国家建设　[美]戴维·艾伦·佩兹 著　姜智芹 译
133. 历史宝筏:过去、西方与中国妇女问题　[美]季家珍 著　杨可 译
134. 姐妹们与陌生人:上海棉纱厂女工,1919—1949　[美]韩起澜 著　韩慈 译
135. 银线:19世纪的世界与中国　林满红 著　詹庆华 林满红 译
136. 寻求中国民主　[澳]冯兆基 著　刘悦斌 徐硙 译
137. 墨梅　[美]毕嘉珍 著　陆敏珍 译
138. 清代上海沙船航运业史研究　[日]松浦章 著　杨蕾 王亦铮 董科 译
139. 男性特质论:中国的社会与性别　[澳]雷金庆 著　[澳]刘婷 译
140. 重读中国女性生命故事　游鉴明 胡缨 季家珍 主编
141. 跨太平洋位移:20世纪美国文学中的民族志、翻译和文本间旅行　黄运特 著　陈倩 译
142. 认知诸形式:反思人类精神的统一性与多样性　[英]G.E.R.劳埃德 著　池志培 译
143. 中国乡村的基督教:1860—1900江西省的冲突与适应　[美]史维东 著　吴薇 译
144. 假想的"满大人":同情、现代性与中国疼痛　[美]韩瑞 著　袁剑 译
145. 中国的捐纳制度与社会　伍跃 著
146. 文书行政的汉帝国　[日]富谷至 著　刘恒武 孔李波 译
147. 城市里的陌生人:中国流动人口的空间、权力与社会网络的重构　[美]张骊 著　袁长庚 译
148. 性别、政治与民主:近代中国的妇女参政　[澳]李木兰 著　方小平 译
149. 近代日本的中国认识　[日]野村浩一 著　张学锋 译
150. 狮龙共舞:一个英国人笔下的威海卫与中国传统文化　[英]庄士敦 著　刘本森 译　威海市博物馆 郭大松 校
151. 人物、角色与心灵:《牡丹亭》与《桃花扇》中的身份认同　[美]吕立亭 著　白华山 译
152. 中国社会中的宗教与仪式　[美]武雅士 著　彭泽安 邵铁峰 译　郭潇威 校
153. 自贡商人:近代早期中国的企业家　[美]曾小萍 著　董建中 译
154. 大象的退却:一部中国环境史　[英]伊懋可 著　梅雪芹 毛利霞 王玉山 译
155. 明代江南土地制度研究　[日]森正夫 著　伍跃 张学锋 等译　范金民 夏维中 审校
156. 儒学与女性　[美]罗莎莉 著　丁佳伟 曹秀娟 译

157. 行善的艺术:晚明中国的慈善事业(新译本) [美]韩德玲 著 曹晔 译
158. 近代中国的渔业战争和环境变化 [美]穆盛博 著 胡文亮 译
159. 权力关系:宋代中国的家族、地位与国家 [美]柏文莉 著 刘云军 译
160. 权力源自地位:北京大学、知识分子与中国政治文化,1898—1929 [美]魏定熙 著 张蒙 译
161. 工开万物:17世纪中国的知识与技术 [德]薛凤 著 吴秀杰 白岚玲 译
162. 忠贞不贰:辽代的越境之举 [英]史怀梅 著 曹流 译
163. 内藤湖南:政治与汉学(1866—1934) [美]傅佛果 著 陶德民 何英莺 译
164. 他者中的华人:中国近现代移民史 [美]孔飞力 著 李明欢 译 黄鸣奋 校
165. 古代中国的动物与灵异 [英]胡司德 著 蓝旭 译
166. 两访中国茶乡 [英]罗伯特·福琼 著 敖雪岗 译
167. 缔造选本:《花间集》的文化语境与诗学实践 [美]田安 著 马强才 译
168. 扬州评话探讨 [丹麦]易德波 著 米锋 易德波 译 李今芸 校译
169. 《左传》的书写与解读 李惠仪 著 文韬 许明德 译
170. 以竹为生:一个四川手工造纸村的20世纪社会史 [德]艾约博 著 韩巍 译 吴秀杰 校
171. 东方之旅:1579—1724耶稣会传教团在中国 [美]柏理安 著 毛瑞方 译
172. "地域社会"视野下的明清史研究:以江南和福建为中心 [日]森正夫 著 于志嘉 马一虹 黄东兰 阿风 等译
173. 技术、性别、历史:重新审视帝制中国的大转型 [英]白馥兰 著 吴秀杰 白岚玲 译
174. 中国小说戏曲史 [日]狩野直喜 张真 译
175. 历史上的黑暗一页:英国外交文件与英美海军档案中的南京大屠杀 [美]陆束屏 编著/翻译
176. 罗马与中国:比较视野下的古代世界帝国 [奥]沃尔特·施德尔 主编 李平 译
177. 矛与盾的共存:明清时期江西社会研究 [韩]吴金成 著 崔荣根 译 薛戈 校译
178. 唯一的希望:在中国独生子女政策下成年 [美]冯文 著 常姝 译
179. 国之枭雄:曹操传 [澳]张磊夫 著 方笑天 译
180. 汉帝国的日常生活 [英]鲁惟一 著 刘洁 余霄 译
181. 大分流之外:中国和欧洲经济变迁的政治 [美]王国斌 罗森塔尔 著 周琳 译 王国斌 张萌 审校
182. 中正之笔:颜真卿书法与宋代文人政治 [美]倪雅梅 著 杨简茹 译 祝帅 校译
183. 江南三角洲市镇研究 [日]森正夫 编 丁韵 胡婧 等译 范金民 审校
184. 忍辱负重的使命:美国外交官记载的南京大屠杀与劫后的社会状况 [美]陆束屏 编著/翻译
185. 修仙:古代中国的修行与社会记忆 [美]康儒博 著 顾漩 译
186. 烧钱:中国人生活世界中的物质精神 [美]柏桦 著 袁剑 刘玺鸿 译
187. 话语的长城:文化中国历险记 [美]苏源熙 著 盛珂 译
188. 诸葛武侯 [日]内藤湖南 著 张真 译
189. 盟友背信:一战中的中国 [英]吴芳思 克里斯托弗·阿南德尔 著 张宇扬 译
190. 亚里士多德在中国:语言、范畴与翻译 [英]罗伯特·沃迪 著 韩小强 译
191. 马背上的朝廷:巡幸与清朝统治的建构,1680—1785 [美]张勉治 著 董建中 译
192. 申不害:公元前四世纪中国的政治哲学家 [美]顾立雅 著 马腾 译
193. 晋武帝司马炎 [日]福原启郎 著 陆帅 译
194. 唐人如何吟诗:带你走进汉语音韵学 [日]大岛正二 著 柳悦 译

195. 古代中国的宇宙论　[日]浅野裕一 著　吴昊阳 译
196. 中国思想的道家之论:一种哲学解释　[美]陈汉生 著　周景松 谢尔逊 等译　张丰乾 校译
197. 诗歌之力:袁枚女弟子屈秉筠(1767—1810)　[加]孟留喜 著　吴夏平 译
198. 中国逻辑的发现　[德]顾有信 著　陈志伟 译
199. 高丽时代宋商往来研究　[韩]李镇汉 著　李廷青 戴琳剑 译　楼正豪 校
200. 中国近世财政史研究　[日]岩井茂树 著　付勇 译　范金民 审校
201. 魏晋政治社会史研究　[日]福原启郎 著　陆帅 刘萃峰 张紫毫 译
202. 宋帝国的危机与维系:信息、领土与人际网络　[比利时]魏希德 著　刘云军 译
203. 中国精英与政治变迁:20世纪初的浙江　[美]萧邦奇 著　徐立望 杨涛羽 译　李齐 校
204. 北京的人力车夫:1920年代的市民与政治　[美]史谦德 著　周书垚 袁剑 译　周育民 校